艺术 体育
高校学术研究论著丛刊

信息化时代背景下体育教学的创新与发展研究

黄燕春 杨国珍 著

中国书籍出版社
China Book Press

图书在版编目 (CIP) 数据

信息化时代背景下体育教学的创新与发展研究 / 黄燕春 , 杨国珍著 . -- 北京 : 中国书籍出版社 , 2021.6
ISBN 978-7-5068-8531-7

Ⅰ . ①信… Ⅱ . ①黄… ②杨… Ⅲ . ①体育教学 – 教学研究 Ⅳ . ① G807.01

中国版本图书馆 CIP 数据核字（2021）第 122663 号

信息化时代背景下体育教学的创新与发展研究

黄燕春 杨国珍 著

从书策划	谭 鹏 武 斌
责任编辑	杨铠瑞
责任印制	孙马飞 马 芝
封面设计	东方美迪
出版发行	中国书籍出版社
地 址	北京市丰台区三路居路 97 号（邮编：100073）
电 话	（010）52257143（总编室） （010）52257140（发行部）
电子邮箱	eo@chinabp.com.cn
经 销	全国新华书店
印 厂	三河市德贤弘印务有限公司
开 本	710 毫米 ×1000 毫米 1/16
字 数	247 千字
印 张	14.5
版 次	2022 年 1 月第 1 版
印 次	2022 年 1 月第 1 次印刷
书 号	ISBN 978-7-5068-8531-7
定 价	74.00 元

版权所有 翻印必究

目 录

第一章　信息化时代背景及体育教学现状概述
　　第一节　信息化发展的背景……………………………………… 1
　　第二节　信息化背景下体育教学的现状及问题………………… 9
　　第三节　体育教学的发展趋势与对策…………………………… 23

第二章　现代信息技术与体育课程的整合
　　第一节　信息技术与体育课程整合的内涵与特征……………… 27
　　第二节　信息技术与体育课程整合的理论依据………………… 31
　　第三节　信息技术与体育课程整合的现状分析………………… 44
　　第四节　信息技术与体育课程整合的思路……………………… 46
　　第五节　信息技术与体育课程整合的模式……………………… 48

第三章　信息化时代背景下体育教学思维的转变与发展
　　第一节　教学思维基本理论……………………………………… 50
　　第二节　体育教学改革与教学思维的转变……………………… 61
　　第三节　信息化时代背景下体育教学思维的创新与发展……… 65

第四章　信息化时代背景下体育教学内容资源的挖掘与优化
　　第一节　体育教学内容基本理论概述…………………………… 76
　　第二节　体育教学内容的选择与开发…………………………… 83
　　第三节　体育教学内容的组织与实施…………………………… 91
　　第四节　信息化时代背景下体育教学内容资源的优化与
　　　　　　发展……………………………………………………… 96

第五章　信息化时代背景下体育教学手段与方法的更新与应用
　　第一节　体育教学手段与方法基本理论概述……………………102
　　第二节　传统的体育教学手段与方法……………………………109
　　第三节　信息化时代背景下体育教学手段与方法的创新
　　　　　　与应用……………………………………………………118

第六章　信息化时代背景下体育教学模式的创新与发展
　　第一节　体育教学模式基本理论概述……………………………129
　　第二节　当前常见的体育教学模式及应用………………………138
　　第三节　信息化时代背景下体育教学模式的创新与发展………147

第七章　信息化时代背景下体育教学评价的改革与发展
　　第一节　体育教学评价基本理论概述……………………………156
　　第二节　传统体育教学评价与信息化教学评价的差异…………167
　　第三节　传统体育教学评价与信息化教学评价手段的
　　　　　　应用………………………………………………………171
　　第四节　信息化时代背景下体育教学评价的改革与
　　　　　　发展………………………………………………………175

第八章　信息化时代背景下体育教学环境的优化与发展
　　第一节　体育教学环境基本理论概述……………………………182
　　第二节　信息化时代背景下体育教学环境的系统观……………188
　　第三节　信息化时代背景下体育教学环境的优化与发展………194

第九章　信息化时代背景下体育教师信息化教学能力的培养
　　　　　与发展
　　第一节　信息化时代背景下体育教师的信息化教学能力………208
　　第二节　体育教师信息化教学能力的培养策略…………………214

参考文献………………………………………………………………219

第一章　信息化时代背景及体育教学现状概述

我国非常重视教育的现代化和信息化发展,并将教育现代化、信息化作为建设教育强国的重要突破口。随着信息技术的不断发展及其在教育领域的逐步渗透,教育的现代化和信息化水平有了显著的提升。体育教学是学校教育的重要组成部分之一,体育教学与信息技术的融合对提高体育教学水平、促进体育教学的现代化发展具有重要意义。但是现阶段因为教学观念、教学环境、教学主体等多方面因素的影响,我国体育教学与信息技术还未深度融合,体育教学的信息化水平较低,有待进一步改善。本章主要在信息化时代背景下探讨体育教学的现状和发展,首先阐释信息化时代背景;其次重点调查分析信息化背景下体育教学的开展现状与存在的问题;最后从信息化背景下体育教学现状出发提出未来发展走向和可行性发展策略,为信息化背景下体育教学的进一步发展提供指导与参考。

第一节　信息化发展的背景

一、信息化的概念

(一)信息化概念的由来

信息技术是现代科技的重要组成部分,其从 20 世纪 80 年代开始就给人类的生活方式带来了巨大的影响。我国还未进入完全的工业化时代,但已经迎来了信息化时代,这也是我国现代化发展的重要成果。信息技术进入人们的生活,使人际往来的时空限制被打破,全球各国、各民族、各地区甚至每个角落都因为信息技术的出现而联系得越来越便捷、紧密,也正因为信息技术的出现,全球人民共建"地球村"的美好愿景一步步实现。全球各国借助信息化手段而相互联系,友好往来,各种不同的价值理念、民族文化相互交流、融合。可见,信息技术产生与发展的意义不是简单地停留在传播工具的更替和现代传媒的快捷,它成为人类对网络社会加以构筑的重要基础,它改变了人们的价值观念,也使得人类的思维方式和生活方式都发生了重大的改变。

20 世纪 60 年代是"信息化"概念最早出现的时间,当时由日本科技研究人员提出"Johoka"一词,该词被解释为信息化。最初提出信息化时,人们将其理解为信息产业化,而社会信息化被视作信息产业化的目标。日本学者后来又对"信息化"的含义作了详细的解释,并指出构建社会信息化的宏伟目标,而当信息产业在社会中居于支配地位,产生巨大的社会影响力时,才算真正进入了信息社会。后来有关学者深入研究了信息化的相关概念,如信息革命、信息社会等,这些研究提高了人们对信息化的认识,并对进一步研究信息化概念具有重要启示意义。

(二)信息化概念的代表性观点

下面从不同角度分析学者们对信息化概念的研究观点。

1. 社会文明变迁视角下的信息化

信息化是使人类以更快更便捷的方式获得并传递人类创造的一切文明成果,以便能更有效地创造一个多种文明共存共荣的新文明。

2. 经济视角下的信息化

信息化是向信息社会前进的动态过程,它反映了可触摸的有形物质产品起主导作用向难以触摸的信息产品起主导作用的根本性转变。它强调信息产业的长足发展。

3. 现代信息技术应用视角下的信息化

信息技术在通信、网络管理和计算机利用中正走向一种"趋同状态",当今世界工业标准的发展与使用,以及电信管制在世界范围内的日益增长是信息化的根本标志。这种观点认为信息化的基础就是电子技术、通信技术、计算机技术等的发展和应用。

4. 文化视角下的信息化

信息化是由现代信息技术的发展和广泛应用引起并推动的,人类社会及其文化由工业社会向信息社会转型的变革过程。信息化的本质在于,它是由现代信息技术革命引发的一次新的社会结构和文化的变革。[①]

上面对信息化概念的研究观点主要是从产业基础、社会意义、技术特征等视角出发而提出的,有的学者认为信息化就是将信息技术利用起来而促进信息经济增值与发展的过程;有的学者认为信息化是社会文化发展到一定阶段的产物,是文化进入全新发展阶段的过程;还有的学者认为信息化是一种新的社会格局、经济格局,它是相对于工业化而言的。总之,信息化具有重要的社会意义和文化意义,信息化的发展促进了社会结构的优化,使人们的生产生活方式、就业方式、消费方式等发生了翻天覆地的变化,它的意义不仅表现在技术领域、传播领域、经济领域,更在社会生活的各个方面全方位渗透,是社会变革的伟大成果,是人类文明发展的重要成就,我们要高度重视信息化的经济意义、社会意义以及文化意义。

二、信息化时代的特征

(一)信息传播数量多

全球化时代的到来使得知识、信息的传播不仅数量多而且速度快,而进入信息化时代后,数量变得更多,信息的爆炸与饱和已经成为人们必须面对的客观现实。在信息大量传播中,人们从多个视角理解信息,从而促进了人类价值观念、思维方式的多元化。

(二)信息传播速度更快

信息化时代背景下,信息传播不仅海量,而且速度飞快,信息的飞速传播使得全世界的重要新闻在第一时间被各国人民知晓,人类进入了信息全球化时代。世界各国、各民族的信息在全球范围内加速传播,五花八门的信息在人类共建的"地球村"相互整合、交汇,被世界各地的人传播、分享、评价。人类是生产信息的主体,也是接收和消费信息的受众,现代传播媒介越来越多样化,越来越发达,同一信息可能同时传播到世界各地,被世界人民共享,具有鲜明的即时性特征,而且如此飞快的传播也保留了信息的原貌。

人类传播信息、进行信息交流与互动的速度越来越快,大众传播媒体如电视、广播等的发明与流行使人们能够快速掌握世界各地的信息,计算机网络的出现为人们的远程交流与互动提供了良好的平台,人类的时空距离正

---

① 高霞.论信息化时代的青少年信息伦理教育[D].山东师范大学,2009.

在被消除。

（三）人类生存空间的网络化

人类的时空距离因为信息技术的出现而不断缩小,互联网的出现使得地理上的距离限制被打破,人们可以随时随地进行远程交流。网络使得人类过上了更加自由的生活,已经成为人们生活中不可缺少的一部分。人类的生存生活空间因网络的出现而得到了拓展。

（四）人类的交往方式多元化、交往空间扩大化

当前,世界经济格局、经济增长方式因信息技术的发展而彻底发生了改变。网络经济社会正是因为信息技术革命才形成的。人类的交往方式受到了信息化的重要影响。信息技术的革新使人与人之间进行着越来越便捷的交往,基于信息技术而形成的交往方式比传统交往方式更多元化、高效化。信息技术的发展也促进了很多社交软件的产生,如脸书、微博、微信等,这些交往软件有很大的自由性,而且具有即时性,人们时时刻刻都能在第一时间将自己的最新动态分享在平台上。

全球化、电子化、智能化、非群体化等是信息化的重要属性,正因如此,全球性、虚拟性、开放性和交互性等成为人们在信息化时代交往方式的典型特点,人际交往空间也因此而一步步扩大。

三、信息化时代对教育的支持与挑战

（一）信息化时代对教育的支持

信息化时代背景下,信息技术飞速发展,其在社会各个领域的应用越来越广泛、频繁。教育领域中也越来越注重对信息技术的运用,如计算机教学手段在课堂教学中发挥着重要的辅助教学作用,网络教学模式和多媒体教学模式被构建、实施,这都是信息技术发展给现代教育带来的积极影响,这充分体现了信息技术在很大程度上支持甚至是支撑着教育的发展。信息技术支持教育,主要从计算机技术在教育领域的运用中体现出来。下面从三个方面来说明信息技术对教育的重要意义。

1. 提高教学效率

现在有很多网络教育软件成为学校教育教学的重要辅助工具,这些软件的设计与发行有些价格和普通的书籍差不多,在相同教育成本的前提下教学效率却可以大大提高。校园网在学校教育教学中也发挥着重要的作用,

为学校教学管理带来了便利。

2. 创造良好的教学环境

计算机技术的应用为学校教育教学创造了生动有趣的教学环境,吸引了学生的注意力,提高了师生的教学热情与积极性,改变了枯燥的教学氛围,提高了教学效果。动画、录像、图像等基于计算机软件而设计的教学资源对传播信息具有重要的作用,也为教学中的师生互动提供了便利。

3. 丰富教学方式

现代教育技术如多媒体、计算机以及网络的运用极大地丰富了教学方式,提高了教学信息的传播速度,也使教师与学生处理信息的能力和效率得到了提升。

利用现代信息媒体技术而形成的教学活动方式如图1-1所示。

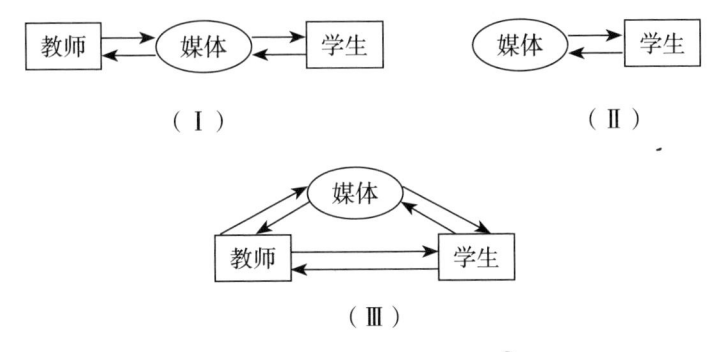

图1-1 信息教学活动方式[①]

下面简要解释上图中的三种模式。

(Ⅰ)模式:教师借助媒体手段可以对学生的集体信息与个人信息进行快速、准确的收集。

(Ⅱ)模式:教师分析收集的信息,从学生的实际情况出发进行针对性和个性化教学。

(Ⅲ)模式:教师对计算机技术加以应用而组织教学讨论活动,活动的中心是学生,组织者是教师。

综上分析,信息技术给教育带来了非常重要的积极影响,不仅使学校教育方式发生了显著的变化,也使学生的学习方式越来越丰富、多元,而且还深刻影响了现代教育理念、教育方法以及教育模式。我们要抓住信息化时代的重要机遇,利用信息技术提供的便利搞好教育事业,早日实现教育强国

---

① 王文悦.信息化时代语文阅读教学的发展趋势探讨[D].华东师范大学,2002.

的宏伟目标。

(二)信息化时代对教育的挑战

信息技术的发展一方面给现代教育提供了极大的便利,体现出信息化时代对教育的支持与重要性。但另一方面也对教育提出了更高的要求,使教育面临严峻挑战。信息化社会对学校教育的人才培养模式提出了很高的要求,具体体现在以下几方面。

1. 对培养目标的要求

要求学校教育培养全面发展型人才,尤其提出新型人才要有良好的创新素养。

2. 对培养内容的要求

要求给学生传授学习的方法,使学生能够采用适合自己的方法进行自主学习,使学生能够积极主动地以正确的方式和渠道获取新知识,巩固旧知识,提高学生的自主学习能力和效率。不能一味将大量知识灌输给学生,使学生被动学习。

3. 对培养方法的要求

要求突破时空限制而设计科学有效的、丰富多彩的、灵活可调整的教学方法,创造对学生学习各个学科知识都有普遍适用性的教学方法,教学方法要体现终身教育理念、全面教育理念。

我国传统教学模式和人才培养模式下的育人环境是被动的,学生缺少主动学习与探索的意识和能力,学生掌握的社会信息、国际信息很少,他们主动或被动与外界信息隔绝,所以学生的信息素养相对较差。而现代社会需要的是全面发展的新型人才,对人才的信息素养提出了一定的要求,所以学校应注重对学生信息素养的培养,重点培养学生的信息接收能力、理解能力、处理能力和创造能力,使学生在丰富多彩的校内外交流活动中塑造良好的信息素养。

四、教育信息化

信息化给教育带来的影响可以说是革命性的。一个国家教育现代化发展水平是由教育信息化水平所衡量的。教育信息化的重要性已经得到了全世界的认可和关注,教育现代化发展离不开教育信息化的推动,教育信息化的革命是全球性的,这场革命在世界各国被点燃,如火如荼,声势浩大。教育信息化对教育的影响遍及学校教育、家庭教育、社会教育等各个教育领域,对高等教育的影响尤为明显。因此对教育信息化进行研究具有重要意义。下面简单阐释与分析教育信息化的概念、内涵、组成要素以及主要特征。

(一)教育信息化的概念

不同学者对教育信息化概念的界定五花八门,目前还没有统一,下面仅阐述几个具有代表性的观点。

观点一:教育信息化是指在教育领域全面深入地运用以多媒体计算机与网络通信技术为基础的信息技术,促进教育改革和现代化的过程。

观点二:教育信息化是指在教育领域全面深入地运用现代化信息技术来促进教育改革和教育发展的过程。

观点三:教育信息化是指在教育中普遍运用现代信息技术开发教育资源,优化教育过程,以培养和提高学生的信息素养,促进教育现代化的过程。

综上所述,大多数学者坚持教育信息化的"过程说"。综合多名学者的观点,这里对教育信息化的概念作如下界定:教育信息化是将信息作为教育系统的一种基本构成要素,以先进的教育理念为指导,在教育教学、教育科研和教育管理等领域全面深入地运用以计算机、多媒体和网络通信为基础的现代信息技术,不断开发优质教育资源,培养适应时代发展要求的具有现代信息素养的创新型人才,实现信息技术与教育的深度融合,加速推进教育现代化的历史过程。[①]

(二)教育信息化的内涵

下面从几个方面来理解教育信息化的内涵。

(1)教育信息化发展的最终目的是促进教育现代化。

(2)教育信息化的应用与推广主要面向教育教学、教育科研和教育管理等各大教育领域。

(3)教育信息化在教育教学、教育科研和教育管理等领域中的应用与推广包括信息与信息技术两大方面。

(4)教育信息化强调在整个教育领域应用与推广信息与信息技术的同时,必须以教学领域为重点。

(5)现代信息技术的不断发展是教育信息化前进的内驱力。

(6)教育信息化是动态发展的,而非一蹴而就。[②]

[①] 赵兰.教育信息化时代大学生学习文化转型路径研究[D].山东师范大学,2015.
[②] 赵兰.教育信息化时代大学生学习文化转型路径研究[D].山东师范大学,2015.

(三)教育信息化的要素

教育信息化的组成要素及其在教育信息化发展中的重要地位或作用见表 1-1。

表 1-1 教育信息化的要素

组成要素	地位或作用
教育信息化人才	直接目的
教育信息网络	前提条件
现代信息技术	技术支撑
教育信息资源	发展重点和核心
教育信息产业	重要保障

(四)教育信息化的特征

社会现代化发展离不开教育,要实现社会现代化,先要促进教育现代化,而教育信息化正有力支撑着教育现代化的发展,推动教育现代化进程。教育信息化兼具教育属性和信息技术属性,具有双重属性。从不同的属性出发,教育信息化有不同的特征,见表 1-2。

表 1-2 教育信息化的特征[①]

属性	基本特征
教育属性	全球化(教育资源)
	多媒体化(教育内容)
	自主化(学习方式)
	个性化(教育方式)
	虚拟化(教育环境)
	互动化(教育活动)
信息技术属性	多媒体化(教育现象多样化、复杂化、虚拟化)
	数字化(教育信息系统性能有保障)
	网络化(获取教育资源便捷,实现教育资源共享)
	智能化(教育行为人性化、人机通讯自然化)

---

① 赵兰. 教育信息化时代大学生学习文化转型路径研究 [D]. 山东师范大学, 2015.

第二节　信息化背景下体育教学的现状及问题

信息化发展给体育教学带来了重要的影响,体育教学信息化的发展具有重要意义。为了解体育教学在信息化背景下的发展情况,孙慧在《信息化体育教学开展现状及发展对策研究——以上海市中小学为例》一文中以问卷调查的方式调查了体育教师对信息化体育教学的认知与态度、信息化体育教学的实施情况以及不同体育教师实施信息化体育教学的差异,最后提出了信息化体育教学存在的主要问题。本节主要分析该文中的调查结果,以期由局部到整体对我国体育教学在信息化背景下的发展情况形成基本的认识与了解,并为从实际出发而提出改善信息化体育教学现状、促进体育教学信息化发展的建议和策略而提供现实依据。

一、体育教师对信息化体育教学的认知与态度

在信息化背景下进行体育教学改革,要求提高体育教学的现代化水平,对体育教师的信息化素养进行培养,使体师资队伍树立现代教育理念,适应教育技术不断变革与发展的环境,并积极在体育教学中不断创新,从而使现代体育教学实现教育理念信息化、教学手段信息化以及教育模式信息化的全方位信息化发展目标。为推动我国体育教学的现代化发展,提升体育教师的信息化素养和专业教学能力,教育部门提出了一些有效的政策与措施,为体育教育的现代化发展和教育强国战略的实施提供强有力的支撑与保障。

体育是学校教育的主要学科之一,学校教育的整体现代化发展进程直接受到体育教学现代化水平的影响。为推动体育教学的信息化与现代化发展,必须提高体育教师对教育信息化的认知水平,使体育教师积极掌握与认真贯彻政府提出的信息化教育政策,提升体育教师进行信息化教学的积极性。下面先了解体育教师对信息化体育教学的认知情况。

(一)体育教师对信息化体育教学的认知

体育教师对信息化体育教学的认知水平直接影响信息化教学在体育教学中被实施的频率。调查发现,体育教师对政府提出的有关信息化教学的政策了解并不多,相对来说,他们对多媒体教学手段、信息化教育平台上的教学内容资源的了解更多一些。可见,体育教师对教育政策的关注度较低,但在长期的教学实践中掌握了一些现代化教学手段,而且能比较主动地对

线上教育平台的教育资源予以开发、改造和应用。

体育教师平时对教育教学相关政策信息关注较少,而且教育部门和学校管理部门作为教师的直系上司,传达政策的速度不及时,导致体育教师对信息化教学政策的认识水平不高。

(二)体育教师对实施信息化体育教学的态度

体育教师对信息化体育教学的态度是影响信息化体育教学在体育课堂上开展情况的直接因素,体育教师进行信息化体育教学意愿的强弱直接影响信息化体育教学在课堂上的开展频率和体育教学现代化进程。

调查发现:体育教师进行信息化体育教学的意愿很高,但是在不同教学环节中体育教师的信息化体育教学意愿有所不同,在课堂情景导入、动作讲解示范中进行信息化教学的意愿最高,在教学评价和运动负荷检测中进行信息化教学的意愿较低。体育教师将网络信息化教学形式如"翻转课堂""慕课"等引进体育课堂的意愿也不高。主要原因是,"翻转课堂""慕课"等课件的制作需要一定的时间,需要投入很多精力。采取"翻转课堂""慕课"等网络信息化教学方式,要求学生在上课之前提前预习体育教师在班级群里发布的学习内容,这需要体育教师做大量的前期准备工作,操作麻烦,一些体育教师可能不愿意在这上面耗费时间。体育教师的网络教学能力是实现教育现代化要求、实施教育信息化 2.0 行动计划的重要影响因素,是促进教育现代化发展的重要支撑。因此体育教师也要重视提升自己的信息化教学能力。①

二、信息化体育教学的实施情况

(一)不同教学环节中对信息化教学手段的运用情况

"体育教学+信息技术"的教学方式能够丰富体育课教学形式,突出体育课堂教学重点,突破课堂教学难度,帮助教师突破"研究型"变革,促进学生向"探究型"学习转变,从而提高课堂教学效率,改善课堂教学效果,最终推进体育教学的快速发展。在信息化体育教学过程中,不仅体育教师会受益,学生通过信息化的运动技能学习方式,也提升了运动兴趣,可以更加深刻地了解运动技能,更加牢固地掌握动作要领,同时采用信息化手段监测运

---

① 孙慧.信息化体育教学开展现状及发展对策研究——以上海市中小学为例[D].上海师范大学,2020.

动负荷,保证运动负荷达标,使学生通过体育课锻炼达到增强体质、提高运动能力的目标。

信息化教学在体育教学的不同环节都可以适当运用,具体运用情况分析如下。

1. 课堂情景导入阶段的运用

课堂情景导入是为了调动学生的学习兴趣,对学生运动兴趣的培养和进行运动技能教学是相辅相成的。良好的兴趣是学生积极主动学习运动技能的前提,是学生掌握运动技能的基础;反之,学生的运动技能越高,对运动技能的学习兴趣就越高。因此,准确有效的课堂情景导入是高质量完成体育课堂教学目标、提高教学效率的重要环节,是完成体育教学任务的第一步。

体育教学中大多数体育教师以介绍教学内容作为情境导入的主要方式,信息化教学手段在情景导入阶段运用并不多。体育教师的口头介绍并不能够使学生完全了解上课内容,学生根据体育教师的讲解无法快速在脑海中初步形成动作表象,可见教师的导入方式缺乏有效性。通过信息化教学手段创造运动技能教学情境,采用科学的且学生易于接受的信息化教学方式,通过多媒体等信息化设备展示优秀运动员的标准动作,使学生在脑海中建立正确的技术概念,激发学生的形象思维,提高学生的学习兴趣,调动学生的主观能动性。

总之,在导入阶段采用信息教学手段,有利于使学生建立浓厚的学习兴趣,为接下来更好地学习体育运动技能奠定基础。

2. 讲解与示范环节的运用

体育教师讲解与示范运动技能是学生学习运动技能、掌握动作要领和方法的重要途径。通过高效的讲解与示范,激发学生对运动技能的学习欲望,有助于学生掌握动作要领,这是一种侧重于动作表象的、高效的体育教学方法。学生通过听和观察体育教师的正确讲解、示范,在脑海中初步建立动作表象,这是掌握动作要领和方法的基础。

体育课本身就是以身体练习为主,学生要在不断的练习中上完体育课,但是体育教师往往反复讲解,目的是让学生更好地理解技术动作,这就压缩了学生练习的时间。在体育教学过程中利用信息化教学手段讲解与示范教学内容,可以使教学内容的讲解更加细致化,使学生更加直观、准确地掌握动作技能的重难点,而且反复的动作示范能帮助学生在脑海中准确建立动作概念,节省体育教师讲解与示范的时间,提升课堂教学效率,也可以从一定程度上保证学生的练习密度,真正做到精讲多练。

3. 反馈纠错环节的运用

体育教师对学生的学习情况进行反馈纠错是促进学生提高运动技能的重要手段和重要举措。但是很多体育教师依然采用反复强调和不断增加练习次数的方式进行反馈纠错,这会使学生产生厌烦心理。现代信息化纠错方法在体育教学反馈纠错环节能发挥重要的作用,但是采用该方法的教师却不多。采用这一纠错方法能够指导学生学会观察、分析和评价动作基本要领,使学生在加深动作理解、领会动作要领、明确动作关键的基础上改进和提高运动质量。在教学过程中利用信息化教学手段及时进行纠错,能够帮助学生巩固正确的技术动作,使学生顺利进行动作技能学习的自动化阶段。①

4. 监测运动负荷环节的运用

有关专家指出,在一节体育课上,学生身体练习的时间应该占整个课堂时间的 3/4,这样才能提高学生运动参与的有效性,提高学习效果。体育教师应该以学生在身体练习中的心率为参考依据而安排运动强度,一般使学生的运动心率控制在 140～160 次/分钟。学生要在适宜运动负荷的前提下进行体能训练和技能学习,如此才能提高练习效果,并确保安全。一节体育课中,学生至少应该有 20 分钟的时间进行技能练习,有 10 分钟的时间进行体能练习。在技能练习中,要安排丰富的练习方式,而不是简单的重复练习,如可以组织比赛、设计游戏,在欢快的氛围中进行技能练习。在传统体育教学中,教师为了有效使学生的运动负荷达到一定的程度,对学生的练习时间进行严格的控制,这种负荷监控手段不够准确。相对来说,建立在信息技术基础上的科技化和智能化监控手段在运动负荷的监控上有更好的准确性,但这些现代化监控手段却很少被体育教师运用于运动负荷的监控中。

采用数字化手段、信息化手段检测学生的运动负荷具有重要意义,常见的具体手段有运动手环、心率检测电子设备等,检测完成后,采用电子设备呈现检测结果,准确的检测数据能够为体育教师对练习内容、方法及负荷进行调控而提供参考,能够保证学生在体育课堂上运动负荷的合理性和练习密度的高效性。体育教师根据可靠的检测数据而对教学内容灵活进行调整,保证学生的运动量和运动强度适宜,使学生通过科学的技能练习和体能练习达到增强体质、提高体能以及改善技能的良好课堂教学效果。

---

① 孙慧. 信息化体育教学开展现状及发展对策研究——以上海市中小学为例 [D]. 上海师范大学, 2020.

5. 教学评价中的运用

体育教学评价是体育教学中非常重要的一环。在体育教学评价中,学生运动技能水平是主要评价内容之一。在体育教学反馈与评价中如果能够对信息化教学手段加以合理的应用,那么将能够有效促进教学评价效率和评价效果的提升,并能充分发挥教学评价的重要作用。体育教师要鼓励学生进行自主评价,并指导学生在评价中将信息化手段利用起来,以促进学生自主评价积极性的提升。

信息化体育教学有多种途径,有丰富的形式,并不是说只有采用了多媒体教学手段或现代教育技术才算是真正实现了信息化教学,而应该在体育教学的整个过程中,在各个教学环节都能结合实际情况和教学需要而运用先进的信息技术和多元化的现代教学手段。多媒体教学手段在体育课堂教学中发挥了重要的辅助功能,但这种运用形式毕竟比较单一,应该在备课、上课以及总结等各个环节都灵活运用信息化手段来提高效率,具体可以运用科技手段来制作视频、课件、音乐背景,可以借助互联网技术而对信息化教学内容资源进行搜索与查阅。信息化教学手段可以出现在整节课堂教学的始终,具体可以参考如下模式。

(1)在课堂开始部分的情境导入阶段播放相关视频。

(2)在学生热身练习中利用多媒体手段播放律动性强的音乐,调动学生的练习热情。

(3)在讲解与示范动作技能时利用信息化投影设备而强调动作的重难点与细节。

(4)在运动负荷监测中利用信息技术设备如运动手环等确保监测数据的实时性和准确性。

(5)在教学评价阶段利用摄像和投影技术手段在电子屏幕上投放学生的动作,为教学反馈和评价提供便利。

(6)在教学反思中让学生观看自己的练习视频,并向教师展现完整课堂教学的视频,这通常运用于课堂结束部分,等等。

我国在体育教学与信息技术融合方面积累了一定的经验,而且这种信息化体育教学模式在实践运用中确实取得了一定的成果。信息化教学手段所具有的辅助性作用在体育教学的各个环节都能得以发挥,而作用发挥程度和效果取决于各个环节所采用的信息化教学手段是否合理,体育教师只有合理采用信息化手段才能提高课堂教学效率,获得理想的教学效果。虽然信息化体育教学已经有了一定的发展,但是体育教师对信息化教学模式的运用大多只停留在简单地采用一些多媒体教学手段,而不注重不同教学环节与不同信息化教学手段的适配性,没有将信息化手段贯穿于整个课堂教学来促进教学效率的提高。这个问题应该引起重视。

（二）信息化体育教学方式的应用频率

关于日常体育教学中体育教师使用信息化教学方式的情况的调查结果如图1-2所示。从调查结果来看，体育教师偶尔在体育课堂教学中采用信息化教学方式的情况最多，只有少数体育教师经常在体育课上使用信息化教学手段，每次体育课上都使用信息化教学手段的教师更少。没有在体育课上采用过信息化教学手段的教师占到16%。还有8%的体育教师为了提高教学评价效率而在教学检查阶段使用信息化手段。总体来说，使用信息化教学手段的体育教师还是比较多的，但是使用频率却不高。

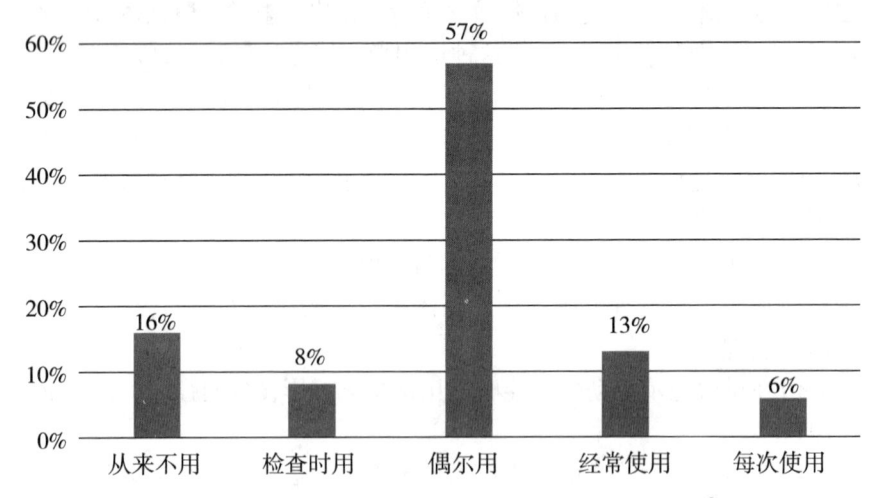

图1-2 日常体育教学中信息化教学手段的使用情况[①]

总的来看，信息化教学手段还未在体育课上得到普遍的应用，还未得到全面的普及，体育教师在日常体育教学中运用信息化教学手段的频率并不高。传统教学方式比信息化教学方式更易被体育教师接受与采用，传统教学方式依旧占绝对的主导地位。

下面简单分析信息化教学手段在体育教学中不够普及和应用频率低的主要原因。

第一，信息化教学手段在日常体育教学中应用频率不高与体育信息化教学兴起时间晚有关。

---

① 孙慧.信息化体育教学开展现状及发展对策研究——以上海市中小学为例[D].上海师范大学,2020.

第二,体育教学环境的特殊性也是造成信息化教学手段在体育课上使用频率较低的主要原因之一。户外体育教学环境充满很多不确定因素,因此要顺利实施信息化教学还是有难度的。

第三,信息化教学手段引进体育课堂虽然得到了有关部门的重视,学校也一直鼓励信息技术与体育教学的融合,但是没有实质性的举措,更没有相应的政策,所以体育教师的积极性不是很高。

第四,体育教学与信息技术的融合是体育教学的重要发展趋势之一。信息化教学手段的重要性是体育教师普遍所认可的,但是受传统教学理念和长期以来形成的模式化教学习惯的影响,很多体育教师面对传统教学手段和信息化教学手段时,依然习惯性地采用前者。当采用传统教学方式和信息化教学方式都能完成教学任务,并达到想要的教学效果时,很多体育教师都优先选择传统教学手段,因为他们运用传统教学手段更为熟练。不被视作第一选择的信息化教学手段在课堂上的应用频率自然就降低了。

三、不同体育教师实施信息化体育教学的差异分析

体育教师实施信息化体育教学的态度、意愿、频率及效果直接受到体育教师自身年龄、性别、学历、职称以及授课项目等因素的影响。不同体育教师因为年龄、学历、职称等个人因素的不同,在信息化体育教学中也有不同的表现。下面具体分析不同年龄、性别、学历、职称、学段以及授课项目体育教师实施信息化体育教学的不同。

(一)不同年龄体育教师实施信息化体育教学的差异

关于年龄对体育教师实施信息化教学的影响的调查结果显示,体育教师对信息化教学的认知、实施意愿、运用能力等受年龄因素的影响并不大,不同年龄的体育教师在这些方面并没有表现出十分明显的差异,而受年龄影响比较大的是信息化体育教学在体育课上的具体运用情况。

在各个年龄段的体育教师中,年龄不满30岁的体育教师实施信息化教学的意愿最强,而且运用信息化教学手段的能力也最强。年轻体育教师了解的信息技术知识及掌握的现代化教学手段比较多,他们对新事物非常乐意接受,对新知识和新技术的学习也很主动,所以很愿意在体育课上进行信息化教学,也能比较熟练地运用信息化技术手段进行体育教学,这方面的能力较强一些。然而,年轻教师毕竟刚参加工作不久,还没有积累丰富的教学经验,还未充分认识到信息化教学的深刻内涵,所以虽然在信息化教学手段的操作上比较熟练,但具体进行信息化教学时问题还是比较多,这对其实施

信息化教学的积极性造成了一定的打击。

年龄在30—40岁之间的体育教师对信息化教学的认知水平较高,而且具体开展信息化教学时也能比较熟练地完成教学任务。这一年龄阶段的教师在多年的教学实践中积累了一些教学经验,而且能较为充分地认识信息化教学的内涵,所以实施信息化教学时相对更彻底一些,而且有一定的经验与技巧将信息化教学开展好。

年龄超过40岁的体育教师实施信息化教学的意愿不高,对信息化教学的认识不充分,而且开展信息化教学的积极性差,在具体开展过程中也缺乏一定的能力和熟练度。因为年龄的关系,这一年龄阶段的体育教师接触的信息化知识和新科技知识并不多,传统教学理念对他们的影响是根深蒂固的,他们更习惯采用传统授课模式来组织体育课堂教学,传统教学模式是第一选择,对信息化教学持漠视态度,甚至有些排斥。

(二)不同性别体育教师实施信息化体育教学的差异

关于性别对体育教师实施信息化教学的影响的调查结果显示,体育教师对信息化教学的认知、实施意愿、运用能力、日常开展等受性别因素的影响并不大,不同性别的体育教师在这些方面并没有表现出十分明显的差异。差异不明显只是差异程度的问题,差异的客观存在是不可否认的事实。对比而言,在对信息化教学的认知上,男体育教师比女体育教师要好一些,但是女体育教师实施信息化教学的意愿比男教师更强,而且日常教学中开展信息化教学的情况也更好一些,此外女教师的整体信息化教学素养较男教师高。

男女体育教师实施信息化体育教学之所以存在差异,主要原因是男性的运动优势是先天的,女性在这方面不具有先天优势,在体育教学中也能体现出这种优势的重要性。在课堂领导力方面,男体育教师更强一些,男教师更能震慑学生,讲解动作和示范动作时比女教师更有说服力,准确的讲解和高质量的示范更能赢得学生的信任。因为先天因素不占优势,所以女性教师要想上好体育课,取得良好的教学效果,达到预期的教学目标,就要善于将信息化教学手段应用到课堂上,这是女性体育教师主动学习信息化教学知识,掌握信息化教学技能并积极应用信息化教学手段的一个主要原因。在不断的学习与实践中,女性体育教师运用信息化教学的能力越来越强,信息化体育教学的开展效果也越来越好。

(三)不同学历体育教师实施信息化体育教学的差异

关于学历对体育教师实施信息化教学的影响的调查结果显示,体育教师对信息化教学的认知、实施意愿、运用能力、日常开展等受学历因素的影响不是很大,不同学历的体育教师在这些维度上并没有表现出太明显的差异。但是在信息化教学的不同维度上,不同学历教师的得分是不一样的,下面进行具体分析。

专科学历体育教师对信息化教学的认知、实施意愿、运用能力以及日常开展情况等各个方面和其他学历教师相比都是最低的,该学历体育教师掌握的信息化知识和教学手段并不多,而且缺乏主动学习和探索的意识与精神,因此各个维度的分数都不理想。

本科学历体育教师运用信息化教学手段的能力较强,而且在日常体育课上开展信息化教学的情况较好。

研究生学历的体育教师对信息化教学的认知水平最高,实施意愿最强。该学历体育教师掌握的信息化知识和技术较多,学习能力强,对信息化教学的重要价值也有深刻的认识,在他们的努力下,信息化技术与体育教学的融合越来越全面、深入。但是研究生学历体育教师运用信息化教学的能力不及本科学历教师,这主要与他们在学生时期缺乏实践机会有关。

(四)不同职称体育教师实施信息化体育教学的差异

关于职称对体育教师实施信息化教学的影响的调查结果显示,体育教师对信息化教学的认知、实施意愿、运用能力、日常开展等受职称因素的影响并不明显,不同职称的体育教师在这些方面并没有表现出很显著的差异。但是在信息化教学的各个维度上不同职称体育教师的得分不同。

见习体育教师对信息化体育教学的认知水平不高,实施意愿也不强,具体开展信息化教学的情况也不容乐观。高校体育教育专业的学生进入中小学实习,对教育岗位和教师职业的接触才刚刚开始,虽然他们掌握了一些现代教育技术和信息化教学手段,但是因为缺乏实践经验,很多方面还有待进一步提高,所以和其他职称的体育教师相比,见习教师在信息化体育教学各个维度上的分数都很低。

初级体育教师实施信息化体育教学的意愿很强,运用信息化教学手段的能力也比较高,开展信息化教学的情况比较好。这一级别的体育教师大都是年轻教师,而且教学经验也积累了一些,他们掌握了较多的信息化教学手段和现代教育技术,所以在信息化体育教学的多个维度上得分都比较理想。

中级体育教师对信息化体育教学的认知水平最高,这主要与他们教学经验丰富有关。在年龄上,中级教师比初级教师要年长一些,所以积累的教学经验更多一些,这是中级体育教师比初级体育教师在信息化教学认知能力方面占优势的主要原因。

高级体育教师对信息化体育教学的实施意愿很低,而且运用信息化教学手段的能力不高,这主要是因为高级教师年龄比较大,掌握的信息技术知识较少,接受新事物的热情不高,所以不太愿意也没有足够的能力去进行信息化教学。

(五)不同教学阶段体育教师实施信息化体育教学的差异

关于教学阶段对体育教师实施信息化教学的影响的调查结果显示,体育教师对信息化教学的认知、实施意愿受教学阶段因素的影响很大。初中体育教师对信息化教学的认知水平最高,实施信息化教学的意愿最强。在体育课程的深入改革中,初中体育教学的多元化发展趋势对体育教师的运动技能、知识储备都提出了较高的要求,为适应改革需要,初中体育教师需要提高自己的信息化教学素养,主动学习信息化技术知识,掌握信息化教学技能,从而促进信息技术与体育课堂教学的深度融合,以推动初中体育课堂教学效率的提升。也正因如此,初中体育教师对信息化教学的认识水平及实施意愿都很高。

小学体育教学中,学生注意力容易分散,因此小学体育教师需要借助信息化教学手段吸引学生的注意力,提高学生的学习兴趣。而高中体育教师大都具备过硬的专项运动技能,因此相对于小学和初中阶段的体育教师他们对信息化教学的需求要小一些。

体育教师对信息化教学手段的运用能力以及在日常教学中开展信息化教学的情况在一定程度上受教学阶段的影响。但是初中体育教师在这两个维度上的得分比小学和高中体育教师高一些,原因可参考上述分析。

(六)不同类型学校体育教师实施信息化体育教学的差异

关于授课项目对体育教师实施信息化教学的影响的调查结果显示,体育教师对信息化教学的认知、实施意愿、运用能力、日常开展等基本不受学校的影响,体育传统项目学校的体育教师和非传统项目学校的体育教师在信息化教学各维度中基本不存在差异。但从微小的差异来看,在信息化体育教学的各个维度中,非体育传统项目学校的体育教师比体育传统项目学校的体育教师得分高。主要原因是,体育传统项目学校的体育教师大都至少具备了一项专业运动技能,他们的运动技能比非体育传统项目学校的体育教师好。在这个前提下,非体育传统项目学校更需要通过信息化教学来弥补不足,因此非体育传统项目学校的体育教师对信息化教学的研究比较深,开展信息化教学的情况较好。

四、信息化背景下体育教学存在的主要问题

（一）信息化教学资源不足

关于体育教师可以利用的信息化教育资源的情况的调查结果显示（图1-3），2.20%的体育教师所在学校没有可利用的信息化教育资源，23.79%的体育教师所在学校的信息化教育资源较少，40.53%的体育教师所在学校的信息化教学资源储备情况一般，25.11%的体育教师所在学校的可利用信息化教育资源较多，只有8.37%的体育教师认为其所在学校的可利用信息化教育资源储备丰富。总体来看，学校信息化教学资源储备情况不容乐观，信息化教学在学校的普及面不广。

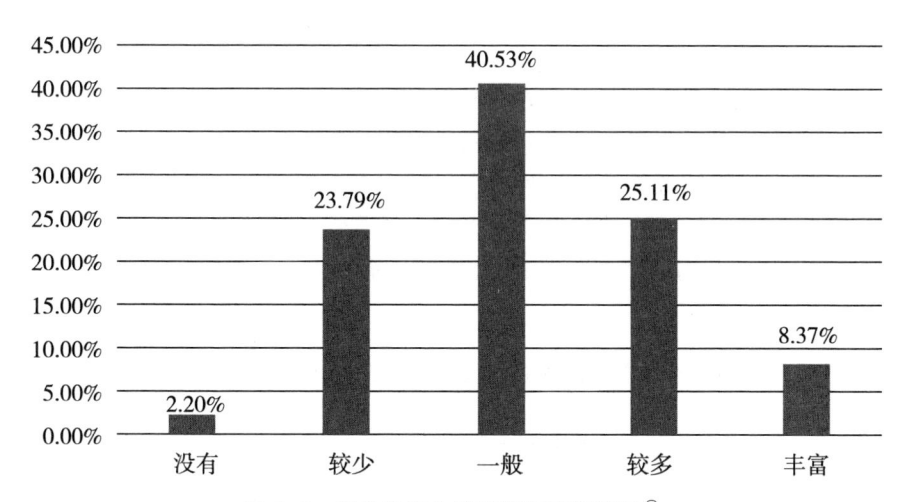

图1-3 学校信息化教学资源储备情况[①]

关于学校信息化教学设备能否满足体育信息化教学需要的情况的调查结果显示（表1-3），13.66%的体育教师表示自己所在学校的的信息化教学资源设备能够完全满足信息化教学的需要，32.16%的体育教师认为自己所在学校的信息化教学资源设备能够满足信息化教学的需要，33.92%的体育教师认为其所在学校的信息化教学设备勉强能满足信息化教学需要，16.30%的体育教师认为其所在学校的信息化教学设备不能满足信息化教学需要，最后认为学校信息化教学资源配置完全不能满足信息化教学需要

---

① 孙慧.信息化体育教学开展现状及发展对策研究——以上海市中小学为例[D].上海师范大学,2020.

的体育教师有 3.96%。这个结果可以说明上海市中小学中大部分学校的信息化教学设备可以基本满足体育教师进行信息化体育教学的需要。

表 1-3 学校信息化教学资源配置能否满足信息化教学需要的调查结果（n=227）[①]

满足情况	选择比例
完全满足	13.66%
满足	32.16%
勉强满足	33.92%
不能满足	16.30%
完全不满足	3.96%

关于学校信息化教学资源的配置水平的调查结果显示（图 1-4），63.40% 的体育教师所在学校有多媒体教室，33.50% 的体育教师所在学校有多媒体体育馆，38.80% 的体育教师所在学校的校园网站内可以观看市区网上教研课程，35.20% 的体育教师所在学校的校园网中有专门的体育教学平台。可见，超过一半的体育教师认为其所在学校拥有多媒体教室以供信息化教学使用，但是专门为体育教学而设立多媒体体育馆及构建网上体育教学平台的学校并不多，不能满足体育信息化教学的需要。

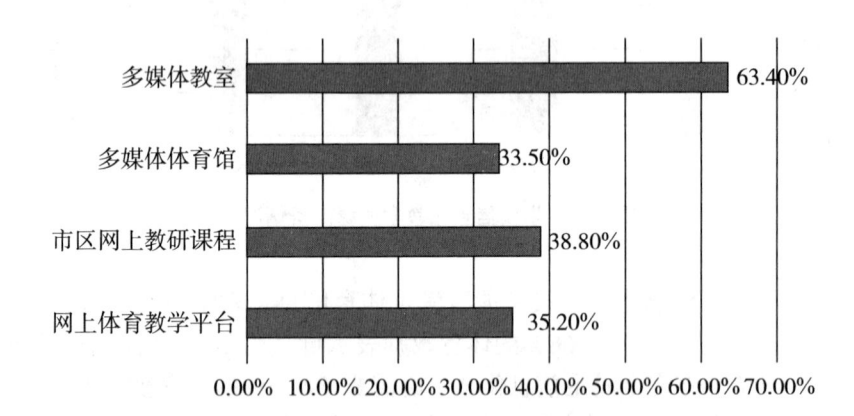

图 1-4 学校信息化体育教学资源配置水平[②]

---

① 孙慧．信息化体育教学开展现状及发展对策研究——以上海市中小学为例 [D]．上海师范大学，2020．

② 孙慧．信息化体育教学开展现状及发展对策研究——以上海市中小学为例 [D]．上海师范大学，2020．

综上所述,虽然大部分学校都拥有信息化教学设备资源,但是教学资源并不多,不能完全满足体育教学信息化发展的需要,从而制约了体育信息化教学的顺利开展。

(二)体育教师的信息化教学素养较低

优秀体育教师具备的核心素养中包括信息化教学素养,体育教师的信息化教学素养也可称为体育教师在信息化教学上的岗位胜任力素质。体育教师信息化教学素养的高低决定体育信息化教学的发展进程。

关于体育教师信息化教学素养高低的调查结果显示,体育教师的信息化教学素养不是很高。体育教师进行信息化教学的积极性很高,但是信息化教学手段的运用能力较低。从体育教学的各个环节来看,体育教师利用信息化手段进行备课,运用互联网手段搜集教学资源,使用计算机和多媒体手段进行讲解与示范,但是在教学评价、教学反馈环节不注重对信息化手段的运用。可见体育教师的信息化教学素养有待进一步提高,在教学评价、课堂反馈环节需要重点提高体育教师的信息化教学能力。

信息化教学素养是体育教师合理运用信息化教学手段以及顺利开展信息化教学的基础。体育教师的信息化教学素养不高,导致信息化体育教学的开展情况不容乐观。

(三)学校忽视了对体育教师信息化教学能力的专项培养

在体育教学中融入信息技术是存在一定难度的,这对体育教师的信息化知识储备提出了较高的要求。《国家中长期教育改革和发展规划纲要》中有相关内容明确阐述了现代化信息技术在教育教学中的重要意义,现代化信息技术的迅猛发展势必要求教育教学与之有效融合,以充分发挥现代化信息技术在教育中的巨大作用,同时提高社会对信息化技术教育的关注度。以教育为载体,以信息化技术为催化剂,是促进信息化技术教育的革命性发展和提高国民信息素养的有效手段,同时也是推动教育信息化发展的重要动力。面对教育发展的新形势,体育教师必须提高自身应用信息技术的能力,学校必须重视对体育教师信息化教学素养的培养,加强对体育教师的信息化培训。

关于体育教师接受信息技术教学培训情况的调查结果显示,80%的体育教师经常参加学校组织的信息技术教学培训活动,以此来提高自己的信息技术运用能力。可见学校贯彻落实《教育信息化2.0行动计划》的情况较好,能够定期组织教师进行信息技术培训,提升教师的信息化教学能力。但是进一步调查发现,专门针对体育教师的信息化体育教学培训非常少,体育教师大都通过自学的方式获得信息化教学知识和技能,由于体育教师的信息化教学知识储备不足,导致其在信息化体育教学中不能正确运用信息化教学手段,因此无法体会信息化教学给体育课堂带来的便利。

（四）信息化教学自身的属性影响其在体育教学中的应用

体育教师进行信息化教学时,备课环节需要查阅相关资料、准备与教学相关的设备、制作教学视频、剪辑教学音乐等,这些工作耗费了体育教师很多精力和时间,这些时间远远超过上课时间。而且要采用信息化教学方式,使用信息化设备,不仅需要体育教师的参与,可能还需要其他人员来帮助操作设备。有些体育教师因为自身信息化知识储备不足,在教学过程中仅介绍和使用设备就浪费了很多时间,影响了教学效率。如图1-5所示,关于影响信息化体育教学顺利开展的原因的调查结果显示,很大一部分体育教师认为信息化教学的操作过程较为复杂,影响了教学密度。还有一部分教师担心信息化教学手段会使学生的注意力分散,所以不愿意进行信息化体育教学。

总之,信息化教学自身因素对信息化体育教学开展的影响是不可避免的,但体育教师要不断提高自己的信息化教学素养,这样在信息化教学设备的操作中就会更灵活、快捷,而且也能充分发挥信息化教学手段的优势,扬长避短,使信息化教学的积极作用最大程度地发挥出来。体育教师不能因为信息化教学设备操作复杂、烦琐或可能分散学生的注意力就完全不用,而应该从自身出发去解决问题。

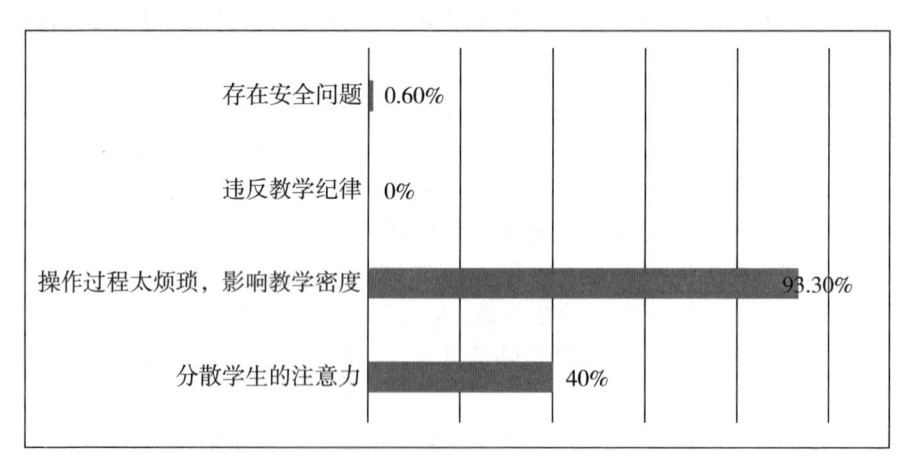

原因	比例
存在安全问题	0.60%
违反教学纪律	0%
操作过程太烦琐,影响教学密度	93.30%
分散学生的注意力	40%

图1-5 影响信息化体育教学顺利进行的原因[①]

---

① 孙慧.信息化体育教学开展现状及发展对策研究——以上海市中小学为例[D].上海师范大学,2020.

第三节 体育教学的发展趋势与对策

一、信息化背景下体育教学的发展趋势

（一）体育教学内容和教学方法的数字化趋势

教育信息化发展促进了教育数字化。当前,体育教育的数字化发展进程不断加快,这从教学内容和教学方法的数字化中充分体现出来。教学内容与方法实现了数字化后,体育教学过程越来越快捷、便利和高效。不管是对体育教师来说,还是对体育教学的授课对象即学生来说,体育教学的数字化发展使得他们的教与学都越来越轻松、有效。在数字化发展的趋势下,体育教师和学生查阅资料、分享资料以及获取信息化知识的速度越来越快。体育教师利用信息化技术对技术动作进行数字化处理后,学生观看动作可以不再受时空限制,能够对技术动作的要领和细节有更直观、深刻的体会和领悟。在技术动作的呈现中引进VR技术,使技术动作看起来很逼真。体育教学内容也因为动画、视频等多种元素的融入而越来越丰富、直观、形象、生动,便于掌握和理解。总之,体育教学内容与方法的数字化大大提高了体育教学的快捷性和实效性。

（二）移动学习的常态化趋势

信息化时代背景下,体育教学的空间大大拓展,学生不论在学校操场、体育馆,还是在家里或社区,不管是在课上,还是在课下,无时无刻不能学习。可以说只要有网络覆盖,任何地方都可以成为学习场所。移动学习在网络时代已经成为一种普遍现象,这样打破了体育课堂教学的单一形式,扩大了学生的学习领域和空间,也提高了学生的学习效率。

（三）大数据平台的全球化趋势

在信息化时代,互联网技术运用于社会各个领域,在教育领域建设大数据平台已然成为必然趋势。在信息化体育教学中建设大数据平台,全面整合世界上各种不同的体育教学内容、教学方式,保证体育教学的连续性、开放性、互动性以及终身性,使体育教育、体育锻炼成为学生生活中不可缺少的一部分,使学生将体育学习和运动锻炼作为常态化生活方式之一,在学习中传承民族传统体育文化,接收西方体育文化,提高自己的体育文化素养。建设全球化的体育教育数据平台有助于培养学生的终身体育习惯,增强学

生体质,促进学生健康成长与全面发展。

二、信息化背景下体育教学的发展对策

(一)大力推进体育教学改革,适应信息化时代的需要

信息化时代为体育教学创造了良好的发展机会,我们应将丰富多彩的信息化教学手段运用于体育课堂教学中,并基于对网络技术、多媒体技术的应用而全方位改革体育教学内容、方法、模式、考评、管理等各个教学要素,大力创新,不断优化与完善信息化体育教学体系,这是信息化时代发展背景对体育教学的要求,也是新时代社会发展对学校培养全面发展型人才的要求。只有利用信息化手段而全面进行体育教学改革与创新,才能进一步推动素质教育理念的贯彻落实,实现素质教育的目标,实现良好的体育教学效果和体育人才培养效果。

(二)全面加强信息化体育教学建设

1. 建设基础:完善设施

规划信息化体育教学建设路线,完善设施是最基础的环节。要根据实际需求而完善信息化教学设施与设备,多开发具有可靠性、可操作性、安全性、实用性的信息化教学设备,并不断更新与补充新的设施,以满足不同学生对信息化体育教学硬件资源的需求。

2. 建设重点:开发资源

要推动信息化体育教学的发展,就要利用信息技术手段而建设丰富的教学资源,如数字图书馆、学习资源库、网络教学平台等,从而为体育教师和学生提供便利。

3. 建设关键:师资培训

体育教师的信息化教学素养直接决定了信息化体育教学系统能否充分发挥自身功能,决定了信息化体育教学的开展情况和最终效果。所以要强化对体育师资队伍的信息化素养的培训,使体育教师具备获取信息化教学资源、运用信息化教学手段以及灵活操作信息化教学设备的能力,从而提高信息化体育教学的效果。

4. 建设保障:制定政策

在体育教学的信息化改革与创新中,教育部门要出台相关政策来为学校信息化体育教学的改革与实施提供政策依据与法律保障,为学校信息化体育教学的发展提供方向与指引,通过对相关奖惩政策、管理政策等配套政

策的制定与完善,加大政策支持力度,保障学校信息化体育教学的顺利开展与长远发展。

（三）增加投入,改善信息化体育教学条件

要顺利实施信息化教学,就需要学校有相应的基础设施和资源环境作保障。良好的基础设施和资源环境是开展信息化体育教学的基础条件。若不具备基本的硬件设施条件,则难以实现真正意义上的教育信息化。在学校体育教学中普及信息化教育,需要投入大量的财力和物力,加强硬件建设是解决的首要问题。政府与教育行政部门应该采取一系列措施来拓展教育经费的筹集渠道,从而为学校基础设施和资源环境的建设提供保障。

学校应积极向上级政府争取专项补助资金,也可在办学经费中根据学校实际情况将一些专项资金用于信息化教育方面的基础设施建设,还可以发动社会各界捐资助学。目前很多学校已经配置了多媒体投影仪设备,给学校开展信息化体育教学奠定了基础。但是一些学校也存在资源浪费的现象,如多媒体设施出现故障后就被搁置不用。基于此,要加强师生对多媒体设备的保护意识,并及时维修和更新设备,提高资源的利用率。

（四）建立与拓展网络教育平台

对信息化体育教学网络资源平台的建立与完善也是推动信息化体育教学发展的一个重要举措。这个工作需要教育部门的大力支持与全力帮助。学校发挥教育资源优势,在政府部门的引导与帮助下建设与拓展专门的网络化教育平台,设立教学专栏,传播体育信息化教学理念,宣传信息化教学的基本知识,并上传关于信息化教学设备运用的基本常识,也可以就体育教学中存在的问题而进行线上交流与讨论,提高解决效率。同时,还可以在教育平台上上传优质课件或教学效果良好的教学视频,为体育教师开展信息化教学和学生在线学习提供参考和帮助。总之,网络资源共享能够为信息化体育教学的组织与实施提供便利,提高课堂教学效率。

（五）注重对体育老师信息化教学素养的培养

在信息化时代背景下提高体育教学的信息化水平,就要加强对体育教师信息化教学素养的培养,提高其运用信息技术的能力,从而真正发挥信息技术的作用,使之更好地为教学服务。

多媒体教学能否成为体育老师的重要教学手段取决于体育教师的信息素养。需要注意的是,掌握电脑知识和技能是体育教师获取、传播和利用知识的重要手段,但是体育教师的信息素质绝不止掌握电脑知识和操作电脑,而是具有更广泛的内涵。学校要加强对体育教师的培训和管理,充分考虑每位教师的具体情况而开展针对性培训,强化培训效果,特别要注重培训信息化技能,注重体育教师在传统职能和现代化教学之间的角色转换,这个转换包括对信息化的认知、工作逻辑和方法、职业操守等各个方面。在培训中应该将"校本培训"和"学科渗透"融合起来,提高效果。

在体育教师培训中可以开展竞赛,制定培训考核标准,完善培训计划和内容,以有条不紊地进行培训。另外,要关注对"双师型"教师队伍的建设,提高培训的规范化、标准化。总之,加强师资培训要注重培训内容的全面性、针对性;突显培训模式的灵活性与多元性,以提高真正意义上的培训效果,切实提高体育教师的信息化教学素养。①

---

① 裘友凤.信息化条件下的江西省高等职业院校体育教学现状与改革的研究[D].江西师范大学,2005.

第二章 现代信息技术与体育课程的整合

伴随着现代科学技术的飞速发展,各种先进的科学技术被应用于社会各个领域,不断推动着整个社会的发展和进步。如今可以说已进入一个信息化社会,各种信息技术以前所未有的速度得到了迅速的发展,成为社会各个领域发展的重要推动力量。我国的学校教育部门也应看到这一趋势,大力引进各种信息技术,加强信息技术与体育课程的整合,从而更好地推动学校体育教育的发展。

第一节 信息技术与体育课程整合的内涵与特征

一、信息技术与体育课程整合的内涵

如今信息技术在学校教育中得到了一定程度的利用,促进了学校教育的发展。作为学校教育的重要组成部分,体育教育也应引进各种先进的信息技术,加强信息技术与体育课程的整合,实现突破式发展。信息技术与体育课程的整合实质上就是信息技术在课程中实施的理论和实践,它针对教育领域中信息技术与学科课程存在的割裂等问题,通过信息技术与课程的互动性双向整合,促进师生民主合作的课程实施与教学组织方式的实现,它是以人的学习为本的新型课程教学活动样式,建构起整合型的信息化课程新形态,进而使信息技术与人的学习生活整合成为有机的连续体和

统一体。①

伴随着时代的不断发展,各种信息技术越来越深刻地影响着每一个人的生活。在学校教育中,信息技术与体育课程的整合,实际上就是体育教师在课程教学中超越不同知识体系,把信息技术、信息资源、信息方法、人力资源和体育课程内容有机结合的一种新兴教学方法。

相关实践及事实已经充分表明,在体育课程中引进信息技术,对于教学效果的取得具有十分重要的意义。体育课程强调以直接感知为主,而通过信息技术的利用,能很好地突破传统的语言传递信息教学和身体练习为主的传统体育教学方法,能有效增强体育教学的直观性和互动性,提高教学质量;信息化技术还能极大地丰富教学手段与方法体系,进一步提高体育教学的效率和质量;另外,信息化技术的利用还能引导学生提高自身的思维能力,激发学生的创新意识。

信息技术的利用打破了以往传统体育教学的壁垒,在这一技术之下,体育教师不仅科学选择自己喜欢的、擅长的教学内容,还能充分利用信息技术和信息资源开发出更多的教学内容和资源,从而促使学生以积极饱满的热情投入学习之中,促使其顺利地实现体育教学目标。

二、信息技术与体育课程整合的特征

信息技术与体育课程的整合已经被证明是非常有效的一个促进体育教学发展的手段,这一手段的特征主要表现为数字化、网络化、多媒体化、智能化和人本化等几个方面。在这几个方面,与传统的体育教学手段相比,其表现出明显的优势。

(一)数字化特征

数字化是信息技术与体育课程整合的一个重要特征。信息技术主要包括硬件设备、软件平台和信息资源的数字化,实现数字化可以加快信息的传播速度和范围,提高信息资源共享的效率。数字化的特点主要是容量大,一般以 M(兆)为单位。体积小,便于贮存和携带及远程传输,为网络化模式奠定了基础,在体育教学中,信息化技术的教学也是这样。如今,数字化技术不仅在各文化课学习中得到了充分的利用,在体育课上,尤其是体育理论课上,体育教师可以充分利用多媒体技术进行视频教学,在各种视频技术的利用下,能很好地激发学生学习的兴趣,从而提高体育教学的效率,促进体

---

① 梁培根.信息技术与高校体育课程有效整合的策略研究[D].苏州大学,2011.

第二章　现代信息技术与体育课程的整合

育教学的发展。

（二）网络化特征

如今整个社会已进入一个网络化信息社会,网络对人们的影响可谓无处不在。以计算机网络技术为支撑,各种设备及资源得到了高度的整合,以往传统的体育教学从封闭走向了开放,这极大地促进了体育教学的发展和进步。信息技术与体育课程整合是充分利用计算机技术、网络技术、信息技术发展的成果,可以实现网上学习。这样极大地扩展了学习资源的范围,打破了空间和地域的限制;教学过程从课堂内扩展到课堂外,从校园扩展到家庭和社会。[①]

除此之外,网络化的出现还加强了学校体育与社区体育、竞技体育等的沟通与交流,极大地改变了人们的思维方式和习惯,养成了一种主动学习的模式和习惯。信息技术与课程整合插上了网络这个神奇的翅膀,使得教育打破了沉寂了上千年的模式,也使得体育学习、体育欣赏、体育交流的渠道得以无限延伸。

（三）多媒体化特征

多媒体化也是信息技术与体育课程整合的一个重要特征。在这一新式的体育教学手段下,各种教学资源都能得到充分的整合与利用。通过信息技术,体育课程教学中能充分运用到图形、影像、声音、动画等各种手段,实现虚拟现实的作用,对学生的视觉、听觉、触觉等感觉都形成一定的刺激,这对于学生体育知识和技能的获取具有非常大的帮助,这是传统体育教学手段所不具备的。在多媒体信息技术下,开展体育教学活动通常能提高体育教学效率,促进体育教学质量的发展。

具体而言,信息技术与体育课程整合的多媒体化特点主要表现在以下几个方面。

（1）大量的心理学理论研究表明,多重感官同时感知的学习效果要优于单一感官感知的学习效果。

（2）一般来说,现代多媒体技术的传输信息量大、速度非常快。利用多媒体系统的声音与图像压缩技术能有效地记录、重现大量的语音、图形、图像乃至活动画面信息,在以往的技术条件下是难以实现这一效果的。

（3）多媒体化下的技术手段信息传输质量较高、应用范围也比较广泛。由于多媒体系统的各种技术处理都是数字化的,通过数字化技术的处理,能

---

① 梁培根.信息技术与高校体育课程有效整合的策略研究[D].苏州大学,2011.

再现、还原各种教学场景,这对于学生掌握复杂的技术具有非常大的帮助。

(4)多媒体化教学通常使用方便、易于操作。整个教学系统主要以鼠标、触摸屏、声音选择输入为主,辅以键盘输入,操作比较直观,任何人都能轻松地操作,为体育教师教学提供了良好的辅助。

(四)智能化特征

各种高科技手段都具有一定的智能化特征,因此信息技术也具有这方面的特征。如今的各种教学设备和软件等都具有一定的智能性,通过各种先进的信息技术的利用,学生与体育教师也能探索出具有先进性的学习模式。如最新的智能辅助教学系统对于学生的学习能力、认知特点和当前知识水平等都有一个很好的把握;对学生的学习具有良好的帮助和指导。因此,信息技术的这一智能化特征对于体育教学质量的提高具有重要的意义和作用。

(五)人本化特征

人在社会发展中作为重要的因素,对于整个社会的发展起着十分重要的作用。教育的根本理念是培养学生独立的人格,提升学生的创造力,一切教学活动都要围绕学生开展,这就是人本化特征。在利用信息化技术教学的过程中,体育教师要努力营造一个和谐民主的教学环境,要以学生为中心开展教学活动,注重激发学生学习的积极性。

伴随着时代的不断发展,各种信息化技术手段得到了充分的利用,体育教学的数字化、媒体化能有效地增强学生学习的效果,提高学生学习的效率。另外,现代信息技术手段的利用,促使学习者能够自主学习,从而获得发展和进步。各种信息化技术的运用,使得体育教学资源得到了共享,人机交流更加密切,信息反馈更加及时和有效。学习者可以依据自身的具体实际自由选择自己感兴趣的内容,真正做到"因人施教"。由此可见,信息技术与体育课程的整合能充分发挥学习者的个性与潜能,推动其进一步发展。

总之,在体育教学中,营造一个浓厚的体育教学人文环境是非常重要的。一般来说,一个良好的人文环境主要包括现代教育思想、现代教育理念、教育技术政策与法规、学习风气与氛围等几个部分。要想加强信息技术与体育课程的整合,没有这种良好的现代教育人文环境氛围是难以完成的,在构建这一环境的过程中一定要注重人的作用的发挥,遵循人本主义的基本原则,努力实现发展的目标。

第二节 信息技术与体育课程整合的理论依据

信息技术与体育课程的整合并不是盲目的,而是建立在一定的理论依据之上的,这些理论主要包括建构主义学习理论、多元智能理论、教育学理论、系统理论、自主学习理论等多个方面。

一、建构主义学习理论

建构主义理论认为,知识不是通过教师传授得到,而是学习者在一定的情境即社会文化背景下,借助他人的帮助,利用必要的学习资料,通过意义建构的方式而获得。这一理论一经提出就引起了社会的强烈反响,并对后世学习理论的研究产生持续的影响。

建构主义提倡在教师指导下的、以学习者为中心的学习,也就是说,既强调学习者的认知主体作用,又不忽视教师的指导作用,教师是意义建构的帮助者、促进者,而不是知识的传授者与灌输者。这一理论在当时具有很强的先进性和前瞻性,对于社会教育的发展具有积极的促进作用。建构主义学习理论认为,学生是信息加工的主体、意义的主动建构者,而不是外部刺激的被动接受者和被灌输的对象。在具体的教学中,教师应当采用全新的教育思想与模式、全新的教学方法和全新的教学设计,这样才能促进教育的进一步发展。

（一）建构主义的知识观

建构主义理论者认为,知识并不是对现实的准确表征,它只是一种解释、一种假设,它并不是问题的最终答案。相反,它会随着人类的进步而不断地被"革命"掉,并随之出现新的假设;而且,知识并不能精确地概括世界的法则,在具体问题中,我们并不是拿来便用,一用就灵,而是需要针对具体情境进行再创造。因此,教师并不是什么知识的"权威",课本也不是解释现实的"模板"。

除此之外,建构主义理论者还认为,知识不可能以实体的形式存在于具体的个体之外,尽管我们通过语言符号赋予了知识一定的外在形式,甚至这些命题还得到了较普遍的认可,但这并不意味着学习者会对这些命题有同样的理解,因为这些理解只能由个体学习者基于自己的经验背景而建构起来,这取决于特定情境下的学习历程。

总之,建构主义者以不同的方式,在某种程度上对知识的客观性、可靠性和确定性提出了质疑,尽管这种知识观过于激进,但却对传统的理论提出了挑战,对于推动整个社会教育的发展产生了深远的影响。

（二）建构主义的学生观

建构主义理论非常强调学生经验的丰富性,认为他们只有形成了丰富的经验,才能对事物做出正确的认知,促进自身的发展。在某些时候,有些问题即便他们还没有接触过,没有现成的经验,但当问题一旦呈现在面前时,他们往往也可以基于相关的经验,能对这些问题做出一些合理的解释,这就是以往的经验在起作用。

建构主义者强调学生体验世界的差异性,每个人在自己的活动和交往中都形成了自己的个性化的、独特性的经验,每个人都有自己的兴趣和认知风格。因此,在具体问题面前,每个人都会基于自己的经验背景形成自己的理解,由此可见经验的重要性。

（三）学习的建构性

建构主义学习理论认为"情境""协作""会话"和"意义建构"是学习环境中的四大要素,这四个要素缺一不可,是学习者从事学习活动的重要基础。伴随着信息技术的不断发展,建构主义学习理论的应用范围也逐步扩大,如今这一理论成为信息技术与课程整合的主要学习理论基础。

体育是一门集理论与实践于一体的特殊课程,信息技术与体育课程的有效整合,可以创设更佳的学习"情境""协作""会话"机会,更能体现"意义建构"理论。这些能极大地促进体育教学质量的提高。[①]

二、多元智能理论

（一）多元智能理论概述

目前,多元智能理论在各个领域都得到了比较广泛的利用,其中在教育领域利用的频率也比较多。如今这一理论在国际教育界得到了极为迅速的传播和发展。这一理论符合当前教育改革的思想与潮流,注重学生潜在能力和个性化发展,对于人才的挖掘与培养及整个学校教育的发展都产生了深远的影响。

一般来说,多元智能理论主要包括言语/语言智能；逻辑/数理智能；

---

① 梁培根.信息技术与高校体育课程有效整合的策略研究[D].苏州大学,2011.

视觉/空间关系智能;音乐/节奏智能;身体/运动智能;人际交往智能;内省智能;自然观察者智能;存在智能等九个方面。这几个方面的智能对人的发展将产生极为重要的影响。

(二)多元智能理论和信息技术与体育课程整合

发展到现在,信息技术在学校教育领域得到了非常广泛的利用,在这一技术的利用下,体育教学改革、创新人才培养等都实现了突破式的发展和进步。信息技术与体育课程整合发展成为现代体育教育的一个趋势,这一发展的理论和途径要以先进的教育理论为指导,而多元智能理论就提供了这样一种科学的理论构想。上面我们已经分析,建构主义理论为信息技术与体育课程的整合提供了重要的理论支持,而多元智能理论则为体育教育的发展指明了方向。多元智能理论认为智力是多元化的,即智力不是一种能力,而是一组能力。

多元智能理论非常注重学生多种智能的发展,强调在促进学生多种智能发展的同时,要保证其优势智能的发展,在这样的情况下,学生能获得全面发展和个性化发展。在多元智能理论指导下实施信息技术与课程整合就是要通过营造一种数字化的学习环境,建立一种"主导—主体相结合"的教学结构,促进学生多元智能的发展,这对于培养学生的创新意识与能力具有非常重要的作用。需要注意的是,为促进学生多元智能的发展,需要为其构建一个浓厚的学习氛围,要满足不同学生的学习需求,这样才能实现人才培养的目标。

三、教育学理论

(一)教学过程最优化理论

在整个教育学理论体系中,教学过程最优化理论占据着非常重要的地位。这一理论起源于20世纪70年代初期,它是由苏联教育家巴班斯基提出来的,这一理论一经提出就引起了当时教育界的强烈反响,发展至今仍然发挥着重要的影响。

1. 教学过程最优化的概念

在体育教学系统中,教学过程是极为关键的程序与内容,体育教学质量与效果的取得在很大程度上取决于教学过程最优化。体育教学过程的最优化是指"教师有目的地选择一种确保教学过程的最佳方案。它能保证教师和学生在花费最少的必要时间和精力的情况下取得对该具体条件来说是最大收益的结果,使每个学生得到最好的发展,使教学达到最好的效果。这个效果反映在学生身上就是确保每个学生都获得适时、最合理的教养、教育和发展"。

2. 教学过程最优化的内涵

体育教学过程的"最优化"的内涵突出表现在以下几个方面。

（1）遵循体育教学的基本规律与原则。

（2）充分考虑体育教学环境与条件。

（3）制定与选择合适的教学方案或计划。

（4）合理地组织与管理体育教学过程。

（5）在规定的时间内,争取获得最大可能发展的效果。①

3. 体育教学过程最优化的具体实施内容

（1）结合具体的教学实际,全面分析教学任务,提出建议和对策。

（2）深入学生实际,确定体育教学组织内容。

（3）依据教学大纲突出体育教学的重点与难点。

（4）分析具体的体育教学条件,确定合理的教学方法。

（5）开展差异化教学。

（6）确定最优化的教学进度,取得理想的教学效果。

（二）有效教学理论

有效教学是关于教学质量提高的一个非常重要的理论,国内教育学专家主要对这一理论进行以下解释。

（1）利用经济学理论对有效教学的效果、效益、效率等进行阐释。

（2）有效教学的内涵集中体现在"有效"和"教学"两个方面,要从这两个方面对有效教学的概念作出界定。

（3）以学生发展为价值取向来界定有效教学。

（4）从表、中、深三个层面来阐述有效教学的结构。

（三）相关的教育理念

1. 情感教育理念

相关研究表明,人的情感会在很大程度上影响本身的认知活动、实践活动。在高校体育教学中,情感这个变量因素也对整个教学活动产生至关重要的影响。学生学习体育的动机主要来源于内在需要,在体育教学中教师要积极体察、开发学生的内在需要,充分满足学生的各种需求。

---

① 许文鑫. 中学体育课堂有效互动的理论与实证研究 [M]. 北京：科学出版社,2015.

另外，体育教师还要想方设法地激发学生的运动动机，鼓励学生以积极的情感参与体育练习，并克服消极学习情绪，如焦虑、自卑等。在体育教学过程中，情感教育是一个不可缺少的内容，将情感教育融入体育教学中，要对学生的学习态度、自尊、情绪及情感予以关注，对学生的个人发展需要、情感互动关系给予关注，这对于学生的全面发展具有重要的意义。

"育人"是体育教育的一个重要目标和功能，它也是情感教育的关键，因此加强学生的情感教育是非常重要的。这里所说的情感指的是个体情性方面的心理素质，是个体在实践中受先天遗传因素、后天环境因素的共同影响而形成的积极的情感心理特征，大学生的情感素质具有相对稳定性，而且与大学生的年龄特征、心理特征相适应。情感素质包含了人际情感、道德情感、审美情感、理智情感等多个方面，在平时的教学中，要注意学生这些情感的培养。

2. 开放教育理念

开放教育这一理念起源于20世纪60年代，这一教育理念一经提出就引起了强烈的反响，如今也有着重要的地位。心灵开放是开放性教学思想的本质，可见开放教育理念具有重要的哲学意义。伴随着时代的不断发展，这一理论的影响力也越来越大。

如今，科学技术在学校体育教育中得到了广泛的应用，各种信息化技术受到追捧。因此，在教育教学中树立开放教育理念是适应时代发展需要的重要体现，传统教育模式偏于教条化，相对较为封闭，活力不足，树立开放教育理念有助于改革传统教育模式，提高课堂教学的开放性，优化课堂教学效果。开放教育理念应贯穿于教学过程的始终，应体现在教育教学的各个方面，如教学目的、教学内容、教学环境、教学资源、教学方式、教学风格等教学要素都要体现开放性特征。

总体而言，开放教育理念的核心思想是"以人为本"，在高校体育教学中，要坚持以人为本，以学生为本，围绕学生实施开放性教学，探索开放的、与时代发展相符合的教学模式，这样才能促进教学质量的提高，促进学生的全面发展。

3. 创新教育理念

伴随着现代社会的不断发展，教育界提出了以改革传统教育模式为中心内容的创新教育理念。创新教育的内容比较丰富，包括发现教育、思想教育、人格教育、心理教育等，不管是哪种教育，它的核心都是培养学生的创新创造能力。创新教育理念的提出与落实还充分体现了对素质教育理念的全面贯彻，能有效地促进学生创新能力的提高。

在今后的教学中，我们要充分贯彻创新教育的理念，需要注意以下几个方面的要求。

（1）体育教师要树立现代教育的先进思想，改革传统的灌输式教学形式，充分发挥自身的引导作用。

（2）体育教师要制定科学合理的体育教案，选择的教学内容要有利于激发学生学习的积极性，并设计与实施相应的新型教学方法，从而活跃课堂氛围，改善教学环境，在良好的教学环境下促进学生创新能力的提升。

（3）在平时的体育教学中，体育教师还应主动提升自己的教学能力、业务素养、综合素质，参加各种各样的培训活动，使自己的教学能力和综合素养达到素质教育理念、创新教育理念的要求，这能极大地促进学生创新能力的发展和提升。

（四）体育教育的规律与原则

1. 体育教育的规律
（1）身心并动规律

与其他课程教学不同，体育教学主要是通过身体运动的方式进行，学生要通过身体练习完成锻炼身体的任务，实现增强体质的目标，这是体育教学和其他学科教学的一个主要区别。由此可看到体育教学具有身心并动的规律，这是体育学科的独特教育规律。体育教学作为体育教育的主要内容之一，教学过程中同样具有身心并动规律。体育教学中，教师的教学活动和学生的学习活动都是思维活动、身体活动密切结合的，虽然身体活动更多一些，但居于主导地位的还是脑力活动。

教师讲解教学内容是思维活动的主要表现，教师给学生示范动作和辅导学生练习是身体活动的主要表现。学生接收与理解教师传递的教学内容信息需要用脑思考，进行脑力活动，学生观摩练习和模仿练习需要进行大量的身体活动。一般来说，体育理论教学中，思维活动多一些，体育实践教学中，身体活动多一些，师生的身体活动都是由思维主导的。在体育教学中，教师既要将各种体育项目的基本知识、技能原理传授给学生，又要使学生在身体活动中接受一定运动负荷的刺激，以促进其身体素质的提升。所以说学生接受的教育既有知识教育，又有身体教育。在体育实践课上，教师应对运动量、运动负荷、练习密度合理进行安排，从学生的身体素质和体育运动基础出发制定运动处方，以多样化的练习方式使学生体质得到增强，体育技能得到提升。体育教师要遵循身心并动的教学规律，合理选择教材和筛选教学内容，有效实施多元化的教学方法和教学模式，发挥教学理论对教学实践的指导意义，使学生在课堂上多动脑，经过思考再练习，避免不加思考地盲目练习，否则会影响学习效果。学生在体育课上要多听，多看，多想，多练,将思维活动与身体活动密切结合起来。为了引导学生积极思考,教师要善于灵活运用启发式教学方式,启发学生的积极思维,使其深刻理解所学内容,在理解的基础上多学多练,提高学习效果。

(2)教、学、练结合的规律

教、学、练结合是体育教学的一个重要规律。体育教学实践离不开身体活动,这也是体育教学的重要特点。在体育实践课上,教师要示范技术动作,同时配合语言讲解,将身体语言和口头语言紧密结合起来,从而向学生传授体育知识与技能,而这些教学内容又是他人的认识成果和研究成果。学生听教师讲课,观察教师的示范,对他人的认识和研究成果进行学习,这是间接学习方式。学生在观察后还要亲自进行各种形式的模仿练习和创新练习,从而在反复实践中提高自己的运动技能。

在体育教学中,教师和学生都是重要的主体,缺少任何一个要素都难以构成完整的教学过程。有些教师只顾自己教,完成自己的任务,忽视了对学生学练时间的安排,导致课堂教学效果达不到预期。教、学、练缺一不可。教师通过教学传授知识与技能,学生通过学习继承这些成果,并通过课内外的不断练习来促进认识和研究成果的拓展与完善。

综上所述,要想取得理想的教学效果,就必须将教、学、练紧密结合起来进行,这样才便于完成教学目标和任务。

(3)德智体美并进规律

体育教学要注重德、智、体、美的共同发展,这一观念符合当今体育教育的要求,也是体育教学的一个重要规律。现代学校教育倡导将体育、德育、智育、美育充分结合起来,学校教育的这四个方面缺一不可。对德智体美全面发展的合格人才进行培养,使其为国家建设做贡献,这是学校教育的主要目的,学校为国家培养合格人才的基本途径是教学。不管在什么情况下,具有教育学的教学活动都能发挥重要的教育作用,促进学生成长成才。

在体育教学中还要充分贯彻德智体美全面发展的教育方针,对思想教育、知识教育、美学教育、技术技能教育的关系有一个正确的认识,并妥善处理它们之间的关系。德育、智育、体育、美育四者密切相关,这是在体育教学中德智体美全面发展教育规律的具体表现。对德育、智育、体育、美育之间的辩证关系有了正确认识后,就能对体育教学中的发展身体、提升教养、提高知识水平等教学任务有正确的理解。这几个教学任务相互依存、相互促进,在教学过程中应将它们充分结合起来,具体某一方面的教学任务可根据教学需要、教学目标的不同而有所侧重,但不能只强调侧重的那项任务而忽视其他任务,要尽可能做到兼顾。这就要求教师在体育教学中不仅要传授知识,提高学生的知识素养,还要合理安排技术课的运动负荷,以培养学生健康体质,同时还要将思想品德教育、美学教育融入其中,使学生在体育课上既学到了知识,锻炼了身体,又提高了自己的美学素养和道德水平。可见,在体育教学中要遵循德智体美并进规律,将四个方面的教育有机结合起来,促进学生更好地发展。

在具体的体育教学实践中,体育教师要根据实际情况合理安排好德育、智育、体育等的时间比例,将这一项因素充分整合起来,以传授体育知识与技能、锻炼身体为主,同时将道德教育、审美教育融入其中,从而促进学生的全面发展。

2. 体育教育的原则

（1）直观性原则

体育教学具有强烈的实践性特征,直观性是体育教学的一个重要特点。在具体的教学中,要采用直观的教学方式,如示范、录像、挂图等,这些方式能够刺激学生的视听器官,使其通过看和听,再结合自己的思考与心理活动,从而了解体育教学内容。如对动作结构、动作路线及动作方向有所了解,直观教学方式首先给学生带来的是感性的思考,然后学生在感性思考的基础上做理性分析与判断,从而逐渐掌握教学内容。

在体育教学中,体育教师还要重点强调技术动作的环节与结构,指出动作的重点与难点,它们在动作结构中居于什么样的地位,有什么样的作用,和其他动作有什么样的关系等,使学生树立整体观,既掌握了整个动作,又能准确把握教学的重难点。

体育实践教学中,经过初步掌握这一教学阶段后,接着进入改进与提高教学阶段,这一阶段需要引导学生从自身实际情况出发进行高水平更高层次的练习,而不再是机械性地简单模仿教师的动作。结合实际是这一阶段必须强调的一个前提,如果脱离实际进行训练,则不仅学习效果差,还可能损害身心健康。

在体育教学中,体育教师应启发学生积极思考,引导学生积极参与实践,在这样的情况下能有效提高体育教学的质量和效果。

（2）智体合一原则

智体合一主要指的是在体育教学中将思维与实践操作结合起来,促进学生个人能力的发展。与其他学科教育不同,体育教学主要是以身体运动为主的形式。在传统体育教育中,一味强调通过增强学生体能来使其掌握运动技能,而对智能的重要性没有给予重视,因此没有将智能教育融入体育教育中,导致学生对运动技术的原理、内涵缺乏深刻认识与理解,这直接影响了学生自主学习与训练的积极性,影响了其在实践中对所学运动技能的运用与发挥。智体合一的教学原则可以促使学生从"体能型"向"体能、智

第二章　现代信息技术与体育课程的整合

能结合型"转变,对于学生的全面发展具有非常重要的意义和作用。

在体育教学中,要严格贯彻智体合一的基本原则。体育教师要重点讲解体育技术动作要领,同时要让学生知道所学动作的重要性及该技术动作在国内外的发展水平。这样学生在新技术的学练中就会树立一种全新的技术观与价值观,从而促进自身学习水平的提升,进而促进体育教学的发展。

在体育教学的巩固与提高阶段,指导学生进行穿插练习,并对动作原理、动作细节进行解释与强调,使学生对所学动作的理解更全面、深入,并引导学生充分感受在练习过程中身心发生的变化,在学生进入自动化阶段后鼓励学生适当创新,如此才是有效教学,起到应有的教学效果。

(3) 掌握知识结构与培养能力相结合原则

在体育教学中,学生能力的培养至关重要。因此,贯彻掌握知识结构与能力培养的基本原则是尤为必要的。在体育教育中贯彻掌握结构与培养能力相结合的教学原则,使学生对体育知识与技能予以掌握,充实学生的知识结构与技能结构,并在此基础上培养学生的实践能力。

体育知识技能的整体结构一般由基本定义和规律组成。体育教师在设计教案或训练规划之前,必须对教学内容的整体结构有一定的掌握,这样在教学规划设计中才能做到统筹安排,合理布局,突出重点,逻辑清晰,从而为学生系统地、有条理地学习体育知识和技能以及掌握完整知识技能结构提供正确引导。

在信息社会背景下,对信息的快速获取与准确处理是每个人都应该具备的能力。如果缺乏这方面的能力,那么要适应信息更新迅速的复杂现代社会则会有一定的难度。在体育教育中如果不注重培养学生这方面的能力,那么就会制约学生向高体能、高智能的体育专业方向发展。传统"填鸭式"体育教学模式不注重对学生自主获取知识和探索知识的能力进行培养,进而影响了其社会适应能力的提高。新时期体育教育中必须重视对学生自我学习能力的培养。具体而言,在体育教育中贯彻掌握结构与培养能力相结合的原则需要注意以下几个方面的要求。

①构建良好的知识结构

体育教师首先自己要对体育学科知识结构的掌握达到精通的程度,对体育理论知识体系中各部分知识之间和运动技能体系中各技能之间的内在联系有准确深入的理解,然后在教学中引导学生对完整的知识结构和动作结构予以掌握,再细化动作,使学生掌握良好的动作细节,如此才能促进学生运动水平的提升。

②培养出色的体育实践能力

在体育教学中,体育教师不仅要手把手教学生体育知识和运动技能,还要启发学生的思维,鼓励学生自学、自练,鼓励学生之间协同起来组织简易体育赛事,并引导学生自主探索创新性的学习方法和练习方法,培养学生的探索意识、探索能力以及创造性,这对于学生的全面发展是非常有帮助的。

③掌握知识结构和培养实践能力的关系

知识和能力之间呈现出相互作用、相辅相成的关系。培养不同的能力对知识结构的要求不一样。在体育教育中要先使学生对体育知识结构熟练掌握,然后在此基础上对其运动能力和其他方面的实践能力进行培养,而在培养能力的过程中又能使学生进一步巩固知识,并使所学知识在实践中真正发挥作用。

(4)精益求精原则

精益求精也是体育教育的一个重要原则。当学生对基本的技术动作有所掌握后,通过再加工使学生对技术动作从初步掌握发展到牢固掌握、稳定掌握甚至超前掌握,也就是使学生将教学内容掌握得更牢固、更精确,这就是精益求精的教学原则。当很多竞技体育人才的竞技能力和运动成绩达到一定的高度后,要再有新的突破就很难了,这时就需要对已经掌握的技术动作进行"深加工"式的改造与处理。对那些大强度运动项目的专项运动员来说,因为技术动作难且复杂,再加上要在短时间内完成高超的技术,因此必须依靠"深加工"来取得新的突破,达到运动专项对运动员提出的高度稳定性和高度精确性要求,从而在激烈的比赛中占据优势,取得好成绩。运动员对动作技术的掌握要达到精益求精,这对其获取比赛胜利具有非常重要的意义。

在体育教育中,贯彻精益求精原则需要注意以下几个方面的要求。

①重视细节教学

目前,我国很多学校的体育教师在教学中并不重视动作技术的深加工与精加工,不重视教学细节,这在一定程度上影响和制约了体育教育和训练质量,对于体育人才的发展是非常不利的。对此,体育教师必须要改变这种错误思想,在体育教学中充分贯彻精益求精的基本原则。

②提高技术稳定性

在体育比赛中,技术的稳定性非常重要。一场体育比赛中,如果双方实力相差不大,那么决定比赛结果的因素主要就是双方的心理素质和技术的稳定性了,因此在体育教育中必须重视提高学生掌握技术动作的稳定性,采取一些辅助性的教学与训练手段来强化稳定性,指导学生不断重复练习来达到稳定与巩固的效果,这样可以避免学生学过就忘。

③与实战结合

与其他学科不同,体育教学必须要结合实战才能取得理想的效果,与实战结合也是日常学习与练习、熟练稳定地掌握技术动作的必要手段,而要强化这种学习效果,就要与实战相结合,通过大量的比赛来提高自己的实战水平,从而取得理想的比赛成绩。

四、系统理论

（一）系统的概念、构成与特征

1. 系统的概念

系统主要由若干子系统构成,小的子系统又包含诸多元素,这些要素不是固定不变的,而是处于不断的发展和变化之中。

2. 系统的构成

系统的形成与发展需要具备元素、结构和环境等三个基本的前提,只有具备了这几个要素,才能形成一个完整的系统。

（1）元素

系统包含多方面的元素,这些元素之间不是孤立存在的,而是相互联系、相互促进,推动着整个系统的发展,缺少了任何一方面的元素,系统的发展都会受到一定的影响。

（2）结构

任何一个系统的发展都不是盲目的,而是在一定的结构下发展,系统的结构要保持完整,如此才能获得健康的发展。任何系统都有一个特定的结构。采取各种手段与措施完善这一结构对于系统的整体发展而言具有非常重要的意义。

（3）环境

环境也是系统发展的重要要素,正是在这一要素的促进下,系统才得以形成与发展。没有了环境,系统也就失去了存在的基础,因此建设一个良好的环境对于系统的发展非常重要。

以上就是系统得以形成与发展的重要前提和条件,每一个方面都非常重要,掌握系统论的基本理论对于体育教育的发展具有重要的意义。

3. 系统的特征

通常来说,一个完整的系统应具有以下几个方面的特征。

（1）集合性特征

系统是一个有组织的整体,系统内元素众多,各元素组合在一起集合为一个系统,因此说系统都不是孤立存在的,而是由不同元素(子系统)按照一定结构有机组成的。[①]

（2）整体性特征

系统内包含多种要素，每一个要素各有自身鲜明的特点与功能，同时也有一定的缺陷，需要经过优化与组合，才能构建一个健全和完善的系统。因此说，系统具有重要的整体性特征。

（3）相关性特征

系统内各要素之间有着非常密切的联系，各要素的发展都是为整体系统服务的，在这些要素的密切配合下，系统得以不断发展。在体育教学系统中，教师、学生、教材等都是体育教学系统内的各个要素，他（它）们之间彼此联系、共同发展，推动着体育教学系统的进一步发展。

（4）反馈性特征

系统要想顺利地运转就需要具备良好的自我调节能力，这一能力需要通过反馈进行，通过反馈可以使系统收集到各种系统内部与外部的相关信息，然后系统根据这些信息做出自我调节，从而维持系统的稳定性。由此可见，系统具有重要的反馈性特征。

（二）体育教学系统要素

体育教学系统非常复杂，主要由一个个子系统构成，各子系统又由诸多要素构成，这些要素的特征与功能决定了体育教学系统的功能和特点。

在体育教学中，要设计出合理的教学方案，首先就要充分了解系统内各要素的构成，了解系统内各要素的特点与功能。

一般来说，体育教学系统主要有以下要素构成。

1. 学生

学生是体育教学活动中的重要主体，一切教学活动的开展都应围绕学生进行，这体现了"以人为本"的基本理念。学生要想获得良好的发展，就必须要建立一个良好的体育知识与技能结构，包括体育理论、体能、技能等多方面获得共同发展。

2. 体育教师

体育教师也是体育教学活动中的重要主体，体育教学活动的顺利开展离不开体育教师的指导。体育教师除了要具备丰富的知识与技能外，还要具备出色的教学组织与管理能力。在具体的体育教学活动中，体育教师要充分发挥自身的主导性，组织与管理好整个教学过程，提高教学的效率和质量。

[①] 佟晓东. 体育教学设计与实践 [M]. 沈阳：东北大学出版社，2009.

3. 体育教学内容

一个完整的体育教学内容体系主要包括以下几个部分。

（1）身体教育：促进学生身体素质的发展和提高。

（2）保健教育：为学生提供良好的卫生、安全等教育。

（3）竞技体育：丰富学生的体育知识与运动技能结构体系。

（4）娱乐教育：培养学生良好的体育意识和习惯。

（5）生活教育：培养学生快速适应社会的能力。

4. 体育教学方法与手段

在体育教学中，体育教学方法与手段的选择非常重要。体育教师要结合当前教学实际和学生特点选择合适的教学方法与手段，并进行不断的创新，以适应体育教学的发展和需要。伴随着现代科学技术的发展，各种信息化技术逐步应用到体育教学之中，极大地提高了体育教学的质量。

5. 体育教学媒体

教学媒体也是体育教学的重要要素，缺少了教学媒体，整个教学活动也是难以顺利进行的。因此，体育教学媒体也是体育教学系统的重要要素，要加强这一方面的建设与发展。一般来说，体育教学媒体主要分为传统教学媒体和现代教学媒体两个部分。如今，现代教学媒体得到了广泛的利用，在体育教学设计的过程中，设计人员要多考虑现代教学媒体这一方面的内容。

五、自主学习理论

学生自主探究学习是指在教师的启发、引导、帮助下，自动地参与学习过程，或者像科学家为进行某一项科学发明，而主动地进行实验尝试，以争取创造发明的成功。加里森认为，自主学习者作为学习过程的主人和过程的管理者，它强调自我管理和自我监控。在自主学习中，控制逐渐从教师转移到学生，学习者独立设定学习目标决定学习内容和方法。由此我们可以看出，自主性学习就是改变传统课堂教学模式，充分尊重学生，相信学生，给予学生足够的时间和空间，放手让学生主动参与学习活动和社会实践，发展自主、独立学习能力。网络平台和数字化资源等现代化手段为体育教育提供了便利，学生可以通过对资源的收集、探究、发现、创造、展示等方式进行自主探究学习，从而能够增强自己完成任务的信心，这有利于学生保持学习的兴趣，更能全面有效地调动学生学习的主动性和积极性，提高学习效率。此外，这种学习方式重视认知过程中学生的主体性，因而有利于学生的主动探索精神和创新能力培养。

自主学习理论在现代学校教育中扮演着十分重要的角色，这一理论非常符合"以人为本"的基本理念,强调人在学习中的重要作用。如今这一理论在学校体育教育中得到了充分的贯彻与利用,对于体育教学质量的提高具有重要的指导意义。

第三节 信息技术与体育课程整合的现状分析

一、信息技术应用于高等教育的总体现状

如今信息技术在社会各个领域都得到了广泛的利用,在高校教育中也是如此。信息技术主要指在教育领域所使用的计算机、网络、多媒体教学等方面的信息技术。为保证信息技术使用的合理性和有效性,就必须要加强信息技术与体育课程的整合,细致地研究信息技术的应用现状,这样才能为二者的整合奠定必要的基础。

发展到现在,信息技术在高校教育中应用得比较频繁,取得了明显的成效。目前几乎所有的学校课程教学都或多或少地利用到信息化技术,其中在各门课程的理论课教学中应用得最为频繁。而在体育实践课等此类课程中,信息技术的利用有所欠缺。

总体而言,信息技术在学校课程教学、教务管理、教学研究等方面得到了一定程度的利用,提高了教学管理的效率。其中,有一些学校高度重视信息化教学手段的利用,在这方面投入了大量的资金,进一步推动了学校教育的发展。

二、当前体育教学方法运用现状

据相关调查发现,当前我国大多数学校的体育课程还在沿袭传统的教学模式,体育课程主要分为理论学习和技术学习两个部分。理论学习的教学还是以教师讲授为主。理论教学以教师为中心,只强调教师的"教"而忽视学生的"学",全部教学设计理论都是围绕如何"教"而展开,很少涉及学生如何"学"的问题。按这样的理论设计的课堂教学,学生参与教学活动的机会少,大部分时间处于被动接受状态,学生的主动性、积极性很难发挥。技术动作的教学总是以形象化来教学,但教师受到身体素质和环境等客观条件制约,教学时很多技术动作难以做到标准示范,使学生难以根据教师讲解示范建立正确动作概念。在体育教材中有很多腾空、高速运动、翻转的技

术动作。学生很难把这些瞬间完成的动作看清楚,也就很难快速建立一个完整的动作表象。这时教师只能反复示范,重复讲解,最终的结果是影响了教学进程,而且,过多的讲解和示范还容易让学生产生错误认识。

总之,伴随着体育教育的不断发展,以往那些过于单一、传统的体育教学方法已无法满足学生的需要和教学目标的实现。在当今信息化社会背景下,只有采用先进的、多元化的教学手段和方法,将信息技术引进到体育教学中,才能促进体育教学的进一步发展。

三、体育教学部门所拥有的信息技术资源现状

一般来说,信息技术资源主要分为硬件和软件资源两个部分,其中硬件主要有计算机、网络、多媒体、声像等有形设备,它们是体育教学的重要基础和保障。目前,总体来看,我国很多学校在计算机、网络办公等设备的配备上还很不理想,只有少部分学校建有固定多媒体教室。甚至有近30%的高校体育教师没有固定的办公场所,大部分教师只能回到家里才能利用计算机和网络办公。而其他学科或课程大多有良好的办公条件,建有专门的计算机房或多媒体教室,其信息技术硬件明显好于体育教学部门。信息技术与高校体育课程要实现有效的整合,除了具备硬件配备之外,还必须拥有良好的软件资源,这里的软件资源主要包括教学软件、网络课程以及其他数字化的教学资源等无形的教学资源,网络资源是现代信息技术的核心,而高校网络教学资源在学科分布上不均衡、优质资源匮乏、资源的种类比较单一等问题,体育教学软件资源更是紧缺,一是教学主管部门和学校不可能投入资金建立专业的网络教学资源网站,二是体育教学所需资源比较庞杂,每个学校采用了校本教材,学校的地域性、学生差异性、课程内容的复杂性和特殊性,很难制作满足教学需要的通用教学课件。目前较为理想的体育教学网站还没出现。虽然互联网有大量的体育教学资源,但都比较零散,也不成体系,需要二次收集、整理才能运用于各自特点的体育教学。现有的网络资源条件很难满足多元化的学生对学习资源的多元化的需求,网络教学资源的建设已成为制约多元化背景下信息技术与高校课程整合的瓶颈问题。这一方面还需要今后重点解决。

四、体育师资队伍信息技术素养的现状

在信息技术与高校课程整合与发展的过程中,体育教师发挥着极为重要的作用,其自身信息技术素养的高低将直接影响到体育教学课程改革的

成败。作为一名合格的体育教师,必须要具备出色的信息技术素养,要具备先进的体育教学观念,掌握现代化的教学方法和手段,掌握基本的信息技术知识,同时还要具备良好的信息技术处理能力,这才是当今新型的体育教师,对于体育教学的发展具有非常重要的作用。

目前,总体来看,我国学校体育教师关于信息技术的使用情况主要体现在以下几个方面。

第一,很多体育教师并没有从观念上重视起来,没有意识到信息技术对当今体育教学的影响。

第二,很多体育教师都安于现状,按部就班地采用传统的教学手段进行教学,在一定程度上打击了学生学习的积极性。

第三,体育教学具有很强的互动性,但有很多教师认为不需要运用现代信息技术也能取得理想的教学效果,这是一种错误的认识,并没有跟上时代发展的步伐,未能与时俱进地发展。

第四节　信息技术与体育课程整合的思路

加强信息技术与体育课程的整合非常重要,在整合的过程中一定要理清思路,确保整合的科学性与有效性。

一、选择适宜的教学内容与信息技术有效整合

体育教学内容是体育教学体系的重要组成部分,我们在选择教学内容时,要重点把握以下几个方面。

第一,选择的体育教学内容一定要符合教学目标。在体育教学中,不同的教学内容有不同的目标,因此体育教学内容的选择一定要有利于这些目标的实现,尽可能地选择与体育目标相符合的内容。

第二,体育教学内容要便于与信息技术进行整合。选择的体育教学内容要与信息技术能够产生良好的互动,能很好地促进二者之间的融合与发展。

第三,体育教学内容一定要有趣味性,这样才能激发学生学习的兴趣。为实现这一目标,体育教师除了加强体育教学内容的创新外,还可以对旧有的教学内容进行加工和改造,以增强体育教学内容的趣味性。当今的信息技术深受学生的欢迎,加强信息技术与体育教学内容的整合,能极大地提高

体育教学效果。

第四,体育教学内容要与学生的运动水平相适应,体育教师要充分利用好学校教育资源,创新出富有特色的让学生感兴趣的教学内容。

二、延伸体育学习环境,转变体育学习方式

为促进信息技术在体育教学中的利用,还需要在体育课程改革的过程中,加强体育学习环境的变换,进一步延伸体育学习环境,转变体育学习方式,这样能为信息技术与体育课程的整合提供重要的支持。

关于学生体育学习方式的转变,要重点注意以下几点要求。

第一,转变教学的时空观念。以往学生的学习只局限于学校,通过信息技术的利用,可以采用网络远程教学的方式进行,学习的地点可以是家中、图书馆等。除了借助书本学习外,还可以通过互联网进入虚拟学校学习。

第二,把信息技术从学习对象转变为一种学习的工具,通过这一工具的利用,能很好地提高体育教学的效率。

第三,信息技术的利用,会对学生的自主学习、主动探究、合作交流等学习方式产生有利的影响。

第四,体育教师要想方设法地为学生构建一个良好的网络学习环境,为学生的学习奠定良好的基础。

三、增加投入,加强信息技术的硬件和软件建设

在信息技术应用体系中,计算机、网络、多媒体设备等是其主要的硬件要素,这些要素的存在与发展对于信息化技术的传播与利用具有非常重要的意义。因此,进一步完善校园网络建设,配置计算机、多媒体、视听设备等是体育教育的要求和学生学习的需求。除此之外,加强学校的信息软件资源建设也是非常重要的。这些数字化的课程资源,以及教学和管理软件与传统的体育教学相比有着明显的优势,充分发挥信息技术在学校体育教育中的作用是一个值得思考的问题。

据调查发现,目前我国有很多学校的数字化配套设施建设还远远不能满足信息化教学的要求,在信息化建设的硬件和软件等方面都存在一定的问题。因此,加强这两方面的建设非常重要,要在今后将其作为一项非常重要的工作来做。

第五节　信息技术与体育课程整合的模式

信息技术与体育课程整合的模式可以采取以下几种方式,通常都能取得不错的成果。

一、基于教学过程的整合模式

一般来说,整个体育教学过程主要涉及三个阶段,即"课前阶段""课内阶段"与"课后阶段",这三个阶段缺一不可。其中,"课前"与"课后"这两个阶段合称为"课外阶段"。因此,基于教学过程的整合模式可分为"课外模式"和"课内模式"两大类。

在信息技术的利用方面,很多国家都非常重视"课前""课后"教学过程的整合,出现了很多的"课外整合模式",这对于提高体育教学质量具有非常重要的作用。而关于"课内整合教学模式"则相对复杂。不同的学科其教学特点不同,依据不同的标准,可以将其划分为不同的模式。

从学科角度划分,主要有语文、数学、体育等不同学科的课内整合教学模式;从教学策略划分,主要有自主探究、协作学习、角色扮演等不同策略的课内整合教学模式;从技术支撑环境划分,有网络、仿真实验等不同技术支撑的课内整合教学模式。

以上都属于基于教学过程的整合模式的重要内容,在体育教学中,加强信息技术与体育课程的整合对于体育教学质量的提高具有非常重要的意义。因此,加强这方面的研究就显得至关重要。

二、基于技术支撑环境的整合模式

依据技术支撑环境的不同,可以将其划分为基于网络、多媒体、仿真实验等类型,其中前两种在学校教育中得到了广泛的利用,下面就重点分析一下这两种模式。

(一)基于多媒体教室的整合教学模式

从字面上就能看出,这一模式实施的环境是多媒体教室。在整合与实施的过程中,一般是运用教师事先准备的多媒体演示课件来进行教学,其突出特点有两个:一个是运用图像、声音、视频等多媒体素材形式,以实现对宏观或微观等现象的再现,或者实现对思想情感的渲染和铺垫;另一个是学生以听、看为主要的参与形式,实践动手等活动较少,借助计算机、网络等信息技术完成。目前,也有一些学校采取各种手段与措施对多媒体教室进行了有针对性的优化,如在教室四周安置几台连接网络的计算机,学生每四至六人一台计算机,通过合作学习的方式展开教学活动,能取得不错的教学效果。

(二)基于多媒体网络教室的整合教学模式

这一教学模式的实施环境指的是多媒体网络教室。在这一模式下,学生人手一台计算机或两人一台计算机,在教学过程中能更加突出学生动手实践和自主学习的特点。需要注意的是,这类教学模式在实施时对教师的要求非常高,不仅要求教师具备网络环境下的课堂组织管理能力,而且要求教师具有有效整合网络资源、合理设计体现学生自主性、激发学生探究的学习活动和任务等能力。同时,这类整合模式因硬件设备配置的造价较高,很多学校都难以承受,因此普及程度并不高。

三、基于教学策略的整合模式

在当今体育教学中,基于教学策略的整合模式是一种比较有效的教学模式,这一教学模式具有一定的创新性,能为体育教学带来其他教学模式难以实现的效果。教学策略是指在不同的教学条件下,为达到不同的教学结果所采用的手段和方法,它具体体现在教与学的相互作用的活动中。基于教学策略的不同,信息技术与课程整合的教学模式可以分为自主探究、协作学习、演示、讲授、讨论、辩论、角色扮演等类型。因整合教学模式中所采用的教学策略不止一种,就目前的实施来看,整合教学模式又分为接受式模式、探究式模式和研究式模式三大类。这三类模式都可以通过信息技术与体育课程进行充分的整合,对于推动体育教学的发展具有非常重要的作用。

以上依据不同标准划分的教学模式都对信息技术背景下的体育教学具有一定的作用,其效果也呈现出一定的差异,体育教师要根据实际情况选择合适的模式,加强信息技术与体育课程的整合与管理,从而促进教学质量的提高。

第三章　信息化时代背景下体育教学思维的转变与发展

体育教学思维是潜存于体育教师心理结构、教学设计及课堂教学全过程的思维样式。它是有效实现体育教学目标的重要元素，是透射体育教学本质、培养学生体育核心素养的基点。体育教师要顺应体育教学改革需求和社会发展需要而积极转变教学思维，充分运用科学的思维理论进行教学，主动提升自己的教学思维水准，并积极培养学生的创新思维。本章主要就信息化时代背景下体育教学思维的转变与发展展开研究，首先阐释教学思维的基本理论，其次探讨体育教学改革与教学思维的转变，最后提出了信息化时代背景下体育教学思维创新与发展的思路与建议。

第一节　教学思维基本理论

一、教学思维的概念

（一）教学思维概念的研究

教育界的学者主要从认知心理学、思维科学及教育哲学等角度研究教学思维的概念，从不同视角出发进行研究，得出的研究结果也不尽相同。下面简单分析几种具有代表性的观点。

1. 活动说

该理论认为教学思维是受教师信仰体系、价值观念、教学原则等内隐理

第三章 信息化时代背景下体育教学思维的转变与发展

论指引从而进行教学计划、判断、决策等一系列心智活动的过程。

2. 过程说

该理论认为教学思维是教师思考和解决教学问题的过程,是受教师信念、教学经验和外部环境等多因素指引,外化为教学行为,与教学情境互动生成理性认识的过程。

3. 程序说

该理论认为教学思维是教师心理结构中比较稳固的思考教学问题的模式。但该模式并非固定不变,可根据教学问题的实际情况对程序进行合并、跳跃、反复,形成不唯一、非线性路径。

4. 智慧说

该理论认为教学思维是教师的一种教学实践理性,是教师在长期的教学活动中主动对教学本质、教学现象以及教学活动等基本问题的概括与升华。

(二)教学思维概念的界定

教学思维是教师在主体意识的调控下,主动认识与理解教学情境,以教学逻辑为法则,通过教学思维结构不断运演,提出解决方案,从而解决教学问题的心智过程。[①]

教学思维概念中所提到的"教学问题"既包括已经存在的教学难题,也包括潜在的尚未明确出现的教学难题,同时还包括突发的对教学的顺利进行造成阻碍的事件。此外,需要教师深入思考和积极探究的一些教学事件或教学现象也包含在这一"教学问题"的范畴内。

二、教学思维的特点

教学思维具有属人性、理论性、实践性和复合性等多项特征,如图3-1所示。

(一)属人性

人的思维是人的大脑对客观世界的主观反映,具有个性化、主观性、主动性和能动性。教学思维主要是指教师在教学中的思维,教师的教学思维水平与其个人价值观、智力、生活经验、教育水平、业务能力等多方面的个人

---

① 张文婷,于海波.教学思维:属性特征、结构关系与运行机制[J].湖南社会科学,2021(02):158-165.

因素有关，不同的教师因为这些个人因素的不同而形成了不同的教学思维。教师教学思维的形成是一个复杂的心理过程，带有教师的个人意愿、个人目的、个人价值取向以及个性心理，教师的教学思维与其个人价值观念是契合的，这主要从下列三方面体现出来。

图 3-1 教学思维的特征[①]

1. 教学思维的形成与价值观的契合

教师在长期的教学实践中主动了解教学规律，理解教学内涵，反思教学结果，从而形成了自己的教学思维，教师的教学思维在教学实践中不断更新、发展与完善。教师的教学行为、教学逻辑、教学经验是否科学合理，除了需要实践的检验外，还需要教师自己去反思，教师就是在不断的教学反思中形成了教学思维，在正确教学思维的引导下，教师主要采取新技术、新方法和新策略去解决教学问题，并在不断反思与实践的过程中促进教学思维的发展，提升教学思维水平。

2. 教学思维的运用与价值观的契合

教师发现与解决教学问题时会融入自己的观念、意识与情感等个人因素，教师从自身情感与观念出发而解决教学问题的过程也是运用教学思维的过程。教师确立正确的价值取向，树立良好的主观意识后，为教学各要素赋予新的内涵与意义，教师的认识水平实现了质的飞跃，理性认识占主导，教学思维的运用发挥了良好的作用。教师正确运用教学思维不仅解决了教学问题，也促进了教学质量的提升。反过来，加强教学改革和提升教学水平

---

① 张文婷，于海波. 教学思维：属性特征、结构关系与运行机制[J]. 湖南社会科学，2021（02）：158-165.

对教师的教学思维运用能力提出了较高的要求。

3.教学思维的表达与价值观的契合

作为教师内在心理结构重要组成部分之一的教学思维具有内隐性,但内隐不代表缄默。我们很难对属于意识范畴的教学思维的形成与表达直接进行观测,教师的教学思维从其教学语言、教学行动中表达出来,我们从外化的教学表现形式中可以观测教学思维的运行。教师解决教学问题要经过一个思考的过程,而教师要对这个过程进行准确的和有逻辑性的解释,能否解释得清,主要看教师的教学能力如何,教学能力越强,解释得越好,就越能将教学思维以外化的形式表达出来,而如果教师的教学能力差,尚不了解自己教学思维的内容与结构,无法准确而清晰地表达自己解决问题的思考过程,那么其教学思维则被封印在"黑匣子"里,处于缄默状态。

（二）理论性

教学思维具有理论性,体育教师不仅要从主观认识上思考教学问题、教学事件与教学现象,还要运用科学理论去分析问题,论证原理及解决难题。教师运用理论指导实践,将理论作为指导实践的重要依据,并在实践中证明理论的科学性、规律性和逻辑性。教学理论本身的规律性、逻辑性与教学实践的内在规律性及逻辑性是相符合的。

下面具体从三个方面解释教学思维的理论性。

1.教学思维遵循教学理论

教学思维的形成和下列两方面的理论有密切的关系。

第一,公共教学理论。该理论具有历时性、普遍适用性以及前瞻性,为教师解决教学问题提供间接支持与指导,其深刻反映了教学的基本规律和根本性质。

第二,个人教学理论。该理论是教师在长期的教学实践中形成的,在形成过程中教师付出了很多,包括不断的反思、总结、研究、探索、感悟,并对公共教学理论进行借鉴、参考,内化为自己的东西,进而形成个性化的教学理论。

教师对教学的认识、教学价值观、教学思想、教学逻辑习惯等都包含于个人教学理论中,教师在个人教学理论的基础上以及在教学的实践中形成了自己的教学风格。教师的个人教学理论对教学思维的形成与运用产生直接的影响,教师在教学中能否发现问题,选择什么措施解决教学问题,这些在一定程度上都是由其个人教学理论所决定的。教师的专业教学视野也受个人教学理论的影响,如果个人教学理论缺乏科学性,还有待完善,那么其专业教学视野也会受到限制。

2.教学思维遵循教学规律与法则

教学思维具有规律性和逻辑性。教师在教学实践中总结与反思教学规律、教学逻辑,并在头脑中以一定的形式存储客观的规律,在教学实践中发现问题后,参照客观规律,以稳定的方式和熟练的手段去解决问题,并在解决后按照一定的逻辑思维反复检验,并深刻反思,总结经验。

3.教学思维对筹划教学实践的导向

教学思维是对客观规律的演绎,教学在某种意义上被看作教师以教学规律为参考而预先筹划的活动,教师对教学活动的设计、规划及安排都要参考客观的教学规律,而且制定教学目标也要以教学思维为导向,进而依据教学目标进行教学内容的精选、教学活动的组织、教学过程的设计与监控等一系列工作,这个过程都离不开教学思维。

(三)实践性

教师从特定的时空要素出发,为解决教学问题、完成教学任务而进行思维活动,运用思维技能,并在时空维度上实现思维的延伸,如此不断丰富与改进教学思维。由此分析可知,教师教学思维的形成与运行不仅受自身因素的影响,也离不开特定的教学情境,教学情境越具体、现实,就越有利于教学思维的形成与发展。教师依据教学理论而在教学实践中将自己的教学思维动态地呈现出来。教学实践是教师形成教学思维的发端及来源,教学实践也是教学思维运行的最终指向,教学思维的检验、调整及完善也是在教学实践中完成的,这些都充分体现了教学思维的实践性。教学实践并非一成不变,而是动态发展的,充满不确定因素,因此可以认为教学思维形成后也不是始终如一的,而是随着教学实践的发展而不断修正、完善,可见教学思维也是变化的,下面具体从三个方面来解释。

1.教学思维是一种关系思维

教学思维和单纯的理性思维是不同的,理性思维主要强调对教学真理的追求,而且这份追求非常执着。而教学思维主要是对教学的内外联系加以思考,对教学主体、教学内容、教学方法等各项教学因素之间的复杂关系予以概括,并在教学情境中审视和探讨这些复杂的关系,从而对教学问题从系统综合的层面上加以把握,以创造性地解决教学问题。

教学思维强调在教学实践中实现价值理性和工具理性的深度融合,以提高教学的科学性、合理性和实效性。教学思维也追求真理,但不能将此视作唯一的目标。教师个人的教学能力、教学观念以及客观的教学规律和现实的教学条件等多方面的因素都会制衡与影响教学思维对教学合理性的追求。

第三章　信息化时代背景下体育教学思维的转变与发展

2.教学思维是一种生成思维

教学情境是动态发展的,依赖于特定问题情景而发挥作用的教学思维在教学实践中也是不断变化的,教学思维的运行是一个系统的过程,其包含多个步骤、环节,随着教学情境的变化,有些步骤可以合并,有些环节可以忽略,可见教学思维路径是灵活多样的。

3.教学思维是一种动态思维

教学思维的形成不是一蹴而就的,而是一个比较漫长的具有动态性的过程,教学思维形成后也会不断转变、更新和完善,基本变化动向是简单思维向复杂思维的转变、低级思维向高级思维的转变、单一思维向多元思维的转变、传统思维向创新思维的转变,等等。教师的教学思维在特定的时空环境下会有分化的可能,具体从思维结构、思维水平、思维运行路径等方面体现出来,思维的现时样态也呈现出多元性,不同思维结构、思维形式相互协调,以解决好教学问题为共同目标。

(四)复合性

教学思维具有复合性,主要表现在下列三个方面。

1.情境诱发与主动构建的统一

教学实践中存在各种各样的教学问题,教师思考教学问题的过程已经超出了简单的在大脑中输入信息与输出信息的活动范畴。教师从自身建构的知识结构及积累的教学经验出发,发挥主观能动性,运用发散思维思考教学问题,并探索解决问题的有效路径。教学情境中的潜在矛盾与问题激发了教学思维的发生,而真正形成教学思维又离不开教师这一主体因素的主动参与。这充分说明教学思维是教学情境诱发和教师主动构建的结果。

第一,教学情境中存在一些不可否认且必须面对的教学问题,这些问题以多种方式被教师感知,教师建立在自己已有知识和经验的基础上处理问题。教学情境中不可避免发生的一些冲突直接刺激教学思维的发生。这是教学思维发生的主要外部因素。

第二,面对教学情境中客观存在的教学问题,教师充分发挥自己的智慧、知识能力,联系以往的教学经验和客观的教学规律,充分发挥能动性,对融身体、思维于一体的认知图示予以勾勒,从而在整体和连续的视角下感知教学实践,对教学情境进行准确的把握、科学的预测以及高效的调控,对解决教学问题的方法体系进行整体上的构建。这说明教师的主动构建从内在层面激励着教学思维的发生。

2.预设性与生成性的统一

教学实践既离不开教师作为主导者的参与,也离不开学生主体的存在,更离不开师生的和谐互动。随着师生关系的建立和友好互动的进行,教师的教学思维会越来越深刻,教师将课本知识灵活转化为授课内容和学生学习内容的能力也越来越强。教师教学思维的预估、设计及生成要建立在学生规律性学习、逻辑性教学内容以及科学教学理论的基础之上,这是教学思维预设性的重要反映。

教学实践中有些突发事件的发生是在所难免的,或者说教学实践中经常出现一些不在教学计划之内的教学事件,面对这些事件或问题,教师要以动态的思路及采用灵活的方式来解决,教学中出现的问题或突发事件是动态变化的,所以解决思路也要灵活调整,这是教学思维生成性的体现。如果教师不考虑现实,不考虑实际问题,完全按照事先预设的教学思维去应对教学中的问题,那么将导致教学实践脱离现实,将严重影响教学效果,也无法真正发挥教学思维的作用,难以实现教学的育人目标。教学思维不是机械的,不是一成不变的,所以不能用僵硬的死板的做法去解决问题。教学思维的生成也不能完全是即兴的,如果追求这种即兴的教学思维,那么将容易忽视客观教学规律,忽略对教学问题进行解决的一般法则,而且即兴的教学思维并不具备高效性,也可能是盲目的无效的。可见,在教学实践中,教学思维的动态生成是建立在科学预设这一基础上的,教学思维的预设要遵循客观规律,而不是完全主观的没有科学依据的预设,只有先进行科学预设,才有可能实现教学思维的动态生成。

3. 合目的性与合规律性的统一

教师教学思维的形成离不开教师智慧的内在支持,也可以说在教师的智慧结构中,教学思维居于核心地位,教学思维受到双重影响。首先是内在约束的影响,包括个人期待、个人习惯、个人兴趣等,这些是教师形成教学思维的主要动力和方向。其次是外在尺度的影响,包括客观教学规律、约定俗成的教学发展等,这些为教学思维的形成提供了可塑造的环境、可行的条件以及可发展的空间。在内外双重影响下形成的教学思维既与教师个人价值观相符,又与客观真实的教学实际而贴近,反映了教学思维合目的性和合规律性的统一,也体现出教学实践活动的目的性、可调控性等特征。教学思维的合目的性使教师"教"的需求和学生学习的需要都得到了满足,教学思维的合规律性反映了教学思维的形成与运用具有内在逻辑性,与科学的教学规律、原理是相符的。

三、教学思维的结构

由于学者研究视角的不同,对教学思维内在结构的研究也存在不同的看法。

第三章　信息化时代背景下体育教学思维的转变与发展

从认知结构来看，教学思维是一个多层次、网络状的有机结构，其思维要素包括教师的大脑、思维目的、思维形式、思维方式、思维方法等。

从学科教学视角来看，教学思维是科学思维、艺术思维和工程思维三种思维的融合和升华，具有三者交叉混合的学科特点。

从思维模式来看，教学思维（方式）是由基本教学观、教学知识体系和教学思维程序构成，决定了教学思维的范围、水平以及运行方式。

教学思维的结构从层次上来看，包括表层结构和深层结构，下面具体分析这两个层次结构各自的内容。

（一）表层结构

教学思维的表层结构包含教学理论思维和教学实践思维两个方面的内容。

1. 教学理论思维

教学理论思维就是教师依据教学理论、系统知识，遵循教学逻辑程序，通过教学现象和过程的表现形式，以揭示和把握教学内在本质联系和一般规律的思维活动与过程，是一种相对抽象，具有逻辑，能产生新知，构建新理论的思维结构。[1]

教师从自身的教学价值观念出发，从理论层面积极地有目的地审视教学活动，全面思考教学实践，从而促进个人教学理论的形成，这个过程解释了教学理论思维运行的本质。教师主动学习知识，完善自己的知识结构，在此基础上可形成教学理论思维，此外，教师在教学实践中不断总结规律、归纳原理、沉淀经验，也可以形成教学理论思维。教师运用教学理论思维可以预想或推测教学中可能出现的问题及教学走向。一些教师教学理论思维水平高，他们在教学活动中能打破传统教学模式的限制，自觉突破既有的思维定式或长久形成的教学习惯，重新对教学规律、教学理论予以审视，并结合教学实际、教学经验而对教学活动的走向及可能性的内外影响因素进行预估和预测。教学理论思维能力强的教师也会在教学实践中自觉总结经验，并将成功的经验进行概念性的升华，使之具有重要的指导价值，以对教学实践中的问题进行有效解决，这些教师也会主动促进自身教学理论的不断完善与升华，从而形成更高层次的教学理论思维。

2. 教学实践思维

教学实践思维是指教师根据具体教学情境的特征，思考与解决"如何实践"这一问题的过程，其内容主要包括实际教学策略或方法的改进与创

---

[1] 张文婷，于海波. 教学思维：属性特征、结构关系与运行机制 [J]. 湖南社会科学，2021（02）：158-165.

造性使用、教学资源利用的有效性、教学突发事件的处理办法等。由于不同教师对教学的理解及在教学过程中承担的职责不完全相同,而且面对的教学情境、发现的教学问题也不一样,在这种复杂的状态下,单纯依靠教师的已有经验和教学理论思维很难对不断变化的层出不穷的教学问题做出详尽的诠释,此时教师会根据具体的感受和体会,对教学实践进行主观认识与反映,提出具有操作性的问题解决思路与策略,适时地进行判断与决策。

3. 教学理论思维与教学实践思维的关系

理论理性与实践理性往往同时发生作用,教师的教学思维表层结构同样如此。教学理论思维和教学实践思维并不是对立的关系,二者相互融合、转化演进,不可分割。教学理论思维和教学实践思维是教学思维表层的不同形态,整体构成"一体两端"的结构,下面具体解释该结构。

"一体"是指教学理论思维总体解释了教学实践"应是什么"和"应怎样做"的问题,教学实践思维解决了教学实践"实际是什么"和"具体如何做"的问题,二者同时发生、同时作用,共同指向教学实践过程的整体认识和实际操作过程。

"两端"是在承认教学理论思维与教学实践思维是一个整体的前提下,认识到两种思维表现出不同的作用与意义:教学理论思维用于指导与规约教学实践思维,贯穿教师教学活动的全过程,其本身也是教学实践思维的一种升华;教学实践思维是以教学理论思维为基础,审时度势地对教学现场产生的反映。脱离了教学实践思维的教学理论思维是未经验证或经不住推敲的"唯心理论",可能是难以操作或落实的"个人臆想";没有以教学理论思维为基础的教学实践思维是盲目地追求教学的动态生成,忽视了教学理论思维对教学实践"合理""合法"的目标追求,是一种没有实际效果的实践过程。

(二)深层结构

教学思维的深层结构主要表现为教学价值思维、学科思维和学生学习的思维三个方面,下面具体分析这三个思维。

1. 教学价值思维

在面对教学情境时,决定教师教学思维具体方式与程序的结构并不是教师对教学工具、技术等方面的思考,而是追问"如何创造一个对学生富有教学意义与价值的教学情境"这一价值性问题而形成的教学价值思维。如果教师是在长期学习、生活、工作的过程中形成了有关教学的价值观念、信念,形成对教学本质的价值认识与判断,那么教学价值思维就是教师对这些价值观念的审视、批判、转换等一系列心理活动与过程,其作用是对教师

第三章 信息化时代背景下体育教学思维的转变与发展

判断与决策"什么是教学""为什么教学"和"如何教学"等问题产生影响。教学价值思维的作用具体从下面三个方面体现出来。

（1）直接决定教师的教学价值观

教学价值思维是教师对教学价值与教学作用的理性思考，具有衡量与判断自身教学的育人价值、促进自身专业发展和提升自身教学质量的作用，并帮助教师形成具有个人特征的教学价值观，间接指导教学目标的制定、教学内容的选择以及教学活动的组织。

（2）影响教师发现的教学问题的层次

教师的教学价值思维取向不同，在教学过程中发现的教学问题的类型和层次也不同。例如，有的教师认为教学是既定的活动过程，按照充分预设就能完全把握各环节或时机，他们容易发现教学情境中表层的、能明显察觉的矛盾；有的教师将教学视为动态的发展过程，认为教学是在教师与教学环境、教师与学生、学生与教学环境等多方互动中生成的，他们往往更愿意从"习以为常"的教学现象中发现深层的、隐蔽的教学问题。

（3）助力教师做出合理决策

教师在解决教学问题的过程中，多元化的教学目标、价值理念、主观期望充斥着大脑，教师会运用教学价值思维对这些相互博弈的目的与规律优先等级进行排序，权衡利弊后做出合理决策。

2. 学科思维

教师的学科思维是指当教师面对具有挑战性的教学任务时，主动运用学科知识、方法、思想等，通过概念、推理等形式来理解与分析问题的心智过程。由于不同学科的学科文化、理论脉络、思想方法、认知规律等存在差异，不同学科教师面临的教学任务，需要呈现的教学内容，面对的学生以及遇到的教学问题也不相同，导致教师的学科思维及其取向、水平等都存在明显差异。

3. 学生学习的思维

学习是复杂的智力活动，是学生在教师的指导下及自身认知、情感、意志和行为的主动协同参与下，通过与学习环境相互作用，继而引发在认知、情意、体质等多个方面产生持久稳定的积极变化。学生学习的思维是指教师关于学生学习的思维，主要指教师分析与解决不同学生学习动机、学习方法、学习能力、学习水平、学习素养的差异，以及思考如何促进学生进行深度学习等问题的心智过程。教师关于学生学习的思维决定了教师与学生在教学过程中的地位与关系，影响了教师对教学的判断和组织。因此，教师关于学生学习的思维的转型，使得教师教学思维由离身走向具身、由传递走向建构等过程，这可以有效缓解师生教与学的矛盾，使教师更好地解决学生在学习中遇到的问题。[1]

四、教学思维的运行机制

教学思维是解决教学问题的过程。教学思维的运行过程实际上是教师在科学教学观念的指引下,根据自身教学实践的逻辑法则,自身大脑、行为与教学情境不断互动,以促进表层结构与深层结构及表层结构内部的不断演进、跃迁的过程。如图3-2所示,教学思维的运行机制主要包含思维客体、动力系统、内在法则和运行核心四个部分,了解教学思维的运行机制,可以有效提高教师教学思维的运行效率,充分发挥教学思维对指导教师教学实践和帮助教师解决教学问题的积极作用。

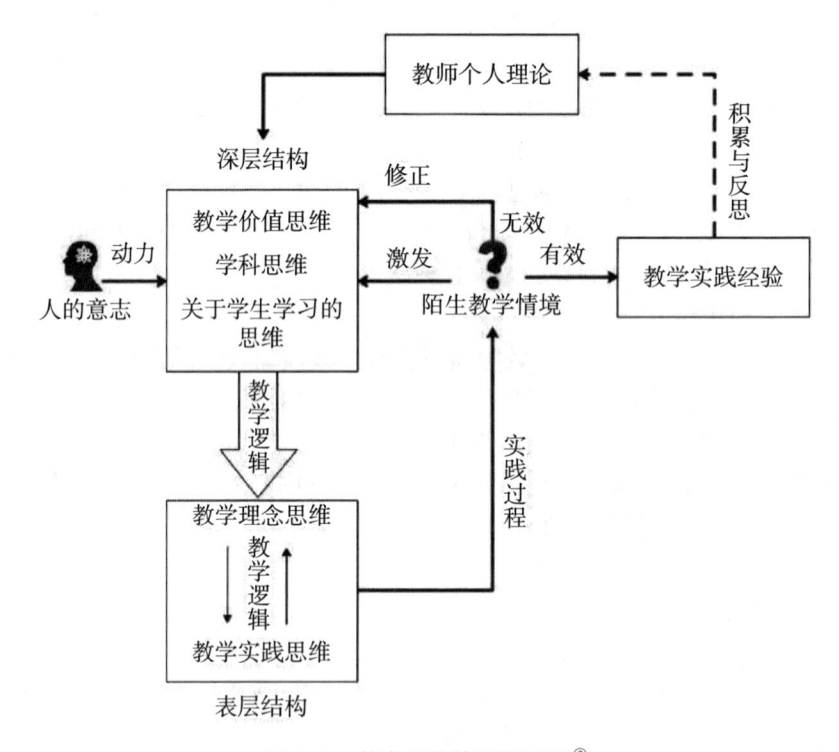

图 3-2 教学思维的运行机制[2]

---

[1] 张文婷,于海波.教学思维:属性特征、结构关系与运行机制[J].湖南社会科学,2021(02):158-165.

[2] 张文婷,于海波.教学思维:属性特征、结构关系与运行机制[J].湖南社会科学,2021(02):158-165.

第二节 体育教学改革与教学思维的转变

一、体育教学改革现状与对策

（一）我国体育教学改革的现状与问题

1. 重实践,轻理论

传统教学观念给体育教学带来了根深蒂固的影响,"重实践,轻理论"的问题在体育教学中一直存在,最主要的表现就是体育实践课课时比例远远超过理论课,对传授运动技能的重视程度远远超过体育理论知识。体育教学单纯强调学生体质,脱离"健康第一"和"终身体育"的思想,学生体育意识淡漠,没有形成好的锻炼习惯。如果不开设体育理论课程,学生无法掌握体育理论知识,这不利于其对运动技能的掌握,不利于日常健身锻炼活动的开展,从而制约了增强体质的教学目的的实现。

2. 传统教学模式限制了学生主观能动性的发挥

目前,我国体育教学中依旧以教师为中心,过分强调教师的主导作用,忽视了学生在体育教学中的主体地位,限制了学生主观能动性的发挥和创新思维能力的培养,致使体育教学程式化、强制化,教学方法刻板无创新,学生被动接受知识,学习兴趣日渐下降,给学生身心健康带来不利影响。

3. 教学组织形式和体育考核制度不符合素质教育的要求

现阶段,我国体育教学一般以教学班为主要组织形式,男女分班教学的情况较少,在一个教学班中,授课内容相同,但不同学生的兴趣爱好、学习基础和体能素质却不一样。如果统一授课,强调共同参与,忽视学生的个体差异,就无法真正促进学生的进步与发展,也违背了素质教育的要求。

目前,体育考核的常规手段是体育达标考试与体能测试,考核方法单一,不能全面体现学生的健康水平,教师只看学生最终是否会达标,而不在意学生是否取得了进步。这样的考核机制违背了素质教育理念,不利于学生的身心健康发展。

（二）我国体育教学改革的发展对策

1. 明确改革方向,坚持"健康第一"的指导思想

在体育教学改革中,首先要明确改革的目标和方向,清楚改革的重点,以免陷入混乱局面,影响最终的改革效果,并造成人力、物力及财力资源的浪费。"健康第一"是体育教学改革的重要指导思想,在这一思想的指导下,

学校要认真研读重要文件,体会其中精要;结合国情进行体育教学改革,将理论与实践改革有机结合起来;要勤于反思,善于总结,明确方向,大胆创新。

2. 树立"以人为本"理念,培养"终身锻炼"的良好习惯

体育教学改革的主要目标是促进学生发展,增进学生体质健康,使学生身心更好地发展。在体育教学改革中坚持"以人为本"就是坚持"以学生为本""以学生的体质健康,身心合一为本",因此要改革传统体育教学中"以教师为本""以教学为本""以技能为本"的发展理念,根据学生的实际情况树立教改发展理念;根据体育教育的特点开展体育教学;着眼于学生的长远发展,注重培养终身体育锻炼习惯。

3. 增加制度化建设力度,加强监督与管理

体育教育主管部门必须加快体育教育管理体制改革,健全与完善相应的体制与机制,进一步完善体育教学改革制度,制定相应的法律法规,做好宣传与推广工作。此外,要努力提高监督管理的执行效率,责任到人,在实际执行政策与法规的过程中化被动为主动,保持理论和实践的高度一致性。[①]

二、体育教学思维从简单到复杂的转变

(一)简单思维

简单性思维源于简单性原则,人们认识世界、认识自身,都将此作为主导思维方式。简单性思维并非是简单化处理问题,而是在解决问题时总是坚持简单思维方式,该方式具有线性、还原性、封闭性、静态性等特征。简单性思维把系统看作是一个单一因果关系的线性相互作用系统,对总体和系统的认识还原为对组成它们的简单部分或基本单元的认识;系统处于平衡态,没有与运行环境进行物质、信息、能量等交换;系统是规则的、有序的、确定的、可逆的。简单性思维主要表现为还原论和线性因果关系的观点。

简单性思维在教育教学理论中的表现主要有泰勒的课程开发的经典逻辑程式、赫尔巴特的目的—手段的道德教育范式、卢梭的自然主义教育观、斯宾塞的科学主义的课程观等。可以说,简单性思维是建立教育教学体系的主要依赖,这也深深影响了体育教学领域。

[①] 舒刚民. 我国高校体育教学改革的影响因素及其发展对策研究 [J]. 玉林师范学院学报, 2013, 34(02): 88-95.

第三章　信息化时代背景下体育教学思维的转变与发展

需要注意的是,随着时代的进步与研究的深入,简单思维方式的还原论和线性因果作用不符合当代科技与社会迅猛发展的客观要求,开始对人类思维的发展造成制约,并影响了科技和社会发展,其话语权正在逐渐消失。但我们不能完全否定简单性思维,简单性思维方式作为人类认识的一个重要阶段,在人类思维史上的地位依然不可动摇。

（二）复杂思维

陷入困境的简单性思维已无法继续驱动人类认识世界,此时用复杂性观点探索世界已成为一种潮流。复杂性思维方式产生于复杂性科学兴起的背景下。当代科学内在逻辑的发展和整个科学范式的转变要求人类探索世界的思维方式从简单性向复杂性思维转变。复杂性思维具有以下特征。

1. 非线性

非线性指的是两个变量之间没有直线关系（正比例）,即曲线性。非线性是复杂性与简单性相互区分的一个基本尺度。具有线性相互作用的系统和具有非线性相互作用的系统存在本质上的不同。线性相互作用的系统是单一、均衡的。而非线性从本质上来说是复杂的。非线性系统是多样性的,复杂性来源于多样性。我们要从不同层次、角度认识与探索复杂非线性系统的本质。

2. 整体性

整体性强调系统的性状不会体现在部分中,系统的整体呈现了各个组成要素本身不具备的新特征,同时事物各要素与整体存在内在的重要联系,这与还原论是完全相反的。因此,复杂性科学也被称为"非还原论科学"。

3. 开放性

具有开放性的复杂思维理论认为系统是开放的,远离平衡态,与其运行环境时刻进行不同形式的交换,强调系统与环境之间的密切联系,坚持个体只有在与环境、背景的相互关系中才能得以存在、定义、描述和认识。所以,复杂性方法要求我们在思维时不要封闭概念,要突破封闭的圈圈,重新为分割的片段的东西建立联系。

在体育教学领域,我们往往只习惯简单性思维,忘记了复杂性思维。深入了解复杂性思维,研究二者的区别和转换,能够为体育教学思维的转变及研究提供新方向。[①]

---

① 赵闯. 从简单到复杂：体育教学思维方式的转变 [D]. 南京师范大学, 2007.

三、复杂性思维给体育教学带来的启示

（一）人的全面和谐发展

人的复杂性、完整性是用复杂性思维审视体育教学的前提与出发点。人的复杂性是体育教学复杂性的首要体现，个体生命的独特性决定了人的复杂性。人是终生未完成的人。终生体育必将是从生成的视角关注人的复杂性，这意味着体育教学活动与人的物质生命发育、精神生命成长相关联。学生的发展是体育教学改革的出发点，学生的全面发展是改革的最终归宿，体育教学在未来的改革将"以人的全面发展为最高价值，强调体育的教育功能和综合价值"。

（二）挑战决定论

体育教学是一个复杂系统，任何初始条件的微小变化通过叠加作用都会引起结果的巨大不同，而且不可预测。体育教学起始条件的差异性造成了教学过程的动态生成性，起始阶段的微小变化会使整个动态过程的进程发生改变，而变化路径一旦改变，整个过程就难以预测了。

（三）开放性的自组织

复杂性思维强调体育教学系统与环境的密切联系，个体的存在离不开与环境、背景的相互关系。所以，体育教学要面向生活和社会，逐步与健康教育、社会生活和校园文化相融合，这样，"健康第一"和"终身体育"的教学理念才会有应然的逻辑立足点与具体教学实践坚实的落脚点。

系统要产生自组织运动，必须对环境开放，也就是与外界进行物质、能量、信息等不同形式的交换。在体育教学中，表现为主动与外在环境保持联系。体育教学环境具有开放性，平等、和谐、宽松的教学环境对于提高体育教学效果非常有利。广泛的开放的教学系统能够自组织地形成高度有序的创新结构。在复杂性思维的指导下，学校应采用利用优势策略、整体协调策略、培养学生自控能力策略来优化具有开放性和复杂性的体育教学环境。[①]

---

① 赵闯. 从简单到复杂：体育教学思维方式的转变 [D]. 南京师范大学, 2007.

第三节　信息化时代背景下体育教学思维的创新与发展

一、体育教学中师生的创新思维

体育教学的创新发展离不开在体育教学活动中居于主导地位的体育教师的创新思维的发挥。拥有良好创新思维的体育教师在教学实践中采取具有创造性的方法展开教学,将学生的创新意识激发出来,对学生的创新思维及创造力进行培养,学生形成良好的创新思维后,体育教师的教学创新水平也会进一步提升。

体育教学中师生的创新思维及相互关系如图 3-3 所示。

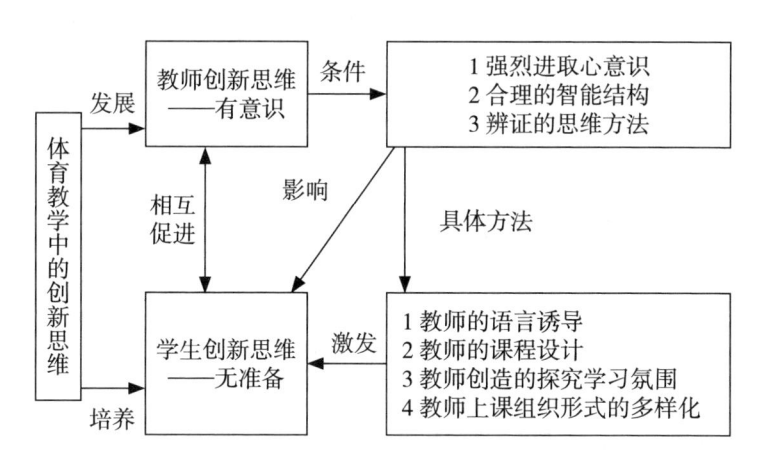

图 3-3　体育教学中师生的创新思维[①]

体育教学创新思维模式的建立需要师生的良好互动,只有做到这一点,才能更好地对学生的创新素养进行培养,也能使体育课堂教学充满活力,更有生机。在创新教育理念的影响下,体育教学的形式也发生了一定的变化,如选项式体育教学模式应用越来越普遍。传统体育教学形式是划分行政班进行集体教学,选项式教学模式打破了传统限制,学生对运动项目、授课教师以及学习时间的选择拥有自主权,学生从自身兴趣爱好、真实意愿出发而选择上课模式,使体育教学真正为学生服务,使学生的自主性、能动性得到

---

① 余卫平,赖锦松.探析体育教学中的创新思维[J].怀化学院学报(自然科学),2007(03):96-98.

充分发挥,也提高了学生上体育课的积极性,提高了学生的学习效率。体育教师实施选项式教学模式,要适当修改授课大纲,这有助于提高教师的教学积极性,充分发挥体育教师的创造性思维和专业素养。体育教师为了更好地实施该教学模式,取得良好的教学效果,还要充分发挥自身的专业技能和创新能力而对教学内容、教学方法、教学组织形式等进行改革与创新,并基于对不同运动项目基本特征、学生兴趣爱好、学生运动基础、学校办学条件以及体育教学目标等多方面因素的考虑而探索新的教学方式,在体育课堂教学中通过设计体育游戏、组织体育比赛而使体育课更有趣、有意义,通过这些创新性的教学方式将学生的创新思维和学习积极性激发出来,并对学生的适应能力、应变能力以及运动技能进行培养。在体育课上,教师采用讲解法教学时运用生动有趣、诙谐幽默的语言来吸引学生的注意力,增强师生的互动,有亲和力的教学更能拉近师生关系,使师生都以饱满的热情参与到课堂教学中,师生的友好互动对提高课堂教学效率和效果都大有裨益。

总而言之,体育教师运用创造性思维改变教学方式,活跃课堂气氛,能够使学生以积极的态度投入到课堂学习中,也能培养学生的体育运动习惯,提升学生在学习和运动中的创新思维。

二、信息化时代背景下体育教师应具备的创新思维素质

体育教师拥有良好的创新思维并发挥教学创造力对提高体育教学效果具有重要意义。体育教师的创新思维水平越高,对体育课堂活动的组织就越有计划性、目的性、预见性以及实效性。体育教学中的创新思维是否可行,需要体育教师全方位分析与研究,然后对创新目标、方向予以确定,提出具体的方案,并在实践中实施方案,根据具体情况而对方案进行改进与完善,最终完成具有创造性的教学活动,取得良好的教学效果。体育教师的创新思维在体育教学的很多方面都能体现出来,如器材设施布置、体育游戏设计、准备活动和放松活动方式、教学内容与方法的选择与实施、教学组织形式设计、教学评价方式选用等。

体育教师要提高体育教学的创新效果,对学生的创新思维进行培养,首先自己要有良好的创新思维素质,具体包括以下内容。

(一)完整的智能结构

智能结构中"智"指的是"知识","能"指的是"能力",由此可知,智能结构包括两个方面的内容,一是知识结构,二是能力结构,这两种结构的具体内容见表3-1。

第三章 信息化时代背景下体育教学思维的转变与发展

表 3-1 体育教师的智能结构[①]

智能结构	具体内容
知识结构	基本教学理论知识
	体育教学专业知识
	体育相关学科知识
能力结构	教学能力
	观察能力
	思考能力
	表达能力
	示范能力
	社交能力
	应变能力
	组织管理能力

体育教师智能结构中的知识结构和能力结构密切联系，相互渗透与促进，各项结构中的具体知识与能力也是相互影响的，每项知识与能力都很重要，都是体育教师创新思维中不可缺少的重要组成部分。

在体育教师创新智能培养中，既要培养知识素养，也要培养能力素养，并将二者有机结合起来。体育教师不断学习和掌握新知识，更新与充实自己的知识库，从而提高思想境界，开阔眼界，在体育教学改革中能更好地适应时代前沿和教育潮流，以敏锐的观察力、准确的判断力、良好的思考力以及先进的创造力而提高体育教学改革效果，这样也必然能够大幅度提高创新思维能力。

智能型体育教师必然既掌握了丰富的知识，又拥有良好的多方面的能力，这样的教师很受学生的欢迎和信任，学生也容易理解智能型体育教师的创新意图，这类体育教师在教学中采用的创新性方法也容易被学生理解和接受。理解创新意图、创新教学方法并能贯彻创新性教学方法的学生能够在学习体育知识和技能的过程中充分发挥能动性，注重自身潜力的开发与发挥，也能将自己的运动能力最大化地发挥出来。在体育教师执行创造性教学方案的过程中，学生总能自觉接受，主动互动，并协助教师共同推进方案的实施。

---

① 余卫平，赖锦松. 探析体育教学中的创新思维[J]. 怀化学院学报(自然科学)，2007(03): 96-98.

体育教师既要理论知识扎实,又要实践经验丰富,如此才能使自己的创新思维能力得到进一步的提升。体育教师掌握的知识量大小与其创新思维能力高低是正相关的。高校体育教育专业培养体育教师时,既要注重运动技能素养方面的培养,也要重视文化知识素养、实践能力素养的培养,以此提升体育教师的创新思维能力,并使体育教师在教学实践中将创新思维充分发挥出来。

(二)强烈的进取心

对现状不满和不甘心被超越的人更有创新的强烈意识与勇气。事业心强、责任感好的人也有创新的热情,他们不断追求事业,追求工作效率和理想的工作效果,精益求精,甚至追求完美。他们对于自己和现状都能勇敢地否定,从而从现实出发不断思考、探索,不断前进与发展。新时代的体育教师也应该具备这样的精神,应该有强烈的进取意识和心理。一些体育教师错误地认为只有科研人员、学者或专家才需要有创新思维,体育教师不需要创新,只要按照教学大纲教学就可以了,这种想法严重制约了体育教学的创新发展,也限制了自身创新思维的形成与提升,影响了自身及体育教学的长远发展。

体育教学的创新改革与发展需要体育教师在体育课堂上发挥创新思维,并对学生的创新能力进行培养。创新思维对体育教师来说是一种非常可贵和重要的素质、能力,也是一种值得尊敬的精神。体育教师只有通过创造性的思维活动,才能观察与思考体育教学实践中存在哪些棘手的问题,才能在判断和预测的基础上找到影响体育教学发展的因素,并通过创造性思维而消除不良影响因素,促进体育教学的有序开展和持续发展。体育教师拥有良好的创新思维,能够开展新颖独特的体育教学活动,并根据自己的教学经验有选择地准确地摒弃不适应的教学内容,选择价值更高的教学内容,并在教学实践中不断探究新事物,设想新计划,追求体育教学的高质量及创新发展。

体育教育事业的成功既需要体育教师发挥创新思维能力,也需要体育教师有强烈的进取心,热爱教师岗位,热爱教育事业,尽职尽责,善始善终,如此才能使自己的创新思维真正发挥到实处,取得理想的教学创新效果。不热爱教师职业的体育教师没有动力和热情去谈创新,责任感匮乏的体育教师没有欲望去提升自己的创新教学能力。所以,要使体育教师拥有强烈的进取心和责任心,这是培养其创新思维的基础。

(三)辩证的思维方式

掌握创新思维的方式是创新型体育教师必须具备的一个条件。创造性

第三章　信息化时代背景下体育教学思维的转变与发展

的教学活动需要以创新思维为先导和前提,创新思维活动的效果最终表现在创新成果上。信息化背景下,体育教学不断改革、创新与发展,这对体育教师的教学思维方式提出了较高的要求,体育教师必须顺应体育教学的改革方向与趋势,建立开放性教学思维,从多个维度开动大脑,构建立体化教学体系,加强教学创新,展现体育教学的创造性、开拓性、时代性等改革趋势和发展前景。思想封闭守旧、教学方式单一的体育教师很难顺应体育教学的改革趋向,满足新时代对体育教师的要求,这类教师如不及时转变思想,加强创新,终将被淘汰。

（四）多样化的思维能力

信息时代,大量的数据和信息扑面而来,人们的知识储备量越来越大。面对海量信息,要更好地适应信息时代发展潮流,就必须利用信息化手段来不断提高认知能力、实践能力,不断发展创新思维。在现代教育技术越来越频繁、深入地渗透到学校课堂教学的今天,手机、平板等科技成果早已成为教师和学生不可或缺的重要教学工具。在信息化时代背景下,教师和学生都很容易获取信息资源,这一时代背景对体育教师的教学方式也提出了新的要求,体育教师要把握好信息化时代发展的新动态,并在信息技术不断发展的背景下改革体育教学方式,提高体育教学的技术含量,进而提高体育教学效率、效果和质量。

信息化教育背景对体育教师的创新思维能力提出了较高的要求,体育教师要充分发挥自己的创新思维才能取得良好的体育教学创新效果。体育教师的创新思维能力不是单一的,而是包含多种思维的一个能力体系。具体来说,体育教师应该具备以下思维能力。

1. 大数据思维及跨界思维

信息化时代,互联网和云计算技术的不断发展促进了大数据的产生,这种新兴信息技术在分析与处理海量数据与信息方面发挥了重要的作用。培养体育教师的大数据思维,有助于促进其观察能力和决策能力的提升。体育与运动生理学、心理学、教育学等多门学科都有着密切的联系,多门学科的相互渗透对体育教学的学科知识素养提出了较高的要求,因此也要培养体育教师的跨界思维,使其突破体育专业限制,掌握相关学科的知识,这样解决体育教学问题时不管是思考问题的角度还是分析问题的层面都会增加,最终有助于提高解决效果。

情境教学是体育教学中经常采用的一种教学方法,教师对问题情境进行创设,要先对学生的认知能力予以考量,这样才能使学生感到亲切,才能使学生将注意力集中到情境中。体育教师要运用大数据思维来创设有趣、有意义的教学情境,先分析学生的学习行为习惯和知识水平,了解学生的学习风格,然后从学生所处的现实情境出发而发挥跨界思维,对学生熟悉的又容易产生兴趣的学习环境进行创设,从而将学生学习的积极性和热情成功激发出来。

体育教师发挥自己的跨界思维有助于使体育教学形式更加丰富,使学生的活动范围进一步扩大。体育教师创设情境时,可以向其他学科的教师寻求帮助,和不同学科的教师共同从多个角度研究问题,进行多个层面的思考,这对体育教师来说也是锻炼创新思维的好机会。

2. 平台化思维

新时期,教育的信息化发展趋势愈演愈烈,教育领域中出现丰富多样的移动设备、互联网平台,教学空间大大拓展。构建对教师教学和学生学习都有重要意义的网络化教学平台,或选取有价值的网络教学媒介,能够使体育教学效果事半功倍,使学生的学习效果得到显著提升与改善。有些教师抵制学生使用智能设备,其实像手机、平板这些智能设备如果运用得当,对学生提高学习效率是有帮助的,所以教师不应该盲目抵制学生使用智能设备,而是要教导学生如何合理使用电子设备,如何将电子设备作为一种辅助教学工具而发挥它的作用。而如果有学生沉迷电子游戏,或过度依赖电子产品而寻求学习帮助,教师要严格加以制止。电子设备不仅是学生学习的重要辅助工具,也是教师教学的好帮手,如体育教师可以利用手机微信平台建立班级微信群,在群里发布学习任务和锻炼计划,让不同运动基础的学生都能完成学习任务,不断提升与拓展。

3. 分享思维

在信息化时代,社会很多领域都建立了共享思维,知识共享是该思维在教育领域中的主要体现,知识如果只被少数人掌握,那么知识所发挥的价值也是有效的,而如果人人都能共享知识,那么知识的价值才能得到最大化的发挥。这样不仅知识发挥了价值,享受知识的人也获得了便利,利用知识达到了自己的目的,这便是"双赢"效应。

在互联网时代,"知识共享"早已是大势所趋,体育教师可以在很多教学平台上与同行或专家交流,分享自己的教学经验或教学信息,也可以学习他人的经验,在不断的互动中生成更多的科学知识,不断丰富知识,拓展知识,提升自己,对己对人都很有帮助。体育教师可通过分享教学案例来达到共享知识的效果。教学案例反映的教学现象是很普遍的,从中能够对普遍的教学规律加以总结,案例越典型,体现的教学规律越有普适性。所以体育教师要多用一些典型的优秀的教学案例来与他人分享,并对其他教师的成功案例予以借鉴,通过不断的分享与深入的交流,拓展思维,为更好地进行

第三章　信息化时代背景下体育教学思维的转变与发展

创造性教学提供启发。

4. 用户体验思维

在产业化领域中,产品开发、营销及售后环节经常会提到用户体验这一思想,产品开发是否成功,一定程度上取决于客户的满意度,如果客户在物质方面和精神方面对产品都满意,才能称得上是成功的产品。体育教育倡导以人为本,这也是现代体育教学的重要指导思想,以人为本教育理念与用户体验思想是如出一辙的。在体育教学中讲求用户体验,其实就是对学生学习体验性的关注与重视。在技术改变社会的互联网背景下,越来越强调人的重要性,人是技术的开发者和运用者,所以人的重要性是不言而喻的。体育教学受信息化社会影响很深,这最先从技术层面体现出来,但教师教学思维和学校教育模式的转变也是非常重要的。用户体验思维要求体育教师从学生视角出发设计课程与教学活动,满足学生的需求,开展个性化教学,提高学生的学习积极性。

5. 碎片化思维

传统课堂中学到的知识是高度结构化的,是被专家们按照学科精心组织起来的,每一门学科都像是一个精致的花瓶,现在,在社会信息化的大背景下,由于网络的不断发展,这个花瓶不再完整,而变成了一地碎片。在碎片化学习时代,体育教师应该用任务驱动教学方式去促成学生有意义的知识建构和学习动机的形成。学生由于缺乏学习经验、协作技巧和相关的信息素养,最终得到的知识还是碎片化的,不能完整地系统化地应用。面临这种问题时,体育教师首先自身要建立起一种碎片化的学习思维,最好的办法就是利用任务驱动教学法中的任务设计原则,重构知识,重构网络上的碎片化知识,而不是按照原有的学科体系规则将其重新复原,要针对学生个人的兴趣爱好,结合学习中需要解决的具体问题,以学习需要为中心,将碎片化的知识进行具有个性化的改造。

体育教师自己具备了碎片化学习思维,才会更好地引导学生完成任务,这种引导,不是单纯地告诉学生应该要怎么办,教师采用类似问答式的方法,即教师只回答"是"或"不是",让学生自己对所面临的任务及问题作出判断,通过不断思考和实践,体育教师对其表现给予评价。[1]

---

[1] 韩庆英,张喜瑞,李昊. 基于任务驱动的教师信息化教学思维新探[J]. 软件导刊(教育技术),2016,15(12):33-35.

三、信息化时代培养学生创新思维的可行性

（一）为学生自主学习提供了便利

学生只有在自主性思维活动中才能培养与形成创新思维能力。信息化教育背景有助于对学生良好的自主学习行为习惯进行培养。在传统体育教学中，体育教师给学生传授课本知识，学生课上听讲和练习，课下通过自学而巩固与提高，在这个过程中发挥主导作用的是体育教师，学生在教师主导下处于较为被动的局面，所以只能获得有限的学习资源。不仅如此，传统体育教学中，教师传授的教学内容都是参照教学大纲的，教学方法也比较单一，基本年年如此，没有什么新意。在教师传授知识和学生被动听讲与练习的体育教学过程中，教师往往注重学生在课堂上是否掌握了课堂知识，如果掌握了就万事大吉，如果没掌握，就继续重复讲解与示范，直至学生掌握为止，而对于课本知识以外的相关知识，则很少涉猎。在这种教学模式下，虽然教学活动稳步开展，基本上没有什么差错，也能完成教学任务，达到教学目标，但是过分按部就班的思维模式对学生创新思维能力的培养是不利的。而信息化教学环境大大提高了学生自主学习的意识和积极性，这主要从以下几方面体现出来。

第一，信息时代为学生自主学习提供了丰富的网络资源，学生获取知识的途径得到增加与拓展，学生自我学习具备了良好的条件。学生利用网络平台可以随时随地学习。

第二，信息时代为学生选择和利用教学内容提供了更多的机会，学生拥有自主选择权，选择空间也广泛。知识来源渠道越来越多，学生经过思考、判断、选择与加工而获取知识，学生要有一定的甄别能力，主要获取来源可靠的科学正确的知识。学生自主获取知识的过程也是锻炼创新思维能力的过程。

（二）加强了师生双向互动

虽然体育教学是师生共同参与的活动，但在传统体育教学中，尤其是理论课教学中，师生互动并不多，学生在课堂提问，教师解惑答疑是最常见的互动方式，除此之外，其他形式的互动并不多，不仅课堂互动少，而且课后交流也不多。缺乏互动导致的直接后果是体育教师与学生无法共享知识，或者说只有体育教师和少数学生才能在互动环节达到知识共享的效果。知识共享不是普遍的，所以严重影响了教学效果。在信息化教育中，师生可以采用多种多样的方式进行互动，互动方式不限于面对面，可以利用网络平台进

行互动。现在,建设网络课程已经成为一种趋势,网上问卷调查、答疑、互动等模块是网络课程体系的重要组成部分,通过这些模块,教师可以第一时间对学生的学习情况有所了解,学生在学习中遇到问题也可以及时反馈和解答,这种线上互动和交流更便捷、快速,效率很高,网上知识共享大大提高了学生的学习效率。

此外,体育教师与学生的线上互动体现了师生关系的平等性。传统的师生互动大都是在课堂上,学生对有权威性的教师大都还是有些害怕的,所以二者的互动总是透着一强一弱的态势,而且因为体育教师和学生是从不同渠道获取知识的,这种不均等也是师生关系不平等的重要影响因素,因为这些因素的限制,师生无法平等交流,师生互动程度较弱,也起不到理想的作用。而信息化教学环境下师生从共同的互联网渠道获取知识,知识来源的不平等被严重削弱,而且网络平台互动打破了时空限制,师生随地、时刻进行互动,师生关系也越来越亲近、和谐,这有助于体育教学效果的提高,也有助于学生创新思维能力的提升。

(三)为学生营造了良好的创新氛围

学生的创新性思维活动需要在良好的外界环境下才能激发产生。在传统教学模式下,教师以讲授板书、幻灯、教案为主,学生往往对课堂教学内容缺乏兴趣,缺乏积极学习的意识。而信息化教学为学生创新思维的形成与发展提供了重要平台,它能最大限度地调动学生的好奇心、想象力和学习动力,从而使学生在学习过程中产生更多的创新性思维活动。

四、信息化时代背景下体育教学中培养学生创新思维的举措

(一)创设广阔的思维空间

培养学生的创新思维,先要培养其想象思维。青少年学生有着强烈的好奇心,喜欢接触和体验新鲜事物,遇到感兴趣的事情会忍不住提问,勇于尝试,喜欢模仿,但受到认知能力的限制,不易理解复杂事物,不易掌握复杂知识,如果教师强制性灌输这些知识,那么学生只能学到表面的浅层的东西,而无法真正掌握精髓,理解深刻的内涵,更无法体会其中的奥秘。在体育教学中,体育教师要以引导为主,要启发学生开动脑筋,积极思考,鼓励学生多尝试,多亲身参与,亲自体验,从有趣的游戏或比赛中激发学生的潜能,使学生乐学、会学、好学,喜欢思考,养成独立思考的好习惯。

（二）课堂教学组织形式多样化

在体育教学中,体育教师要善于观察学生,了解学生的个性,对学生的个性化特征进行分析并熟记于心,从而有目的、有计划地实施个性化教学,充分贯彻因材施教的科学教学原则。因材施教最典型的教学组织形式就是分组教学,按照一定的标准将学生分成若干学习小组,使小组成员之间互帮互助,多交流、多沟通,取长补短,团结合作,共同进步,这对于培养学生的创新思维具有重要意义。

在分组教学中,体育教师在安排教学内容、教学方法、教学任务等方面要有所区分,有所侧重,有明确的重难点,并确定要提高各小组学生哪方面的能力,而不能不加区分地分配相同的学习任务,布置相同的作业,采取相同的教学方法去传授相同的教学内容,这样就失去了分组教学的意义,也违背了因材施教的原则和素质教育的理念。

体育教师也可以对学生进行分层教学,按照学生的学习能力划分层次,这样不是打击落后生的积极性,也不是激发学生的攀比心理,而是要调动学生学习的积极性,激发学生的学习动力,使学生努力从低层学习小组升级到优秀学习小组,最终使所有学生都能不断提高学习层次,不断进步。

（三）使学生体验自主学习的乐趣

在体育教学中创设问题情境,培养学生追根求源的思考习惯,并鼓励他们大胆地提问或进行讨论,进而富有创造性地解决问题。体育教师围绕教学重难点,提问"为什么""怎么办",从而设下"悬念",一步步深入引导学生展开想象思维并进行思考与模仿。在模仿中,自主发现动作要领,并采取小组讨论方式对发现的错误动作进行观察、评论、解析,使其能逐步归纳、掌握对错误动作进行纠正的方法和技巧。由于学生是在模仿后通过自己的思维、体验得出的要领,所以更易于理解掌握技术动作,也易于在练习中不断改进。由体育教师设疑引导,使学生能有重点有目的地进行多个层面的解析,一方面可以巩固新知识,让学生用所学知识尝试解决问题；另一方面可达到培养学生创新思维能力的目的。[1]

（四）完善教学环境

在信息化时代对学生的创新思维进行培养,要求学校完善信息化教学

---

[1] 高云,黄才国,刘小宇,卢小玲,焦炳华.信息化教学条件下培养学生的创新思维能力[J].山西医科大学学报(基础医学教育版),2009,11（06）:762-763.

环境。只有教学环境良好,学生的想象力、创新思维才能被最大化地激发出来,学生才能在更理想的平台上发挥自己的创造性思维。

学校完善信息化教学环境,首先要做好多媒体、计算机等信息化教学设施资源的配置问题,现在很多学校都注重这方面的改革与完善,以适应信息化教育发展趋势的要求。但优化信息化教学环境不仅要配置良好的硬件设施资源,还要注重建设好信息化教学软环境。学生要在良好的教学平台上才能更好地开展自主学习活动,这个平台应该成为学生获取知识和拓展能力的重要渠道。所以学校不仅要建设图书馆,还要建设校园网,建设网络课程,将丰富的教学信息和教学内容汇总到网站中,为学生提供获取知识与信息的大平台,使学生及时掌握新知识,巩固旧知识,完善知识结构,提高知识素养和创新素养。

(五)加强教师队伍建设

体育教师必须熟悉信息化教学手段,对教学内容进行加工处理,包括文本编辑、图像加工处理,将多媒体、网络等技术应用到教学领域。在信息时代,体育教师要上好一堂课,仅仅熟悉书本的内容是不够的,而要不断对已掌握的学科知识进行更新,使教学内容始终处于该学科领域的前沿。体育教师还要熟悉相关领域的知识,做到融会贯通。

第四章　信息化时代背景下体育教学内容资源的挖掘与优化

进入 21 世纪,人类快步迈向信息化时代,互联网技术融入我们的日常生活,使得社会经济、社会生产发生了巨大的改变。在信息化时代背景下,体育教学内容、教学方式也有所改变,传统的体育教学内容资源已不太适应新时代的发展需要,本章将对体育教学内容资源的挖掘与优化展开详细的论述,首先介绍体育教学内容的基本理论,接下来具体讨论体育教学内容的选择与开发、组织与实施,最后落脚于信息化时代背景下体育教学内容资源的优化与发展。

第一节　体育教学内容基本理论概述

一、体育教学内容的概念

体育教学内容是教师在体育教学过程中为达到教学目标而向学生传递的信息或素材,通常包括体育教材、体育课程、与体育课程有关的课程标准等内容。

《中国大百科全书·教育》对教材的定义是:"关于教材,一般有两种解释:一是根据一定学科的任务编选和组织具有一定范围和深度的知识和技能体系,它一般以教科书的形式来具体反映;二是教师指导学生学习的一切教学资料,包括教科书、讲义、讲授提纲、参考书、辅导材料以及教学辅

第四章　信息化时代背景下体育教学内容资源的挖掘与优化

助材料。"① 通常情况下,人们认为教材就是教学内容,但这种看法是不准确的,教学内容不仅仅包含教材,教材作为教学内容的"载体"与发挥实际教学作用的教学内容不能等同。我国体育教材按受教育人群的年龄特征进行划分,包含有小学、初中、高中体育课本《体育与健康》,大学课本《大学体育教程》以及各体育专业使用的专业教材。根据年龄特点编排的各教材内容能够有机地衔接在一起,使教师系统地开展教学活动。体育教材按各运动项目内容进行划分,有《田径运动教程》《网球运动教程》《现代篮球技术教学》《跆拳道》等各类专业教材。体育课程是一门为学生健康奠基的基础必修课程,通过向学生传授体育相关理论知识、教授不同项目的运动技能以达到增强学生体能,促进学生的身心健康发展的目的。

体育课程不仅是一门学科,也是一项活动,体育课程结合德育、智育等课程,促进学生全面发展。但体育课程又不同于德育、智育等课程,其中还包含着大量的运动技能、运动训练的户外教学活动,是融认知性、生活性、情意性为一体的综合课程。

体育课程标准是包括体育课程目标、实施建议的教学指导类文件,对全体学生的体育学习提出了明确的要求。学生根据体育课程标准的指导能够知道自己在学习中应该做什么、应该做到什么程度、掌握哪些知识等。体育课程标准包括体育学科的内容标准和体育运动的表现标准。我国颁布了《全日制义务教育普通高级中学体育(1~6年级)体育与健康(7~12年级)课程标准(实验稿)》,此课程标准强调体育教学内容应实现教师和学生的双向选择,使教学内容有效激发学生的运动积极性,帮助青少年养成良好的运动习惯和坚强的意志品质。体育课程标准的提出顺应了我国的发展需要,有助于提高我国国民的整体健康水平。

通过对体育教材、体育课程、体育课程标准概念的掌握,可以得知体育课程内容是指根据体育课程目标从各种直接和间接经验中选择出来、经过加工处理后的体育学科特定的知识经验体系,既包括体育学科的理论知识、身体练习、价值观、情感态度,又包括当代社会生活的各种经验和学习者的学习经验。②

---

① 中国大百科全书·教育[M].北京:中国大百科全书出版社,1985:144.
② 李林.体育课程内容资源开发的理论与实践[M].重庆:西南师范大学出版社,2006.

二、体育教学内容的特点

（一）多样性

作为体育教学内容"后备军"的体育运动项目大部分来源于不同的文化母体，具有各自的历史渊源和特征，与之相关的体育运动知识、体育运动原理、体育运动健身与训练、体育游戏与比赛、体育观赏与娱乐等均可以成为体育教学内容。[①] 实际上，体育教学内容具有广泛多样性，不仅仅可以利用校内资源、体育领域内资源，也可以充分利用校外资源、非体育领域内（如医疗、文化科技、军事、休闲娱乐等多个领域）与体育相关的内容资源。一些体育教师、学生的社会经验、生活经验、身体练习方法也算得上是体育教学内容的一部分。教师应该充分利用体育教学内容的多样性特点。

（二）潜在价值性与可开发性

体育教学内容具有潜在价值性与可开发性，它的价值只有在充分开发、利用的前提下才能转化为实际的教学内容，发挥它本身的价值。例如，有一项名为"沙狐球"的新运动项目，毫无疑问它是一种宝贵的内容资源，但只有在对规则、场地、设施进行管理和合理改造后，才能进入学生们的教学课堂之中。

（三）独特性

体育教学内容具有独特性，对于处在不同地区和文化背景下的人有很大不同。好的体育教学内容的开发会体现出地方特色、地方传统文化、学校特色等，避免千篇一律，丧失独特性，其独特性主要表现在以下几个方面。

（1）农村和城市、平原和山区、汉族和少数民族的人民在可利用的教学内容的种类、存在形式上有很大不同。

（2）不同地区的人因为有不同的价值观念、风俗习惯，其体育教学内容有不同的特色。

（3）学校的办校规模、基础设施建设等现实条件不同，体育教学内容开发的程度、实现形式也有所不同。

（4）不同地区的师资力量有很大差异，特别是在农村和城市之间，教师的基本素质、知识含量、教育背景不同，对体育课程内容的理解程度存在较大的差异。相同的教学内容在不同教师的心目中有不同的利用手段与实现

[①] 蔺新茂. 体育教学内容论[M]. 北京：北京体育大学出版社，2014.

方式,从而使得不同教师创造出了不同的教学课程,赋予体育课程内容强烈的个人色彩,强化了其独特性。

(5)教师选择的教学内容会根据学生的个人情况(如教育经历、家庭背景等)做适当调整。

(四)多元性

体育教学内容具有多元性,使用同一教学内容可达到多种教学目的,实现多种价值功能。例如,和户外活动有关的教学内容(如踏青、攀岩等)既可以增强学生的体能,又能在活动过程中列举体育安全注意事项,使同一教学内容实现价值多元。

(五)过程性与生成性

体育教学内容的开发伴随与见证着学生的素质提高和教师的技能成长,并在此过程中不断更新改进,生成新的经验和新的活动。如学生或教师在教学过程中获得启发,创造出新的游戏活动、训练方式,并成功运用到实际的课程中,开创了新的教学内容。

三、体育教学内容的分类

体育教学内容根据不同的分类标准可以划分为不同的类型(表4-1)。

表4-1 体育教学内容的分类

分类标准	体育教学内容的类型
体育教学内容的功能与特点	素材型:运动项目技能、体育知识、经验等
	条件型:师资、运动器材、场地、文献资料等
体育教学内容的空间分布	校内:教师教练、校内体育场馆等
	校外:家长、社区体育俱乐部等
体育教学内容的性质	自然型:学校附近的操场、沙地等
	社会型:学校体育场、图书馆等
体育教学内容的构成要素	知识内容
	经验内容
	价值观内容
	情感态度内容
	身体练习内容

续表

分类标准	体育教学内容的类型
体育教学内容的存在方式	显性：教材、训练器材等
	隐性：生活方式、学校运动风气、人文素质等
体育教学内容的管理要素	人力资源：教师、医护人员、学生、家长等
	物力资源：场地、器材等
	财力资源：体育经费、社会募捐、社会赞助等
	信息资源：网络信息、体育期刊杂志、丛书等

四、体育教学内容的研究

(一)体育教学内容的研究基础

1. 知识论基础

体育是对运动实践和现实经验的归纳总结，是一种可以传授的知识。简单来讲，体育教学就是教师向学生传授这一知识的过程。

16 世纪、17 世纪西方哲学家强调知识就是力量，强调不同类型知识对人的教育价值。但是在当时体育仅仅是一种锻炼手段，用于促进孩童身心成长、贵族修身养性，完全称不上是一门学科。

而现如今，体育——这一在人类生产、生活中提炼、凝聚而成的文化结晶，不仅能够通过人们的亲身参与使体育文化得到不断延续和发展，而且，它还能够帮助人们正确、客观地认识世界，促使人类物质世界与精神世界的完美融合，实现人类身心的和谐统一。[1]

体育教学以知识论为基础，科学地选择与传授理论知识，捍卫着体育这一学科在学校教育中的地位。

2. 课程与教学基础

体育在经历了欧洲文艺复兴、宗教改革等一系列运动后，开始进入学校，成为学校教育的一部分。无数教育家用实践逐步提升着体育在学校教育中的地位。夸美纽斯首次将体育确定为一项课间活动。"博爱学校"在教育家巴塞多的倡导下对课程进行改造，体育从此成为一门正式的课程。对德国近代体育的发展做出了卓越贡献的古茨姆兹开创了学校教育三大体

---

[1] 贾齐. 运动学习——认识世界的一种方式 [J]. 体育与科学, 2003 (7): 36-39.

第四章　信息化时代背景下体育教学内容资源的挖掘与优化

操课程体系。从此,体育学科逐渐成为一门必修课程,其学科内容体系也被不断丰富和完善,在学校教育中发挥着越来越重要的作用。

(二)体育教学内容研究的相关文献

1.国内体育教学内容的研究

(1)教材中对体育教学内容的相关阐述。我国大量具有代表性的教材,如《体育概论》《体育原理》等都对体育教学内容做了相关阐述,揭露出我国对体育教学内容的研究比较薄弱,对体育教学内容缺乏完整性和系统性的认识,对体育教学内容的丰富性和独特性探索不够。

人民体育出版社出版的《学校体育学》一书把教材建设作为体育教学内容的重点建设,对教学大纲的编排、教学内容的设计给予了高度的重视。明确指出教学大纲规定了学校的教学内容,指导着体育教学的进程,是教师进行教学的主要依据,体育课程教学质量评估的主要依据。

(2)取得的研究成果。根据中国学术期刊网、万方数据对涉及"体育教学内容"相关课题论文的统计,发现多达500篇有高科研含量和研究价值的文献,且文献数量从2000年开始逐渐增多,这可能与同时期颁布的《九年义务教育全日制初中体育教学大纲》有关。现将500篇文章的内容进行对比归纳,主要的研究内容可以概括为以下几个方面。

①体育教学内容的历史发展。《蒙学体操教科书》是我国近代首部体育教材,不同学段教材的发展经历了从无到有、从粗到细、从少到多的历程,教材内容趋于多样化,凸显民族传统特性,重视各教材间的衔接性。教材管理制度也日趋规范化。通过对我国体育专家学者进行访谈、了解各省市实际体育教学课程的开展,得出了我国体育教育内容将朝综合化、弹性化、运动竞技科学化、乡土化方向发展的结论。

②体育教学内容中存在的问题。我国体育教育内容在具体实践中存在着大量的问题,问题主要集中在体育教学内容缺乏内在逻辑性和开放性,同时因为体育教学内容的多功能性,很多体育教学内容难以归类,导致内容出现多次重复、难以选择等问题。目前,体育教学素材数量激增,更新速度很快,体育教学内容的引入、淘汰等一系列的流程速度加快,大量体育教师在教学进程中出现不适应的现象。

③体育教学内容的优化。体育课程在改革过程中愈发注重对教学内容的优化,在引入外国体育教学内容的同时需要重视对内容的审核和修改工作,争取做到技术与理论学习并重、生理与心理关注并重、注重体育教育的现实培养效果,重点激发学生对体育学科的兴趣。

④体育教学内容的比较。大量学者将我国的体育教育内容同美国、俄

罗斯、日本等国的教学内容进行了比较分析,发现我国缺乏对学生终身体育学习观念的培养,对学生整体素质的培养较为欠缺。

2.国外体育教学内容的研究

(1)西方近代体育教学内容研究日趋成熟。西方大量教育家意识到欧洲学校教育的发展与体育活动备受关注的现状,敏锐地将体育更深层次的意义挖掘出来,并使体育走向学科化、规范化、制度化的发展道路,博爱学校编创了包括跑步、跳高、攀岩、平衡、负重五项运动在内的"德绍五项",这是人们最早开发的体育教学内容。在此之后,古茨姆兹将体育教学内容分为3类,其中包括基本运动(跑步、投掷、翻滚等)、手工劳动、青年游戏。卢梭的"自然教育"思想将提升儿童的自然适应力纳入体育教学内容之中,充分借助自然环境锻炼儿童体格、心智,引入攀岩、爬树等体育活动,极大丰富了体育教学的内容。裴斯泰洛奇的教育思想与卢梭一脉相承,并将体育与智育、德育联系起来,注重儿童德智体美全面发展,开创性地制定了包括自然体操、基本体操、教育体操三大内容在内的"要素体操"体系。体操教育体系的创建对于体育教学内容的具体化、体育教学活动的实施具有重大意义。

(2)西方现代体育教学内容研究的科学化与现代化特色。信息技术快速发展,社会生产力逐步提高,人类的生产生活方式、思想观念有了翻天覆地的变化。人们受到肥胖症、心血管疾病、高压病等多种疾病的困扰,越来越重视日常的体育锻炼。思想观念的变化为体育教学工作带来了一定的压力,社会各界对学校体育教育提出了更高的要求,现代体育教育的内容面临着如何更好地适应社会的挑战。

奥地利推崇的"自然体育学说"与美国的"新体育学说"产生了比较大的影响。自然体育学说中的教学内容关注青少年的身体发育与体格成长,课程内容大多涉及补偿运动(肌肉力量补偿)、形成运动(规范化技术形成)等。新体育学说中的教学内容则偏重于舞蹈、竞技运动等,两种学说的提出都有助于现代体育教学内容研究的科学化。从此,体育教育内容不仅包括竞技体育内容,还包括终身体育教育内容和健身活动。

在外国体育教育的改革过程中,涌现了大量源于本土的乡土性教学内容(如英国的棒球、肯塔基的赛马等),加强了体育教学与学生日常生活的联系,具有很强的灵活性和现代化特征。

第二节　体育教学内容的选择与开发

一、体育教学内容的选择

（一）体育教学内容选择的范围

体育教学内容主要包括了体育知识、体育经验、身体练习三个方面，具体的体育教学内容也应从这三个方面的内容体系中进行选择。

1.体育教学内容的知识体系

体育教学内容的知识体系中包括基本理论知识、运动项目知识等多分支内容（表4-2）。

表4-2　体育教学内容的知识体系

体育教学内容的知识体系	体育基本理论知识	体育人文科学
		学科体育自然
		科学学科体育
		管理科学学科
	运动项目知识	体育专项运动技术学科：田径、篮球、体操等
		体育自然科学学科：运动生物力学、运动生物化学等
	健康知识	体育自然科学学科
		医学学科：卫生学、中医学等
		心理学学科
	其他知识	环境学科
		科学学科
		数学学科
		艺术学科

（1）体育基本理论知识。基本理论知识主要涉及一些基本原理，主要源于体育人文和自然方面的知识。例如体育史、体育伦理学、体育概论、体育管理学等。

（2）运动项目知识。主要包括各个运动项目的理论知识（如运动战术战略、场地器材、比赛规则、竞赛组织、训练方法等）和体育自然科学的学科知识。

（3）健康知识。健康知识体系中主要包括三方面的内容,体育自然科学学科知识(如运动解剖学、体育测量与评价等)、医学学科知识(如营养学、中医学等)、心理学学科知识(如社会适应力、体育运动与心理健康、心理健康的标准与评价等)。

2.体育教学内容的经验体系

每个人在自己的个人成长中都会形成属于自己的经验,经验源自个体对外界刺激的感受、体验,是人类认识世界的重要形式。有人说,知识来源于个体对客观世界的经验,可见经验在教育活动中是必不可少的。早期的教育家大都在教育中强调传授经验的必要性。如夸美纽斯就非常重视自然经验在儿童成长中的作用,卢梭强调直接经验,裴斯泰洛奇则更加注重生活经验。

近代学校课程的课程观从最初的知识本位转变为经验本位并由此提出来了一个重要的命题——"教育即经验的不断改造"。真正有意义的学习不仅仅是学习相关知识,而是能够将学习到的知识转化为符合自身情况和认知的经验,使知识为人服务。体育教学内容中经验体系的建立具有积极意义。从此,教学内容不仅体现在教材中,也包含了学生的个人经验,使教育能够发挥最大效用。经验强调了学生在学习中的主体地位,学习者不是被动接受外界环境的影响,而是对环境进行主动改造,在学习的过程中不断思考、尝试,使教育内容真正惠及学生。

体育教学内容的经验体系主要包括学生的家庭生活经验、社区生活经验和学校生活经验三大方面。

（1）家庭生活经验。家是港湾,是一个人的避难所,家庭环境在很大程度上塑造了一个人。最初的亲子关系影响着一个人日后的人际交往能力,家庭的点滴影响着一个人的人生态度。家庭教育是每一个人接受教育的起点,家庭生活经验对一个人产生着持续不断的影响。与体育教学内容有关的家庭生活经验主要表现在以下几个方面。

①家庭娱乐、运动设备的使用经验。一般情况下,家中的娱乐、运动设备有各种乐器、玩具、运动器材和设备(如篮球、排球、足球、滑板、跳绳等)。各家庭由于经济条件不同,拥有的设备种类、数量存在很大差异。在家中使用过相关设备的学生通常更有经验,在学校能更快地使用相同或相似的设备,快速投入到体育教育活动之中。

②在个人空间内的运动活动经验。学生在家中通常有自己个人的活动区域(如卧室、书房等),在这些区域内他们可以自由自在地游戏、进行各种体育运动。一个人的游戏和运动对于学生而言既有益处又有害处,它能够帮助学生养成独立思考、独立操作的习惯,同时可能不利于学生在集体活动

第四章　信息化时代背景下体育教学内容资源的挖掘与优化

中的协同合作。因此,教师需要对学生进行合理的引导,既培养学生的独立性又加强学生的沟通合作。

③家庭成员共同的娱乐、运动活动经验。家庭成员共同参与娱乐、运动活动能够很好地增进相互间的了解,活跃家庭气氛。目前,大多数家庭都会定期组织全家人参与郊游、攀岩等运动活动。

(2)社区生活经验。人们日常生活中的大部分行动都是在个人所在社区内进行的。社区是学生们重要的活动空间,社区生活经验是体育教学内容的重要来源,社区经验主要包括社区娱乐、运动环境经验,社区娱乐、运动活动经验和社区文化经验。

①社区娱乐、运动环境经验。社区的娱乐、运动环境不仅包括了自然环境还包括了大量的物质环境,如体育场馆设备等。学生在不同的环境中进行体育活动,积累了适应其不同环境的经验。社区环境有好坏之分,在不同地区间存在差异。很多农村社区缺乏完善的体育设施、器材设备,在农村社区生活的学生就缺少在体育场馆练习的经验,但是在农村社区生活的学生因为有着丰富的自然环境资源,在野外活动中更有经验。

②社区娱乐、运动活动经验。学生可以在各自社区内参与多种类型的各具特色的社区娱乐、运动活动。同一社区内有共同体育兴趣爱好的学生会在一起开展相同的运动活动,获得了丰富的运动经验,同时获得了早期的同伴交往经验。

③社区文化经验。不同社区因其所在地有不同的特色,形成了不同的社区文化,举办各种各样的社区活动(如春节舞狮、土家族对歌等)。学生在社区内进行的体育运动活动也难免受到社区文化的影响,成为教师选择富有地区民族特色的体育教学内容的重要来源。

(3)学校生活经验。学校教育作为一项有目的性、系统性的教学活动在学生的整个成长过程中十分重要。学生的学校生活持续时间较长,有很强的教育意义。体育教学内容可从学生在学校娱乐、游戏活动经验、学校体育社团活动经验、学校交往经验中选择。

3.体育教学内容的身体练习体系

教师的体育教学内容可从身体练习体系中进行选择。身体练习体系中包括单一动作结构的身体练习、组合动作结构的身体练习、活动性游戏、运动项目等四方面内容。

(1)单一动作结构的身体练习。包括位移性身体练习(如走、跑等)、非操作性身体练习(如转体、俯卧撑等)、操作性身体练习(如投、抛等),具有动作简单、重复性强的特点。

(2)组合动作结构的身体练习。组合动作结构的身体练习是将单一动作结构的身体练习组合排列在一起形成的。身体练习的组合方式多种多样，可以是不同或相同身体部位的运动动作组合（如徒手操、健美操等套路练习），也可以是各种不同或相同动作特点的运动动作组合（如慢速快速动作组合练习、直线曲线动作组合练习等）。

（3）活动性游戏。游戏由来已久，长期受到人们的喜爱。游戏对学生未来的智力发展、人格发展、认知发展大有帮助，学校教育中切不可忽视对活动性游戏的有效利用。活动性游戏涉及的范围非常广，各种类型的活动性游戏有着不同的功能。根据游戏的功能分类，游戏可分为健身性游戏（如单足跳接力）、娱乐性游戏（如老鹰抓小鸡、吹气球）和教育性游戏（如救助队友）等。

（4）运动项目。身体练习的高级表现是出现了不同类型的运动项目。运动项目源自活动性游戏，因此，运动项目和活动性游戏很相似，但相比于活动性游戏，运动项目通常具有更为规范的场地、运动器材、比赛规则等，且具有一定的规模。运动项目和学校体育课程息息相关，学校体育课程中一直都有对各种运动项目的知识讲解和技能传授。丰富多样的运动项目为学校的体育教学提供了大量的素材，与此同时，学生们对运动项目大多有强烈的兴趣。体育运动项目种类繁多，主要可分为 13 大类：球类运动、搏击类运动、野外运动、医疗保健运动（如瑜伽等）、水上运动、空中运动、冰雪运动、舞蹈运动、体操运动、机械运动（如赛车、摩托车等）、军事运动（如现代军事五项）、新兴运动（如轮滑、飞盘等）、民间民族传统运动。

（二）体育教学内容选择的原则

1. 主题明确性原则

教学任务跨越不同学段难以保持教学内容的连续性，构建层次分明的教学反馈机制。但在同一学段中，应该明确具体的教学目标、教学任务，围绕主题展开体育教学，进行内容设计。例如，低年级学段体育教学应该注重发展学生的基本身体能力，可进行由简到繁的身体能力训练。内容设置的目的不仅仅是实现个体对运动项目的掌握，更多的是强调通过内容的多样态呈现能够促生对运动概念、原则、策略和技巧的理解能力，并且在教师所创设的运动情景中体育课程要体现生命关怀的价值，应该从体育课程地位"转变"、体育课程内容"质变"、体育课程教学过程"适变"，帮助个体获得规则内化、责任担当、意志磨炼等。[①]

---

① 李文."教什么"：体育教学内容选择的学理索引[J].六盘水师范学院学报，2019，31（06）：100-104.

第四章 信息化时代背景下体育教学内容资源的挖掘与优化

2. 贯通性原则

在确定某一学段具体的教学目标、教学任务后,教师可根据学生身体能力的具体情况,确定运动技术内容的传授顺序。运动技术内容的编排可以不完全按照教科书的顺序进行,但要具有一定的贯通性以确保不同动作学习之间的顺利过渡。与此同时,不同的运动项目中的动作技能缺乏连贯性,不能随意搭配,忽略科学性。例如,在棒球和篮球运动中都涉及"接球、跑、投掷"等动作技能,就可以在训练中把具有相似动作结构的内容放在一起安排教学,增强对动作技能的掌握程度,节省了时间成本,同时增加了机会成本。

3. 丰富性原则

体育教学内容的丰富性主要体现在教学形式多种多样、教学方法新颖独特。例如,教授低学段学生的运动概念时,可组合游戏、体操等不同类型的动作形式,使学生直观地获得大量的有关运动概念的经验。但应注意内容的丰富性不应以牺牲运动质量为代价。

4. 方法性原则

体育教学内容的选择应该掌握一定的方法,可以以动作技能、运动概念为导向进行动作技能和运动概念的组合教学,强调在充分理解运动概念的基础上,有效地运用运动技能。

二、体育教学内容的开发

(一)体育教学内容开发的主体

体育教学内容的开发任务主要是由体育学科专家、体育教师和学生完成。

1. 体育学科专家开发体育教学内容

体育学科专家通常会与体育教师合作,共同开发体育内容,其开发任务主要包括以下几个方面。

(1)编写体育教材。目前,我国的课程改革在火热地进行当中,教材的开发也有了重大的突破,从"一纲一本"开始转向"一纲多本",大量的机构和出版商组织编写中小学体育教材,提升了教材的多样性。教材编写的难度较大,因此需要学科专家的参与,学科专家根据相应的指导思想、编写要求,全面考虑教材内容的呈现方式、呈现顺序,完成最终的教材编写工作。在编写教材的过程中需要充分考虑基础性与层次性的关系,知识性与实用性的关系,继承与发展的关系,发展与创新的关系等等,同时,好的体育教材应该涉及现阶段流行的、学生们感兴趣的体育活动,并对体育活动的实施给予专业的指导。

(2)收集整理体育课程内容资源。体育专家应该以开发优质教学资源为己任,从我国的实际情况出发,对现有的体育内容资源进行全面的收集与整理。体育专家的工作一般集中在收集与整理出适合不同年龄阶段学生的高价值、强趣味性的内容资源,挖掘与收集出具有本土特征、文化特色的内容资源。

(3)对体育内容资源的开发给予指导。体育学科专家具有普通教师不能比拟的优势,他们大多接受过非常良好的教育,学科理论水平高,有较强的科研能力。因此,专家们需要对体育课程内容的开发给予宏观层面的指导,把控全局。除此之外,专家还有责任对体育教师进行适当的培训,培养我国体育事业建设的中坚力量。

2. 体育教师开发体育教学内容

教师作为体育课程实现的关键人物,也参与着体育课程内容开发的工作,其工作任务包括以下几个方面。

(1)体育教材的二次开发。体育教材虽然具备一定的理论性和科学性,但还需要经过体育教师对教材的二次开发才能成为最终的体育课程内容,走进学生们的课堂。体育教师在进行教材的二次开发的过程中要妥善解决三个难题:教学内容如何既具备逻辑性又能充分激发学生的兴趣,适应学生的身心发展?教学内容如何与教师自身的素质条件相匹配?教学内容如何与学校的现实条件相匹配?针对这三个难题,教师需要在教学实践中多思考,多探索,不断优化学生体育课程学习的步骤与层次。

(2)指导学生开发课程内容。学生是教学活动中的主体,具有较高的创造性,也可以作为课程内容的开发者。但学生缺乏必备的教学理念和课程内容开发概念,需要经过教师的有计划的频繁指导,才能最终实现对课程内容的开发。教师通常需要引导学生深入生活,走入社会,走进自然,在更大的环境中进行自我体会和探索。

(3)开发成果的系统化总结。教师将教材进行二次加工后向学生呈现出最终的课堂教学内容,教师需要根据学生的反馈对开发成果进行系统化的总结,一方面为自身积累课程内容开发的经验,另一方面有利于在日后编写出更优质的体育教材。

3. 学生开发体育教学内容

学生是教育的对象,以学生为主体开发课程内容在客观上有较大难度,但却是我国目前推崇的一种方式。学生在体育课程内容的开发方面需要做到以下几点。

第四章　信息化时代背景下体育教学内容资源的挖掘与优化

（1）实现学习目标。以学生为主体开发课程内容的真正目的在于使学生在开发课程内容的过程中学会如何学习，最终实现体育教学的既定目标。

（2）开发新颖的体育课程内容。学生在教师的专业指导下进行体育课程内容开发具有一定的优势，能够构建一些符合学生自身特点的课程内容资源。教师可以根据现实情况进行筛选，运用到实际的体育教学过程之中。

（二）体育教学内容开发的方法

体育教学内容开发的方法多种多样，体育专家对相应方法进行了调查，发现了包括选择、改进、整合、扩展、归纳在内的常见的五种教学内容开发方法。

1. 选择

选择是指课程内容开发主体按照相应标准在海量的体育课程内容资源中进行筛选，最终确定较为理想的体育教学内容的方法。选择作为一种常见的方法能够解决实际教学中出现的"教不完""教不会"的问题，另外，选择这一方法简便快捷，被广大体育教师大量使用。

下面简单介绍一下选择这一方法的一般步骤。

（1）明确体育课程主题。在进行选择之前，首先要明确体育课程的相关主题，确定了主题相当于确定了选择的范围，确保体育教学内容的选择更有目的性和针对性。例如，要进行野外运动项目的内容开发。

（2）列内容清单。明确体育课程主题后，需要将与主题相关的内容资源尽可能多地罗列出来。例如，列出所有野外运动项目的种类以及开展野外运动项目的注意事项。

（3）明确选择标准。需要根据国家政策、学校体育指导思想、教师具体课程目标明确进行选择的标准。

（4）按照标准选择出理想的体育课程内容。按照既定的标准对内容清单上的内容进行选择，选择出最符合现实情况、具体要求的体育教学内容。同时，为了保证最终教学内容的质量，可以将选择这一方法和其他方法结合起来使用。

2. 改进

改进是指对原有的体育课程内容在某一要素上进行加工和修改，使其适应学生和教学的实际情况的方法。改进这一方法主要适用于体育学科专家等具有一定资源改造能力的相关人员。常见的改进方法有简化、修改等（表4-3）。

表 4-3 改进法的具体运用方式举例

具体改进方法	示例
简化	简化某个具体动作的技术结构； 删减动作数量等
降低/增加难度	将带器械练习改为徒手练习； 将徒手练习改为带器械练习等
修改	修改某项运动的比赛规则等
转换/移植	将室内运动项目转换到室外进行； 陆地运动项目移植到水中进行等
变形	改变具体动作的组合方式； 改变具体人员的组合方式等
限制	单人跑改为"两人连足跑"或"杠杆跑"； 双脚跳改为用麻袋套住双脚的"袋鼠跳"等
夸张	游戏中对角色进行夸张等
调整	调整场地器材的规格等

3. 整合

整合是指将不同体育课程内容有机结合在一起，使体育课程内容焕发新的生机的方法。整合这一方法使用的范围非常广泛，且使用方式多种多样。例如，"嗒嗒球"这一新运动项目的开发就是通过将乒乓球运动和羽毛球运动整合在一起实现的。体育教学内容的整合可以在各要素之间进行，所以需要对整合的要素进行筛选和设计，如可将知识要素与练习方法要素进行整合以实现在练习的同时掌握相应的运动知识。

4. 扩展

扩展是指运用一定的方法使新的教学内容在形式上更加完善或在功能上更加全面的方法。扩展通常是在具体课程内容方向上进行的扩展，如将单一的右上手投投掷活动扩展到向上向后抛掷等。扩展可以进一步细分为在内容上的扩展（如将"吸烟与健康"扩展到"吸烟与寿命"）、形式上的扩展（如将以图片形式呈现的内容扩展为以文字形式呈现）以及在功能上的扩展（如将攀爬练习的主要基本活动功能扩展到改善心理素质的功能上）。

5. 归纳

归纳是指将在实践过程中获取的关于体育课程内容开发方面的各种经验、各种成果进行归纳总结，最终形成典型模式的方法。总结既可以看作是体育教学内容的开发方法，又可以看作是开发过程中的必要环节。体育教学内容开发过程中出现的任何有价值的东西(如心得、教训等)都需要进行反思和归纳。最后最好将反思结果形成文字材料(如报告、小论文等)发表出来。

第三节 体育教学内容的组织与实施

一、体育教学内容的组织

(一)体育教学的内容属性

教学内容需要教师和学生的共同参与,实际教学过程中的"教与学"都会影响教师对教学内容的组织。体育教学内容既包括显性成分,即教材中构建的包括概念、训练原则方法在内的知识体系,又包括隐性成分,即知识体系背后渗透的价值判断、思考力、创造力等。体育教学应该侧重于教学内容中显性成分的教授,使学生获得学科知识,从而促进隐性的思维方式、个人思考力、创造力等在获得知识的过程中发生相应的改变。体育教学内容中的两种成分应该做到相辅相成、融会贯通。体育教学内容的组织应该使体育学科知识形成体系,把碎片化的知识点串联起来,使学生对知识体系有清楚的认识。

(二)体育教学内容组织的原理索引

体育教师需要遵循一定的原理、法则组织体育教学内容,其中,主要的原理包括内容组织的结构原理和内容组织的进阶原理两部分内容。

1.内容组织的结构原理

在教学过程中教师应充分考虑教学内容的逻辑性和连贯性,遵循内容组织的结构原理。组织教学内容紧紧围绕体育学科知识中的核心概念。

美国采用的"技术主题模式"为我国的体育教学内容组织提供了启发。美国体育教师将运动概念和技能的传授作为教学的中心内容,并且指导学生掌握相应的动作技能(动作技能涉及身体、空间、力道等内容和与之有关的相关关系)。"技术主题模式"注重动作技能的连贯性,将多种类型运动项目中的相同成分提取出来集中地进行指导。例如将拥有相似基础步法、跑位的篮球、橄榄球等项目放在一起同时进行训练,可减少学生掌握相应技能的时间,提高效率。总而言之,体育教学内容组织的结构原理需要将体育技能、体育技术和体育概念合理穿插,共同穿插于体育教学之中。

2. 内容组织的进阶原理

内容组织的进阶原理需要教师在教授相关知识内容时注意各概念从简单到复杂、从单一到总合,合理把握教学内容的连贯性,加强知识之间的联系,使知识结构呈螺旋上升的趋势。低学段教学内容需要和高学段教学内容有明显的不同,高学段的教学内容不仅是低学段的深化,更应该补充一些需要有一定理解力的较难的知识点。例如,在中小学阶段,教师应注重运动基本知识的普及和运动兴趣的培养,高中阶段揭示体育的本质和功能,并适当引入专项的体育项目技术教学。

(三)体育教学内容组织的注意事项

1. 加强内容体系的结构,明确体育教学的主题

不同学段的体育教学应该设置不同的教学内容,教学具体内容需要明确。小学阶段注意培养学生基本的身体素质,开展丰富多样的体育活动,并强调体育活动的趣味性。随着学生学段的增加,增加少量运动项目的训练,并对学生运动项目的掌握情况进行评分,设置规范科学的具体评分标准。实现体育教学从全面基础教学向专业化教学的转变。

2. 重视运动项目的分类

有些体育运动项目之间的跨度相对较大,动作属性、动作技能呈现出不同的特点,切不可图省事放在一起进行教学,引发学生的混乱。

3. 重视教学方法的创新

教学不仅需要考虑传授的具体知识,更需要重视教学方法的创新,好的教学方法能够达到事半功倍的效果。在信息化时代背景下,教师可以采用更多先进的现代化技术、网络媒体,使教学形式更加多样化,开展形式多样的学生喜闻乐见的体育教学活动。

二、体育教学内容的实施

(一)分析并确定体育课程教学任务

分析并确定教学任务作为体育教学内容实施工作的一部分,有助于各学校实现具体的体育目标。体育课程的教学任务主要涉及以下几方面的内容。

(1)掌握体育学科基本知识、运动技能、战术,增强学生的运动水平和运动技能。

第四章　信息化时代背景下体育教学内容资源的挖掘与优化

（2）发展学生自身的身体素质，运动能力。

（3）培养学生的集体意识和合作精神，让学生通过集体体育活动更好地适应校园生活，提高适应力。

（4）培养学生积极乐观的人生态度和终身运动的理念。

（5）培养学生良好的运动习惯、生活习惯，对体育运动有强烈的兴趣。

（二）安排具体体育课程教学内容

1. 安排体育基础课程教学内容

体育基础课程的主要教学内容包括恢复性的运动练习、身体素质训练、科学锻炼方法、常见运动项目的简介（如足球、篮球、排球等各种球类项目）、基础体育理论知识等。

2. 安排体育俱乐部课程教学内容

体育俱乐部课程的主要教学内容包括各专项运动的战术、技术，各专项运动具体身体素质训练，专项运动项目的比赛规则与技术要点，运动营养与健康理论与研究，运动性疾病的预防与康复，常见运动损伤的及时处理等。体育俱乐部课程内容的设置通常更加科学化、人性化，与传统教学模式不同，体育俱乐部更加强调军事体育管理，课程时间、教学形式具有一定的自主性，可由教练员和运动员自行决定。体育俱乐部班级人数也有一定的限制，通常每个班不超过40人，以确保课程的质量。

3. 安排体育必修课程教学内容

体育必修课程的教学内容主要针对于学生学期末的体育课考核。通常考核内容有俯卧撑、仰卧起坐、往返跑、50米跑、400米跑、800米跑等，并在校内设置体育保健课程。

4. 安排体育选修课程教学内容

体育选修课程的内容设置更加灵活，各个学校可以根据自身情况，结合学生兴趣开展不同类型的选修课程，选修课程可包括体操、网球、滑冰、武术等。以体操为例，介绍一下选修课的教学内容（表4-4）。

表4-4　体操选修课教学内容

教学形式	教学内容	教学重点
外堂实践	技巧：前滚翻、前滚翻分腿起、屈体前滚翻、鱼跃前滚翻直腿起、趋步技术 双杠：挂臂前后摆上、支撑摆动成手倒立	趋步技术
外堂实践	单杠：经直角悬垂屈伸上后摆支撑 跳跃：踏板练习	踏板练习

续表

教学形式	教学内容	教学重点
外堂实践	双杠:同上 技巧:同上	趋步技术
外堂实践	单杠:后倒弧形下 跳跃:踏板练习;纵马分腿腾越	踏板侧空翻
外堂实践	技巧:经手倒立前滚翻直腿起、直体后倒翻滚成手倒立 双杠:支撑后摆成手倒立	趋步侧空翻
外堂实践	复习	踏板前空翻
外堂实践	技巧:连续侧手翻、单腿落地前手翻 双杠:动作复习,进行比赛	手倒立技术

（三）明确体育课程教学内容的课时数

传统教学内容的总课时时长设置通常以教师和教学内容为中心,忽略了学生自身的发展情况和接受度,因此现阶段的课时时长设计要克服传统课时时长设计的格式化、规范化特点,结合教材,充分考虑学生的现有水平和认知能力,使设计的课时结构具有开放性、灵活性的特点,并注重个性化的教学内容。

课时计划的格式多种多样,除了常见的文字式课时计划,也可以编写表格式、图片式的课时计划,现阶段我国的课时计划常采用"互动型"格式。"互动型"课时时长设置不仅强调教师的教学时长还考虑学生的吸收理解、实施教学活动的时长。"互动型"课时时长包括每单元、每章节课次以及每一课次的具体时间,整个的课时时长包括开始部分、准备活动、主体教学内容、结束总结四个阶段占用的时间。

教师应根据具体的教学目标、教学重难点设计每一个体育教学内容的课时数,重难点教学内容应该安排足够多的课时数以确保每位学生掌握相应知识。

（四）选择与学生风格相适应的教学模式

体育课程内容的教学模式是根据体育教学指导思想设计的体育活动类型或框架,选择与学生风格相适应的体育课堂教学模式有助于体育教学内容的实施。

第四章　信息化时代背景下体育教学内容资源的挖掘与优化

1.常见的体育教学模式

（1）传统式：即普通必修课形式。

（2）分段式：即先普通必修课后选项课形式。

（3）双轨式：即同时开设普通必修课和选项课，两种类型课程同步进行。

（4）俱乐部式：即学生参加各种类型的俱乐部活动，教师对每位学生进行有针对性的辅导和考核。

（5）一体化式：开设普通必修课、选项课、专项选修课、卫生保健课等，并将课内活动和课外活动统一起来，广泛开展各种形式的锻炼和俱乐部活动。

现今我国大部分高等院校均采取分段式的教学模式，在大一时学习体育必修课程，大二大三时可以选择感兴趣的体育课程。而具体应该选用何种类型的教学模式，需要充分调查学生的体育需求，适应教学课程的要求。

2.体育教学模式的创新

各学校都争先对教学模式进行创新，以实现快乐体育教学的目标。一些新手段新方法正融入现今的教学模式之中。

（1）小群体学习法。通过体育教学中的集体因素和学生间的互动交流，提高学生的学习积极性、学习质量。小群体教学模式一般在教学实施之前进行分组（小集体形成过程）。分组过程中使各小组有一定的凝聚力和各自的目标。且分组过程要注意实现"异质分组"，即小组成员在性别、学业能力或其他品质上有差异，这样才能起到相互吸收、共同发展的目的。教学实施过程一般分为两个部分，前半部分主要进行教师指导性较强的小组学习，后半部分主要进行学生指导性较强的小组学习。在后半部分的教学实施过程中，老师仅仅起到参谋的作用。

（2）情景和模仿式教学模式。这种教学模式主要适用于低年级儿童，充分利用低年级儿童热衷模仿、想象力丰富的特点，遵循学生的认知和情感变化，进行生动活泼的教学。例如，在教学课程中进行"情景设定"，在具体情境中将各运动项目串联起来，使学生在不知不觉中掌握运动方法。以小学三年级的体育课程为例，教师可以将一组爬杆、过软梯、过独木桥的运动与武术中的拳术结合起来，编成"上花果山"的故事情景，使教学活动充满乐趣。

第四节　信息化时代背景下体育教学内容资源的优化与发展

信息化时代下,互联网得到普及,教学资源变得丰富而多样,教学资源的数量急剧增加,为现阶段的体育教学活动注入了新的活力,但是教学内容资源还面临着诸多问题,亟待优化和发展。

一、体育教学内容资源的优化

（一）体育教学内容资源数量质量并重

现阶段,在许多高校的体育教学活动中出现了运动场馆设备不足、设备老化、体育教师数量少等问题,学校需要积极采取措施,逐步配齐专业的运动设施,同时重视原有教学设备资源的质量,确保资源的优化。

1. 进一步提高运动设备器材的利用率

一些高等院校为了保护学校体育设施设备,会在非教学时间关闭体育场馆、健身房等,更有甚者会将田径场地施行封闭管理,禁止学生使用。这种做法极大地降低了学校运动设备器材的利用率。

各学校可以对体育场馆施行智能化管理,鼓励学生在非教学时间上网预约场馆的使用时段。在体育课程的教学过程中,教师应充分考虑课程的组织形式、教学条件,合理设置各运动器材的使用时间,从而提高运动设备器材的利用率。

2. 着力发挥体育设施的多项功能

大多数学校的体育设施仅实现了单一功能,缺乏对现有设备的多功能开发。各学校要致力于挖掘和发挥现有体育场馆、运动器材的多种功能,采取多种手段和措施实现单一器材的多功能化。

（1）创造性地开发器材的多种功能,争取使每种体育器材为多种运动服务。例如,栏架可以用于跨栏、射门等多种运动项目。

（2）废物变宝,充分利用广大师生的动手操作能力,将不用的废旧物品改造成简易的体育器材。

（3）结合学生具体需要改造现有场地器材。我国大多数学校的运动场地和体育器材设备没有充分考虑到学生现阶段的年龄特点,是标准的成人化设施,不利于学生培养兴趣爱好,参加体育活动。所以,学校可以尽力把成人化的体育场地改造成学生体育活动的游乐场,增加更多可供选择的有

第四章 信息化时代背景下体育教学内容资源的挖掘与优化

趣的体育设备或者将设备进行卡通化的装饰等。

3. 充分利用学校现有的人力资源

目前大多数高校对校内现有人力资源的利用度和管理程度不够。学校现有的人力资源包括教师资源和其他人员资源。教师是体育教学内容资源开发的主体,其资源的开发能力直接影响着体育教学的质量。因此,校方要充分提升体育教师的教学内容资源开发能力,帮助教师树立正确的课程观,站在促进学生全面发展的角度对课程进行整体设计,注重教学的具体形式、各运动项目的真正价值。同时,校方应加强对教师的继续教育,使"终身学习"的观念贯穿于教师和学生的一生。不仅加强对教师的技术培训,而且要降低教师培训的自付费用。

校方除了可以采取提升教师资源的能力开发这一措施以外,还可以充分发挥其他人力资源。

（1）充分发挥体育管理人员的领军作用。体育管理人员主要指学校中负责体育工作的领导,如学校体育学科的负责人,他们对体育课程的总体设计直接关系到课程内容资源开发的效果。

（2）充分发挥学生的主体作用。校方和学科教师可以让学生参与到体育教学计划和评价方案的制订过程中,让学生在一定程度上选出符合自身兴趣和学习经验的课程内容,实现教学内容资源的多样性和趣味性。

（二）重新定义体育教学内容资源的价值标准

现阶段体育教学内容资源的价值判断标准逐渐向学生靠拢,以学生为中心。教师的体育活动课程设计越发迎合学生的兴趣,具体课程的开发在很大程度上以趣味性、流行程度为标准,忽视了体育运动项目和教学活动的真正价值,降低了教学内容实际的健身、健心功能。这在很大程度上并不利于我国体育事业的发展。从课程内容的知识性来看,知识资源的数量不足、质量不高;从体育课程知识内容的开发途径来看,主要是依靠引进,但一直以来,引进的只是结果,而对知识产生的过程视而不见,主动性弱。[1]

体育教学内容资源的价值标准不仅需要反映体育课程内容资源本身的客观属性和功能,还需要体现学生的体育课程的需求,二者需要充分结合在一起成为新的价值判断标准。时代不同,社会、学生、知识对体育教学内容资源的价值标准的影响也不尽相同,现阶段"以学生为本"的教学理念反映了社会环境对体育教学内容的客观要求,符合时代发展的要求。课程价值取向也经历了社会本位、学生本位、体育学科本位的不同阶段。社会本位强

---

[1] 韩志勇. 新兴体育课程内容资源开发与管理[M]. 北京:经济管理出版社,2018.

调体育课程内容的现实基础,顺应国内外局势和体育课程的发展规律。学生本位体现了人的本质力量和对自身发展的反思,彰显了学生的主体意识。体育学科本位则侧重于体育学科的知识技能体系,体育学科教学的过程、方法和实施手段等。

体育课程的发展需要顺应社会的发展,体现学生的兴趣,同时展现体育学科本身的魅力,可从身体健康价值判断、身体技能价值判断、身体素质价值判断出发,将社会本位、学生本位、体育学科本位有机地结合在一起,向学生传递真正有价值的体育教学内容。

二、体育教学内容资源的发展

(一)体育教学内容资源向生活化方向发展

"体育生活化"这一概念由国家体委在20世纪90年代初提出,主要是将体育看成是日常性的活动,促进人们经常性参加体育锻炼,形成健康文明的生活方式。一直以来,我国的体育教学内容偏向竞技化,一部分人仅仅将体育视为一项在课堂上开展的强制性的活动,对终身体育的理念无动于衷。但随着社会的进步以及人们物质性需要的满足,大多数人愈发关注自身健康,追求更高层次的自我价值的实现。实际的体育课程也开始注重将体育教学内容引入学生的实际生活,培养学生积极健康的生活态度,养成体育生活的方式。

学校应该采取积极的措施促使体育教学内容资源向生活化的方向发展。例如,大力开展健身设施工程、培训工程,及时把握学生的健身需求,在能力范围内对学生进行科学的健身培训,分发与体育运动相关的书刊和光盘给学生。教师在教学过程中应该更加注重教学的方法和手段,将学生的日常经验融入到实际的运动技能教学过程之中。比如在教小学生立定跳远时,可以让学生们想象面前有一条小河,鼓励学生们跳到河岸的另一边,不要掉到河里,争取不踩到起跳前的白线。充满智慧的教学方式能够极大缩短学生掌握体育运动技能的时间,同时加深学生对体育教学内容的理解,促进学生们在生活中运用相关知识开展体育活动。

(二)体育教学内容资源向网络化方向发展

在信息化时代背景下,校方和体育教师越发重视网络资源的运用,体育教学内容资源逐步实现向网络化发展。传统的体育课堂是教师主导,结合身体练习的方式进行的,而将互联网资源与教学融合可以更加明确学生学

第四章　信息化时代背景下体育教学内容资源的挖掘与优化

习主体的地位,充分发挥学生自主学习的特点,并有效改善学生自主学习时教材和教学方式的制约。[①] 网络资源具有时效性强、传播速度快、动态性的优点,通过一些搜索引擎和网络应用可以获得大量的网络信息,极大降低了人们获取信息的成本。教育领域充分意识到网络资源的优势,在教育实施阶段中力争实现"网络教育"。网络教育将先进的信息技术、网络科技与传统的教育内容结合,改变原有教学形式,设置集共享性、开放性、实时性于一身的新的教学方案。广大教师和学生可以借助于相关的网络教学平台,实现网络教学,增强学习效果。

但网络化教育的发展还存在着许多亟待解决的问题。例如,在较为落后的农村地区,大量中小学校没有联网,基础硬件设备老化,网络教学难以开展;一些学校虽然有网络连接但是缺乏软、硬件投资,网络人员缺乏基本的技能和创新能力,进一步妨碍着网络教学的实施。

面对这些问题,学校需要充分利用当代的网络远程教育教学手段,不断探索新型教育模式(如"互联网＋教育"模式),采取一系列措施实现体育教学内容资源向网络化方向发展。未来体育教学内容资源的网络化发展主要体现在以下几个方面。

(1)学校互联网体育教学的专业化程度、趣味性增强。互联网体育教学体系将充分利用导航系统的强大优势,开发设计出符合学习者认知能力的教学课程。同时,大部分学生本就经常接触网络,拥有强烈的好奇心,在体育课程中适当加入一些热点能有效地吸引学生的注意力,使教学过程不再枯燥,生动有趣。

(2)体育网络化资源逐步整合,与网络课程相关的管理机制持续优化。

(3)学校网络教学的投资比重加大,教师网络素质和教学能力得到进一步提升。随着学校网络教学投入的增加,校方会着力打造一支专业的教学研发、课程实施队伍,促使相关开发人员掌握先进的信息技术,促使教师提升自身的网络素质,有一定的信息搜集、整理、感知的能力,能顺利进行各种网络操作,保证线上教学课程的顺利开展。与此同时,定期开展培训和测试,确保每位开展网络授课体育教师的教学技巧和专业知识过关,以便保证线上学生的数量。

(4)家长与学校的沟通加强,家校教育的影响趋于统一。在互联网技术普及的今天,家长对于互联网体育教学的态度并不一致。有的家长并不认同网络教学,认为网络体育教学多此一举,还有可能使学生沉迷于网络,但大部分家长较为开明,对新兴的网络教学持肯定态度,能够以客观的态度

---

① 董星胜. 互联网资源在中学体育教学中应用研究 [D]. 曲阜师范大学, 2020.

引导学生参加体育网络课程。互联网的应用打破了传统家长会的限制,使教师和家长之间能够及时互通学生情况,增强了家长与教师之间的沟通,使家校合作的影响趋于统一,在内容和形式上有了突破。但要想真正提升学生在互联网上掌握体育运动的能力,仅仅做到消息互通是远远不够的,还需要家长投入更多的精力,在相当程度上扮演老师的角色。

(5)体育网络精品课程数量大增。各科教学都着力推出网络精品课程,体育教学资源相较于语数外学科的网络资源较为匮乏,因此,推出体育网络精品课程,制定明确和完善的体育教学目标,构造科学可信的体育测评机制对于提高网络质量,提升学生参加体育课程的积极性以及体育教学的顺利开展是必不可少的。

(6)线上线下相结合的课程教学方式成为趋势。有学者对不同的课程教学方式进行对比以找到最受学生欢迎的体育课程教学方式。相关学者以北京体育大学的大学生为研究对象展开调查,发现该校超过一半的学生偏好线上线下相结合的体育课程教学方式。线上教学具有师资力量强大、教学开展灵活方便的优势,但线上教学缺乏教师在现场的直接监督与指导,对学生的自制力和自觉性提出了较高的要求。低年级的学生不适合长期仅上线上网课,因为线上课程通常不能及时得到教师的教学反馈,教学质量难以保证。而线下教学虽然能和老师进行面对面的实际接触,时时把控学生的学习情况,但是又做不到随时随地开展,具有时间和空间的局限性。因此,线上线下相结合的教学方式能有效结合二者优势,相辅相成,成为大多数学生的首选。日后线上线下相结合的课程教学方式也必将是大势所趋。

(7)体育网络课程形式走向多样化。随着时间的流逝,体育网络课程经历了精品课、视频公开课、在线课程多种形式,逐步满足学生的不同需求,日后体育网络课程必将创造出更丰富的课程形式。

(三)体育教学内容资源向体系化方向发展

1.体育教学内容资源体系化建构框架

信息化时代下,体育教学内容资源虽然很丰富,但是杂乱无章。各国日后定将利用网络化信息共享的优势,促使体育教学内容资源向体系化方向发展。我们可以通过分析教学过程中的多条逻辑线理清体育教学内容资源的具体架构,其中一个十分重要的理念就是"目标引领内容资源的选择"。当体育课程的目标确定后,就可以根据目标从教学内容里选择符合学生身体发展规律的,符合学生感觉、知觉、思维等认知发展规律的资源,构建与体育课程目标体系相匹配的体育教学内容资源的体系化建构框架(表4-5)。

第四章　信息化时代背景下体育教学内容资源的挖掘与优化

表 4-5　与体育课程目标体系匹配的体育教学内容资源的体系化建构框架

体育课程目标体系		体育教学内容资源体系
小学阶段	发展身体基本活动能力； 培养良好身体姿态和运动兴趣； 掌握体育基础知识和基本技术； 培养意志品质和协作精神等	基础知识：安全教育 基础技术：队列练习 基本动作：跑、跳、投掷等
		提高类技术： 篮球、排球、民俗体育等
		拓展类技术（新兴体育运动项目）：啦啦操、轮滑、地板球等
初中阶段	学习掌握体育基本知识； 传承体育文化、发展身体素质； 提高体育能力； 培养体育兴趣和意志等	基础知识：健康运动基本原理 基础技术：徒手体操等
		提高类技术：乒乓球、羽毛球等
		拓展类技术：地板球等
高中阶段	掌握和巩固 1~2 项基本技术； 提高运动技能； 提高体育能力； 增强社会适应等	基础知识：健康运动处方 基础技术：各项身体素质练习
		提高类技术：武术等
		拓展类技术：拓展练习等
大学阶段	掌握和巩固 2 项以上基本技术； 提高体育学习能力和生活化认识； 养成锻炼习惯； 增强社会适应能力	基础知识：体育竞赛与欣赏 基础技术：身体素质练习
		提高类技术：垒球等
		拓展类技术：独轮车等

2. 体育教学内容资源体系化建构说明

信息化时代下，体育教学内容应该更加注重体系化的建构，将不同阶段体育教学内容资源中包含的基础知识、基础技术、提高类技术、拓展类技术综合在一起，重视各内容资源的层级结构、递进关系，保证体育教学内容资源的建构框架具有系统性、完整性，呈现体系化的发展趋势。

第五章　信息化时代背景下体育教学手段与方法的更新与应用

信息化时代背景下,随着体育教学的不断发展及现代信息技术与体育教学的深度融合,信息化教学方法与手段的重要性逐渐凸显,它们在体育教学体系中的地位越来越受重视。在体育教学中利用信息化教学手段与方法对提高学生的学习兴趣、拓展教学内容、提高教学效果都具有重要意义。本章主要就信息化时代背景下体育教学手段与方法的更新与应用展开研究,主要内容包括体育教学手段与方法基本理论、传统的体育教学手段与方法以及信息化时代背景下体育教学手段与方法的创新与应用。

第一节　体育教学手段与方法基本理论概述

一、体育教学手段概述

(一)体育教学手段的概念

关于教学手段与体育教学手段概念的界定,不同学者与专家从不同视角进行了不同的解释,下面主要罗列几个具有代表性的观点。

王策三指出,教学手段指的是教师与学生在教学活动中相互进行信息传递的设备、媒体及工具的总称。

樊临虎指出,体育教学手段是指为提高教学方法的效果而采用的各种器具和设备。主要是指教学传递信息的媒介物,以及发展能力的操作物(包

第五章　信息化时代背景下体育教学手段与方法的更新与应用

括教具、模型、图表等），也可以称为教学辅助手段。

李祥等人指出，体育教学手段是体育教学原则、体育教学组织方式、体育教学内容、体育教学技术以及体育教学方法等各个要素的总和。

毛振明指出，隶属于体育教学方法的体育教学手段和体育教学工具是一个意思，是体育教师利用一些工具或手段而组织与实施体育教学活动的教学行为方式。

胡永南指出，体育教学手段是体育教师和学生在体育教学中运用的各种教学媒体与工具，这些媒体与工具是具象的，有自己的功能，承载着重要的信息，它们作用于学生，并指向最终的体育教学目标。

从上面关于体育教学手段概念的界定来看，学术界对体育教学手段概念、内涵及本质的认识还存在分歧，虽然有些学者明确指出体育教学手段就是传递体育教学信息的各种工具和指向体育教学目标的教学物质资源，前者包括图表、模型、教具等，后者包括设备、器械、场馆等。但是也有学者持不同意见，指出体育教学手段是体育教学中各种要素的结合，或者认为它是一种组织教学的行为方式。

学者们除了在体育教学手段的概念上存在分歧外，关于体育教学方法与体育教学手段之间的关系的认知也存在分歧，有两种典型的也是截然不同的观点，其一是教学方法包括教学手段，教学方法是上位概念，教学手段是下位概念，处于不同层次。教学手段作为教学工具对促进体育教学方法使用效果的提升具有重要意义；其二是教学方法包含在教学手段中，教学手段除包含教学方法外，还包含教学原则、教学组织方式、教学技术以及教学内容等多种教学要素。

为便于研究，我们从广义与狭义两个层面来定义体育教学手段。

广义的体育教学手段是体育教学方法、体育教学内容、体育教学原则、体育教学技术以及体育教学组织方式等体育教学要素的结合。

狭义的体育教学手段是指体育教师与学生为完成体育教学任务、达到预期教学目标而采用的场地器材、仪器设备等物质资源或工具。我们平时所说的体育教学手段通常是指狭义上的体育教学手段。

（二）体育教学手段的特征

体育教学手段具有以下几项基本特征。

1. 动态性

体育教学手段是体育教师和学生相互对体育教学信息进行传递的重要工具，也是体育教师通过一定途径给学生传授体育教学内容的具体方式或行为方式，可见，体育教学手段主要出现在体育教学活动中，出现在体育教师与学生的教学信息传递中，教学手段发挥作用也在具体教学活动中，它是为实现教学目标而服务的，以教学目标为最终指向，合理采用教学手段就是为了实现理想的教学目标。体育教学活动的整个组织与实施过程是充满变化元素的，体育教学本身就具有动态性，所以在动态变化的体育教学活动中采用的教学手段也具有了动态性。

需要指出的是，作为体育教师与学生相互传递重要教学信息的方式，将体育教学手段运用于体育教学中既要考虑教学信息传递的措施，也要考虑教学信息传递的效率和质量。

2. 媒介性

作为传递体育教学信息重要方式的体育教学手段具有突出的媒介性。人或物都可以被视作对信息进行传递的媒介，有时传递教学信息既需要人，也需要物，需要将两个媒介结合起来运用。选择不同的传播媒介，会对体育教学效率和教学目标的实现程度有不同的影响，而且体育教师的教学行为方式也会有所不同。体育教学手段的运用效果一定程度上是由媒介所决定的，这也是很多专家将体育教学媒体和体育教学手段视为同一概念的主要原因，学校不惜投入大量资源对体育教学设备工具加以改善也是为了提高体育教学手段和媒介的运用效果。

3. 功效性

体育教学行为是体育教师运用教学手段的外在表现和实际行动，体育教学手段最终的功效如何，与教师教学行为的规范、程序等有关，体育教学行为的最终效果好，说明体育教学手段功效强。为提高体育教学手段的功效，使其在体育教学中发挥最大作用，实现预期的教学目标，要严格加强对教学行为过程的监督与控制，采用科学有效的教学管理方式对具体教学行为加以引导。

4. 组合性

在体育教学活动中，仅仅采用一种教学手段来传递所有的教学信息是不现实的，体育教师往往将多种教学手段组合起来交替运用，从而提高教学信息传递的效率和最终效果，以尽快实现体育教学目标。体育教师采用多个媒体手段向学生传递教学内容，能够使学生对知识的感受更强烈，使学生生动形象地理解体育教学内容。体育教师选择什么样的教学手段或媒介方式传递信息，要综合考虑教学目标、学校现有的教学条件、学生的认知能力以及自身的业务能力等各种主客观因素，只有从现实出发而选择适宜的教学手段，才能将教学手段的功效最大程度地发挥出来，才能最大化地提高教学信息的传播效果，提高教学效率。

（三）体育教学手段的分类

有学者依据"二分法"原理将体育教学手段划分为人体内部感官视角手段、人体外部视角手段两种类型，如图 5-1 所示。

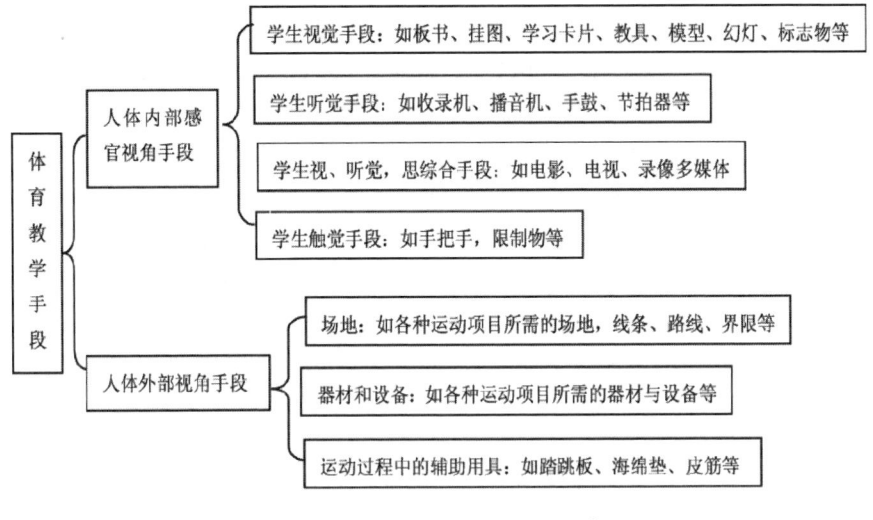

```
体育教学手段
├── 人体内部感官视角手段
│   ├── 学生视觉手段：如板书、挂图、学习卡片、教具、模型、幻灯、标志物等
│   ├── 学生听觉手段：如收录机、播音机、手鼓、节拍器等
│   ├── 学生视、听觉，思综合手段：如电影、电视、录像多媒体
│   └── 学生触觉手段：如手把手，限制物等
└── 人体外部视角手段
    ├── 场地：如各种运动项目所需的场地，线条、路线、界限等
    ├── 器材和设备：如各种运动项目所需的器材与设备等
    └── 运动过程中的辅助用具：如踏跳板、海绵垫、皮筋等
```

图 5-1 体育教学手段的分类 [1]

二、体育教学方法概述

（一）体育教学方法的概念

下面从广义和狭义两个层面阐述体育教学方法的概念。

广义上的体育教学方法是指体育教师为达到体育教学目标在教学过程中指导学生所进行的一系列活动方式、途径和手段的总和。[2]

狭义上的体育教学方法是指体育教学中教师依据教学目标，为使学生循序渐进掌握体育知识与技能而选择的某种具体方法或手段。

---

[1] 李启迪,周妍.体育教学方法与手段甄异[J].体育与科学,2012,33（06）:113-117.
[2] 张振华.体育教学理论与方法[M].北京：北京师范大学出版社,2016.

(二)体育教学方法的特征

1. 实践性

实践出真知,真知就是理论层面的概念,所以说理论是从实践中形成与总结的,而实践又是建立在科学理论基础上的,理论对实践具有指导意义。在体育教学中,因为体育学科的特殊性,学生既要掌握丰富的体育理论知识,又要反复练习,将理论与实践结合起来,才能更好地掌握运动技能,增强体质。

在体育教学中,体育教师不仅要讲解技术动作方法,示范正确的动作,还要让学生多进行实践练习,给学生创造条件使其能够有更多的实践机会,学生只有反复练习,不断实践,才能掌握好运动技能。丰富多彩的实践活动也有助于调动学生的学习积极性,拓展学生的发展空间,活跃课堂氛围,提高教学效果。在体育教学中教师还要注重对学生实践能力的培养,如自学能力、参赛能力、组织比赛的能力等,使学生在实践中锻炼自己,提升自己,发挥自己的主体性和能动性。

2. 双边性

体育教师与学生在体育教学活动中的信息传递很重要,体育教学方法为师生传递信息搭建了桥梁,使师生的互动与交流成为可能。体育教师是传授体育理论知识与运动技能的主体,他们耐心讲解,准确示范,反复强调,总结重难点,就是为了学生能够学好和掌握好,如果学生在教师讲解、示范的过程中能认真听讲、积极思考、主动练习、高度配合,那么课堂教学效率就会大大提高。可见体育课堂教学中不是体育教师一个人"使劲"就可以了,还需要学生多听,多练,需要教师与学生互动、配合好,只有双方都"使劲",并向一个目标"使劲",才能取得良好的教学效果。

3. 整体性

现在,体育教学的深入改革已经取得了一定的成就,信息技术与体育教学的融合以及体育教学与其他学科的交叉渗透促进了越来越多体育教学方法的形成与发展,这反过来又推动了体育教学的进一步发展。不同体育教学方法呈现出不同的特征,拥有不同的优势,但也有自己的缺陷与问题,体育教师为完成教学任务,可以使用一种教学方法,也可以使用多种教学方法,但选择的教学方法的数量和类型不同,最后的教学效果也有差异。最好的办法是深入分析不同教学方法之间的内在联系,将相关教学方法整合起来加以运用,发挥各自的优势,规避劣势,补充不足,使各种教学方法的功效得到最大化的发挥,如此才能达到教学效果的最优化目标。体育教师要根据教学实际灵活选择教学方法,从整体视角出发注重对教学方法的综合运

第五章 信息化时代背景下体育教学手段与方法的更新与应用

用,从而整体提升体育教学效果。

(三)体育教学方法的分类

1.根据体育学科的特性进行分类

依据体育学科的特性,一般将体育教学方法分为"教法"和"学练法"两种类型。教法以教师为主,依据运动技能形成的阶段性特征又划分了三个阶段的教法。学练方法以学生为主,包括学法和练法,包括有教师指导和无教师指导两种情况,在有教师指导的情况下,依据运动技能形成的规律也分为三个阶段的学练法,如图 5-2 所示。

2.根据体育教学指导思想进行分类

根据体育教学的指导思想,可以将体育教学方法分为原理性教法和操作性教法两种类型。原理性体育教学方法是在新教学思想的指导下形成的,以新教学理念为依据而解决体育教学实践问题,是教学思想在体育教学实践中直接转化的结果。操作性体育教学方法是体育课堂上运用的口头讲解法、教具演示法、各种练习法等具体教法,如图 5-3 所示。

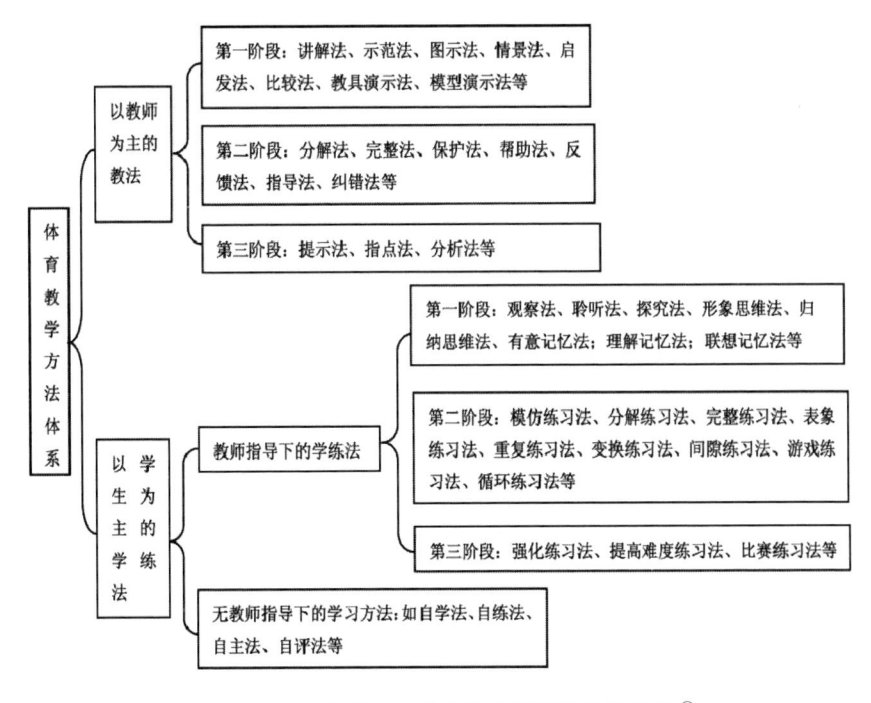

图 5-2 体育教学方法依据体育学科特性的分类[①]

---

① 李启迪,周妍.体育教学方法与手段甄异 [J].体育与科学,2012,33(06):113-117.

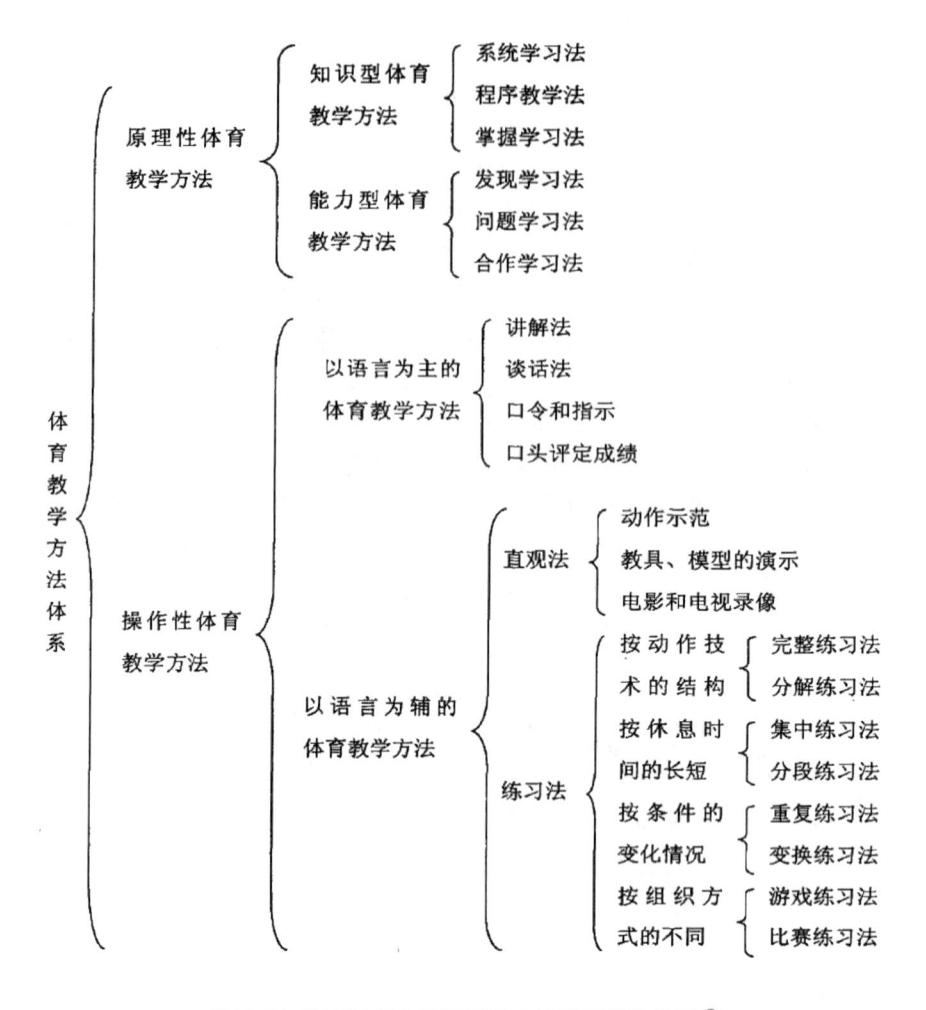

```
                              ┌ 知识型体育  ┌ 系统学习法
                              │ 教学方法    │ 程序教学法
              ┌ 原理性体育    │            └ 掌握学习法
              │ 教学方法      │
              │              │ 能力型体育  ┌ 发现学习法
              │              │ 教学方法    │ 问题学习法
              │              └            └ 合作学习法
              │
              │              ┌ 以语言为主的  ┌ 讲解法
体育          │              │ 体育教学方法  │ 谈话法
教学          │              │              │ 口令和指示
方法          │              │              └ 口头评定成绩
体系          │              │
              │ 操作性体育    │              ┌ 直观法     ┌ 动作示范
              │ 教学方法      │              │            │ 教具、模型的演示
              │              │              │            └ 电影和电视录像
              │              │ 以语言为辅的  │
              │              │ 体育教学方法  │         ┌ 按动作技  ┌ 完整练习法
              │              │              │         │ 术的结构  └ 分解练习法
              │              │              │         │
              │              │              │ 练习法 ┤ 按休息时  ┌ 集中练习法
              │              │              │         │ 间的长短  └ 分段练习法
              │              │              │         │
              │              │              │         │ 按条件的  ┌ 重复练习法
              │              │              │         │ 变化情况  └ 变换练习法
              │              │              │         │
              │              │              │         │ 按组织方  ┌ 游戏练习法
              └              └              └         └ 式的不同  └ 比赛练习法
```

图 5-3 体育教学方法依据体育教学思想的分类[①]

3. 依据体育与健康课程标准进行分类

依据体育与健康课程标准,结合教学方法的基本原理,可以将体育教学方法分为如图 5-4 所示的几种类型。体育教师可根据不同的教学目标选用教学方法。

---

① 曲红军. 论体育教学方法的分类与选择 [D]. 山东师范大学, 2003.

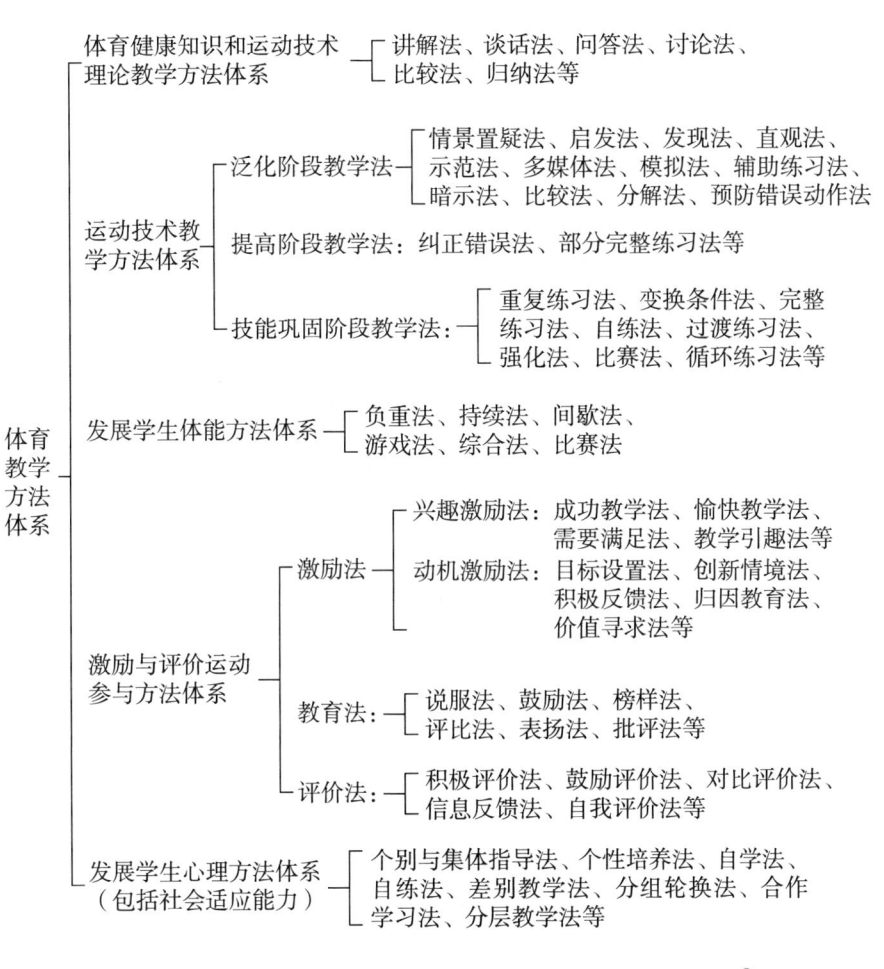

第五章 信息化时代背景下体育教学手段与方法的更新与应用

体育教学方法体系
- 体育健康知识和运动技术理论教学方法体系：讲解法、谈话法、问答法、讨论法、比较法、归纳法等
- 运动技术教学方法体系
  - 泛化阶段教学法：情景置疑法、启发法、发现法、直观法、示范法、多媒体法、模拟法、辅助练习法、暗示法、比较法、分解法、预防错误动作法
  - 提高阶段教学法：纠正错误法、部分完整练习法等
  - 技能巩固阶段教学法：重复练习法、变换条件法、完整练习法、自练法、过渡练习法、强化法、比赛法、循环练习法等
- 发展学生体能方法体系：负重法、持续法、间歇法、游戏法、综合法、比赛法
- 激励与评价运动参与方法体系
  - 激励法
    - 兴趣激励法：成功教学法、愉快教学法、需要满足法、教学引趣法等
    - 动机激励法：目标设置法、创新情境法、积极反馈法、归因教育法、价值寻求法等
  - 教育法：说服法、鼓励法、榜样法、评比法、表扬法、批评法等
  - 评价法：积极评价法、鼓励评价法、对比评价法、信息反馈法、自我评价法等
- 发展学生心理方法体系（包括社会适应能力）：个别与集体指导法、个性培养法、自学法、自练法、差别教学法、分组轮换法、合作学习法、分层教学法等

图 5-4 体育教学方法依据体育与健康课程标准目标的分类[1]

第二节 传统的体育教学手段与方法

一、常见体育教学手段及运用

在体育教学中，体育教具作为常见的体育教学手段而发挥着重要的辅

---

[1] 李启迪，邵德伟. 体育教学基本理论研究 [M]. 北京：北京师范大学出版社，2014.

助作用。体育教师在课堂上对各种各样的体育教具予以恰当合理的运用，有助于吸引学生将注意力集中到课堂上，使学生提高学习效率。出于多方面因素的限制，一些学校缺少足够的体育教具，而且对现有教具的利用不太充分，所以限制了体育教学活动的顺利开展，也显得教学方式枯燥单一，无法吸引学生的学习兴趣和激发学生的积极性。因此体育教师不仅要善于对现有教具加以合理选择与充分运用，还要根据教学需要而自制教学工具，教师可以独立完成对教具的制作，也可以和学生一起完成，以此来丰富教学手段，提高教学效率。下面具体分析体育教学中常见教具和自制教具的使用。

（一）小黑板

黑板是体育室内课上最常见的教学工具，体育教师可以在黑板上写下教学内容、教学重难点、注意事项，也可以勾画动作图片，从而直观形象地为学生学习提供资料和指导。

室外体育课上也可以利用小黑板来满足教学需要。在室外上体育课，像教学挂图、幻灯、录像这样的教学工具用起来很不方便，但可以用小黑板达到一定的教学目的。例如，在乒乓球或篮球教学中，体育教师可以在小黑板上写下本节课的教学目标、教学任务、教学重难点等，将小黑板上的内容展示给全体学生，让学生了解自己要学习什么内容，要重点掌握哪些内容，要完成什么学习任务，要在本节课结束时达到什么样的学习目标等。这样才能使学生有目的、有计划地学习，提高学习的针对性，避免学习的盲目性，这也是提高课堂教学效率的重要方法。

另外，体育教师运用小黑板不仅可以写文字，还可以画动作。如果课堂上要教的技术动作比较复杂，体育教师即使做了大量的讲解与准确的示范，学生也弄不明白，这时就可以将小黑板这一教具充分利用起来，使之发挥重要作用。具体运用方法为，体育教师用简笔画描绘动作大概，边描绘边讲解，使学生对所要学的动作有形象的认识，建立正确的动作表象，并对各个技术环节之间的内在衔接关系有更直观的认识与正确的理解。一般来说，体育教师用简笔画描绘动作，主要是描绘分解动作，使学生了解各部分动作的表象特征，学会分解动作后，将所有分解动作按照一定的逻辑关系和动作顺序连接起来，进行完整练习，进而熟练掌握完整的技术动作，提高运动技能。

（二）录音机

作为最常见的传统教学工具之一，录音机携带起来方便，能够灵活运用到课堂中，其在体育课上发挥的作用非常重要。

体育教师在体育课上根据教学需要而用录音机设备播放相关音乐，可

第五章　信息化时代背景下体育教学手段与方法的更新与应用

以活跃课堂氛围,带动学生的情绪,吸引学生的注意,激发学生的兴趣,提升学生的积极性。体育课上因为有了欢快的或振奋人心的音乐而营造出良好的课堂氛围,在这样的教学环境下组织教学工作,可以将学生的学习动机激发出来,使学生的创新思维被激活,也能吸引学生的注意力,使其在学习中有更加积极主动的表现,而这些最终都有助于提高课堂教学效率,达到预期的课堂教学目标。

体育教师在体育课上运用录音机播放音乐时,要恰当选择播放的音乐作品,要从教学内容、学生实际出发而进行合理选择。在健美操、体育舞蹈等项目的教学中,对音乐作品的选择有非常多的讲究与要求,体育教师必须把握好这一环节,否则会造成弄巧成拙的后果。不仅是形体健美类运动项目的体育课上需要播放音乐,其他运动项目的教学中也可以根据教学情境和需要而播放音乐,如在足球教学中可以播放世界杯主题曲,在篮球教学中播放《相信自己》(CBA主题曲),这些歌曲可以振奋人心,激发学生的斗志,鼓舞学生勇敢拼搏、坚持到底。在体育课的结束部分,学生反复练习后身心处于疲劳状态,这时可以播放一些安静的轻音乐来帮助学生放松身心,缓解疲劳,同时也有助于培养学生的音乐欣赏能力。

(三)多媒体技术

多媒体已经成为体育教学中不可缺少的重要教学手段,多媒体技术在体育课堂上的运用越来越频繁,多媒体在体育教学各个环节的渗透越来越普遍、深入,这是培养学生学习兴趣的重要教学手段。

体育课程的深入改革带来了体育教学手段的变革,信息技术手段融入体育课堂是体育教学手段改革的成果。实践证明,多媒体教学手段在调动学生学习热情、激发学生学习积极性、帮助学生深入体验和理解教学内容、提高学生掌握重难点教学内容的效率及培养学生的自主学习能力等方面都有重要的意义。下面具体分析多媒体技术对体育课教学的重要性。

第一,多媒体教学手段融汇了文字、图片、声音、录像等丰富的元素,直观而生动、形象而具体、动态与静态有机结合,基于这一优势,在体育课上充分运用多媒体技术播放体育视频,有助于学生顺利建立正确的动作表象,使学生对所学内容的认识与理解更完整、准确,从而提高学习效率。体育教师给学生播放优秀运动员的比赛视频有助于激发学生的斗志,培养学生的爱国精神,这是体育与德育相结合的重要途径。体育教师也可以录制学生的练习视频,播放学生自己的视频能够使学生直观看到自己的问题,便于纠正与完善动作,这是多媒体视频反馈功能的重要体现。

第二,利用多媒体技术也有助于解决体育教学中的重点和难点问题。

一些难度较高的运动项目,需要学生在瞬间完成一连串复杂的技术动作,学生学习起来有些难度。在实施这些教学内容时,可事先利用多媒体课件,采用慢放、定格、重放等方法,结合讲解和示范,使学生看清楚每一瞬间动作的技术细节,在头脑中建立准确而深刻的动作表象。例如,篮球的三步上篮、蹲踞式起跑和起跑后的加速跑等动作比较复杂,可用多媒体课件进行教学。

实践证明,教学手段的现代化是教育现代化的需求,随着教育的发展,多媒体技术的辅助作用越来越大,越来越明显,只要合理运用,必能促进教学效率的提高。

(四)自制教具

自制教具就是根据学校实际和教学需求,就地取材,利用简便易行的方法,自己动手制作教具。自制教具既可以节约经费,又能激发学生的学习兴趣,锻炼学生手脑并用的能力,培养学生的想象力和创造力。有些体育教具相对落后或缺乏,导致体育教学任务不能按时完成,因此,自制教具就成为解决问题的重要突破口。运用自制教具进行体育教学,既能弥补体育教具的不足,又能提高学生学习的积极性,促进学生自主学习和实践,提升学生的创新能力。

1. 自制教具的意义

(1)丰富教学内容

自制教具可以弥补体育教具的不足,丰富教学内容。同时,在制作过程中,学生注入丰富的感情,制作成功后获得成就感,更容易激发学生的学习兴趣,促使学生主动参与体育学习和运动锻炼,从而为终身体育锻炼习惯的养成奠定基础。

(2)锻炼学生的实践能力

自制教具的过程也是学生发现问题、分析问题和解决问题的过程,这就促使学生不断观察和思考。学生在制作教具的过程中需要找材料、想办法,动手动脑,进行实践操作,这可以锻炼学生的实践能力。

(3)培养学生的合作意识

自制教具是比较复杂的过程,一个人往往难以完成,需要师生共同参与,经过相互研究与探讨才能完成和完善,师生共同自制教具有助于培养学生的合作精神,建立平等民主的师生关系。

(4)提高教师的业务水平

自制教具的过程本身就是钻研教材和研究教学的过程,这就需要体育教师在教学中积极发现问题、思考问题,发现教具的不足或需要改进的地方,然后带领学生去解决问题,这在很大程度上促进了体育教师理论联系实际的能力的提高。

2. 自制教具的注意事项

自制教具的目的是为教学服务,自制教具的过程中要坚持原则,要注意下列两点。

(1)符合学校实际和教学需要

在制作教具时一定要根据实际情况而定。首先要结合学校实际,尽量使用学校现有的教具,以避免学生花费太多的时间和精力,耽误正常教学。其次要结合教材实际。对于一些不利于教学的教具,可从趣味性和实用性出发,通过自制教具为学生学习提供便利。例如,针对学校篮球架少而不能提高练习密度的情况,可自制移动的"投篮架"。在移动投篮架上设计一个"多功能篮圈",可以上下调节,既能在操场上练习,也能在空闲地上练习,还可以根据学生实际情况调节高度。

(2)贯彻就地取材原则

就地取材,以日常生活中容易找到的材料和工具为素材而制作教具。同时,在制作时方法简单,不需要很多条件。例如,制作竹竿排球网,利用两根竹竿做排球网两侧的立柱,用绳子连接竹竿,这样就制作成了一个简易的排球网。如果条件允许,还可以在绳子上悬挂蚊帐作为网子。同样道理,制作足球门网,可以利用两根适宜的木棍作为支架,用废旧细绳编织一个网子作为球网,便于学生进行足球射门练习。这样既满足了教学的需要,又培养了学生节俭和动手的好习惯。[①]

二、常见体育教学方法及运用

(一)语言教学法

1. 概念

语言教学法是指在体育教学中,运用各种形式的语言指导学生学习与掌握学习内容的方法。体育教学中语言教学法的具体运用方式有讲解、口令与指示、口头评价与口头汇报等。

2. 应用

在体育教学中应用不同的语言教学方式,有不同的注意事项,具体见表5-1。

---

① 张雪,魏敏. 例谈教具在体育教学中的有效运用[J]. 中国教育技术装备,2015(23):110–111.

表 5-1　语言教学法应用的要求

语言教学法	应用要求或注意事项
讲解	(1)讲解目的明确 (2)讲解内容正确 (3)讲解生动形象 (4)讲解时机恰当 (5)讲解有启发性
口令与指示	(1)声音洪亮、清晰,节奏适宜 (2)口令准确、及时、简洁,以正面词为主 (3)节奏适宜
口头评价	(1)以正面鼓励评价为主 (2)否定评价要有分寸 (3)提出改进方法
口头汇报	(1)做好准备 (2)提问内容、时机、方式准确
默念与自我暗示	(1)语言准确、简洁 (2)有激励效果

(二)直观教学法

1. 概念

直观教学法指在体育教学中教师通过实际的演示或外力帮助,借助学生的视觉、听觉、触觉、肌肉本体感觉器官来直接感知动作的方法。体育教学中常用的直观教学方式有动作示范、直观教具与模型演示、多媒体、定向与领先等。

2. 应用

在体育教学实践中应用不同的直观教学方式,有不同的注意事项,见表 5-2。

表 5-2　直观教学法应用的要求

直观教学法	应用要求或注意事项
动作示范	(1)示范目的明确 (2)示范位置合适 (3)示范动作正确 (4)配合语言讲解

第五章　信息化时代背景下体育教学手段与方法的更新与应用

续表

直观教学法	应用要求或注意事项
直观教具与模型演示	（1）演示目的明确 （2）演示方式适宜 （3）演示时机恰当 （4）配合讲解、示范
多媒体	（1）播放内容符合教学目标要求 （2）配合讲解、示范、练习
定向与领先	合理设置视觉标志

需要注意的是，在体育教学中使用直观示范法时，教师与学生必须保持相对合理的站位，否则学生看不到或看不清示范，示范就变得毫无意义了。以游泳教学为例，教师与学生的几种站位方法如图5-5所示。

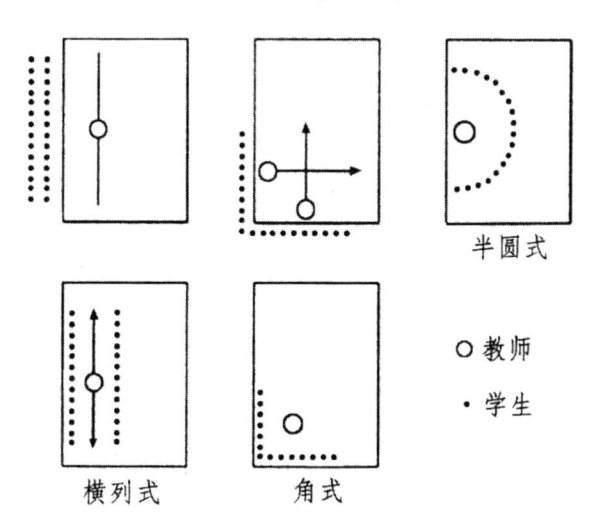

图5-5　游泳教学中教师与学生的站位[①]

（三）完整与分解教学法

1. 概念

完整教学法是指从动作开始到结束，不分部分与段落，完整地传授某种动作的教学方法。分解教学法是将完整的动作技术，合理地分解成几个部

---

① 李启迪，邵德伟.体育教学基本理论研究[M].北京：北京师范大学出版社，2014.

分与段落,逐个进行教授,最后完整教授动作技术的教学方法。

2. 应用

在体育教学中应用完整法与分解法的形式及注意事项见表 5-3。

表 5-3 完整与分解教学法的应用

完整与分解教学法	应用形式或注意事项
完整教学法	(1)直接运用 (2)降低难度 (3)改变练习条件 (4)强调重点
分解教学法	(1)建立完整动作概念 (2)根据动作技术特点来分解 (3)不破坏完整的动作结构 (4)明确各部分的重要性

(四)预防与纠正错误教学法

1. 概念

预防与纠正错误法是在动作技能教授过程中,针对学生形成与掌握运动动作中产生的错误动作及其原因,预先在教授中及时采取有效的手段措施,防止出现和及时纠正学生错误动作的方法。

2. 应用

预防与纠正错误法的常见应用形式有强化概念、信号提示、降低难度、转移法、外力帮助法等。[①]

传统体育教学方法丰富多样,在体育教学中发挥了重要的作用,对顺利组织教学活动、完成教学任务、达成教学目标以及培养学生的体育素养具有重要意义。传统体育教学法是众多学者经过长期研究及实践验证而形成的,它们从产生到现在为体育教学的发展做出了重要贡献。虽然随着体育教学的深入改革和时代的变化发展,一些体育教学方法的缺陷被发现,或者有些教学方法不能满足体育教学现代化发展的要求,但我们不能全盘否定传统的教学方法,一味推崇现代教学方法。传统体育教学方法不能完全被现代体育教学方法替代。

要充分发挥传统体育教学方法的作用,就要加强对各种教学方法的整合与优化,发挥各种教学方法的优势,取长补短,提高综合运用效果。体育教学方法整合优化的模式可参考图 5-6。

---

① 李启迪,邵德伟. 体育教学基本理论研究 [M]. 北京:北京师范大学出版社,2014.

第五章　信息化时代背景下体育教学手段与方法的更新与应用

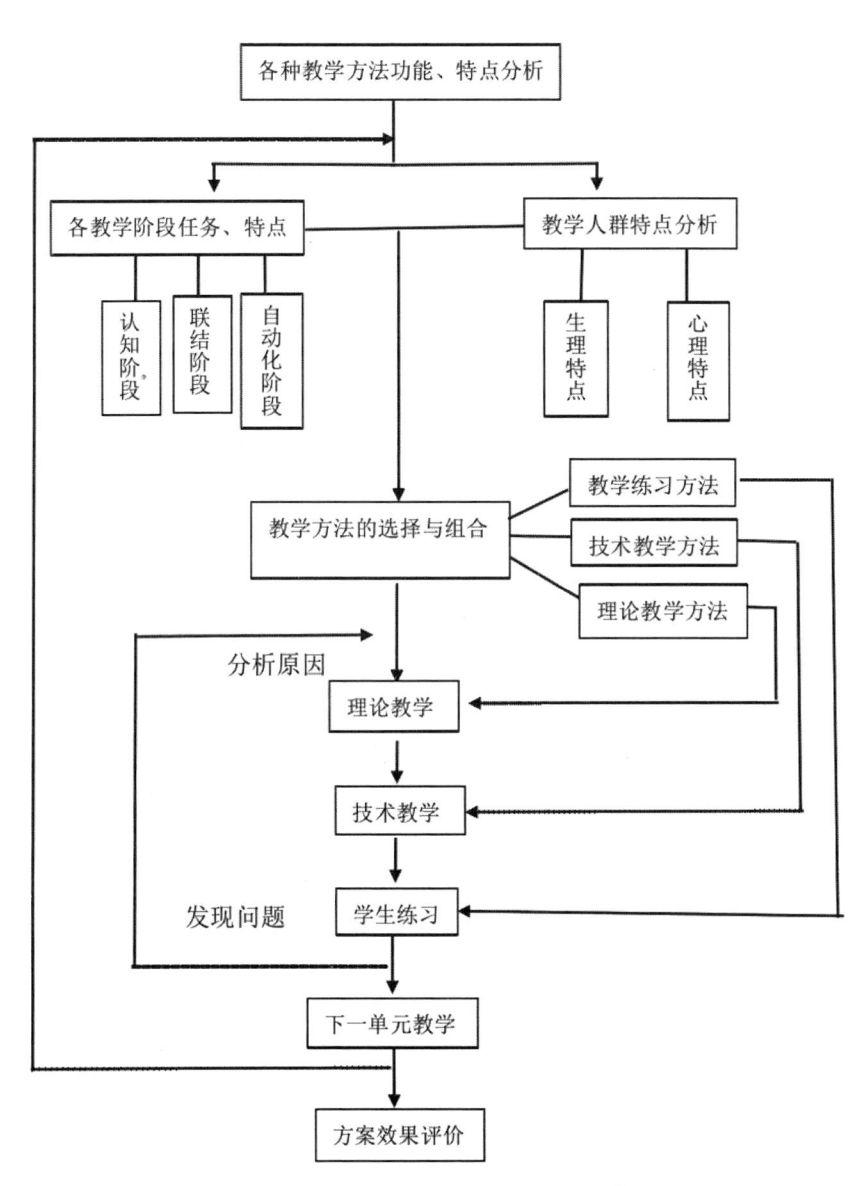

图 5-6　体育教学方法整合优化模式[1]

---

[1] 张建龙,王炜.体育教学方法优化组合的依据、原则与程序[J].新西部(下半月),2009(05).

第三节　信息化时代背景下体育教学手段与方法的创新与应用

一、信息化体育教学手段的创新与应用

（一）信息化教学手段运用于体育教学中的意义

1. 使体育教学的示范性、动态性得以增强

体育教学内容主要包括两种类型，一种是体育理论知识，一种是运动技能，其中运动技能所占的比重较大一些。传授技术动作是体育课堂教学的重点部分。要在体育教学中完成好运动技能部分的教学，就要采用动态性的教学手段，而传统静态教学手段显然不能完全满足教学需要，也限制了体育教学的发展。基于多媒体技术而形成的动态化的教学手段在动作方法教学中发挥着举足轻重的作用。动作技术本身就是动态的，因此需要采用集动画、声音、录像、图片、文字等多个元素于一体的信息化教学手段来实施教学。这样学生就能动用多个感觉器官而获得对动作技术的丰富感知，有助于对学生形象思维的激发，促进学生对动作技术的深入理解，提高学生的学习积极性和效率。利用信息化技术手段展示动态化的技术动作，将学生的视觉功能、听觉功能充分调动起来，使其认真观察、形象模仿、主动学习，多维度地展现整个动作过程，准确把握动作要点，并在教师的讲解中将关键环节的动作要领掌握好，顺利解决学习难题，这样课堂教学效率大大提升，学生也不易出错，一举多得。

2. 使体育教学内容更丰富，使学生的学习方式更加形象

在体育教学中，教学内容越形象、生动、具体，学生的记忆就越深刻，采用信息化教学手段可以更加生动形象地呈现体育知识与技能，使学生学习起来更方便，也丰富了学生的学习方式。体育理论知识与运动技能密不可分，在教学中将二者有机结合起来，刺激学生的多个感官，增加体育教学内容的趣味性，使学生保持高度的兴趣与充分的积极性去学习和练习，以提高学生自主学练效果。

不管是体育理论课还是体育实践课，都可以采用信息技术手段，利用信息化教学手段，以动态的方式传授课程，为教学提供良好的物质条件，并使课堂教学变得更加丰富多彩，即使是在体育常识、体育保健知识以及体育安全知识的理论课上，学生也不会觉得枯燥，也会学得有声有色、津津有味。理论教学中采用信息化手段可以节约课堂时间，这样学生的练习时间就更

第五章　信息化时代背景下体育教学手段与方法的更新与应用

多了,而在学生实践练习中运用信息化技术播放视频,可以提高学生动作的准确率,减少错误率,也能大大提高学生的课堂练习效果,增强学生的学习自信,使学生保持高度的学习热情。

3.增加体育信息的丰富性

信息化教学手段在体育教学中的运用不仅表现在多媒体技术的运用上,也体现在互联网技术的运用中。在信息化社会,信息共享的范围和程度都大大增加。在这一背景下,体育知识广泛传播,越来越普及,体育教学的素材也越来越丰富。体育教师可以利用信息化技术快捷、迅速地将体育信息或相关资料掌握在自己手中,学生也能从多个渠道获取信息,分享信息,第一时间了解重要的体育赛事信息和体育明星相关新闻,这是教育信息社会化发展趋势的重要反映,在体育教育的社会化与信息化发展中,师生互动渠道增加,互动越来越频繁,进而也丰富了体育课内外教学方式。总之,信息化教学手段为体育教师的教学和学生的学习提供了重要的技术支持,为师生共同研发课件提供了科学保障。

(二)信息化体育教学手段的具体运用

在体育教学的各个环节都可以利用信息化教学手段而提高体育教学工作效率,完成教学任务。下面具体分析不同教学环节对信息化教学手段的科学运用。

1.课前备课

在备课环节,体育教师可利用信息化手段进行教案设计,具体要以教材内容、教学目标和教学实际为依据而展开设计。在设计教案的过程中,体育教师要先对素材和资料进行有针对性的搜集,尽可能使搜集的素材既丰富又有趣,而且实用,基于这些素材而制作出的课件更加形象、生动,体育教师要尽可能在课件中加入动画元素,以动态形式展现技术知识。同时,在动作技术的分解教学中,可以画分解图,分别展示每个环节的动作,并配合讲解,将学生要重点识记和注意的要点用醒目的颜色做标记。体育教师设计多媒体课件,要对学生的实际情况予以考虑,如信息化素养、获取新知识的能力、兴趣爱好、运动基础等,从而选择最适宜的内容或资料展示给学生。关于体育常识的教案往往显得比较单一和枯燥,为避免学生学起来不耐烦和没兴趣,教师可以利用信息化手段将贴近学生生活的素材融入这类教学内容的课件中,使学生在学习中仿佛是解决生活中的问题,有更深刻的体验与感受。体育教师还要根据教学情况的变化而调整多媒体教学课件,灵活制作,提高课件的可操作性和实效性。

2. 课中教学

体育课堂教学中,体育教师的工作主要是讲解、示范和指导学生练习,学生的任务主要是听讲和练习。讲解与示范是体育教师发挥主导性的重要表现形式,讲解和示范水平对体育教学质量和效果有决定性的影响。体育教师在讲解前,可以先给学生呈现动作图片,或将动画资料播放给学生看,使其对所要学的技术动作有基本的了解,这时体育教师再进行讲解就能提高效率。教师在讲解中,对动作要领、重难点、易出错地方及注意事项要予以重点说明,讲解完后鼓励学生结合讲解内容和图片或动画资料上显示的动作进行模仿练习,使学生通过亲身练习而体会技术动作的运动生理学原理。在学生模仿练习的过程中,教师要多多鼓励,并启发学生思考,使其主动发现精髓,领悟要领,而不是简单地模仿到形似即可。

对于集体性运动项目的教学,因为需要学生之间的团结协作,所以在课上可以向学生播放该项目的比赛视频,使学生对集体项目的战术及团队协作的方法有直观的了解和体会,这样教师就不需要花太多的时间去进行讲解,而留出更多的时间给学生示范,让学生练习,以提高教学效率。在学生小组合作练习的过程中,教师要鼓励学生团结一致,相互配合,不能只考虑自己,而要考虑整体的协同配合,以提高集体作战能力,提高每个学生的运动能力,促进共同进步。教师在学生练习时巡回指导,及时指正错误,并将错误动作拍摄下来提醒学生错在哪儿,指导其尽快改正。这样学生可以高效率地掌握体育知识和技能,可以在反复练习中熟练掌握技战术,并能提升其合作能力、学习能力、实践能力,这对于实现"促进学生全面发展"的体育教学目标具有重要意义。

3. 课后反馈

学生只在时间有限的体育课堂上学习体育知识和练习体育技能是远远不够的,要熟练掌握体育知识和运动技能需要很长的时间,除了课堂上努力外,课后也要付出时间去多学、多练、多体验、多感知。学生在课后进行体育练习不仅可以消化课堂上的教学内容,还有助于养成良好的运动锻炼习惯。课后体育教师采用互联网技术建立线上交流平台,让学生踊跃参与交流和讨论,相互分享经验,互相学习,从而巩固课堂知识,提高记忆力。同学们在课后团结起来自主练习,自主组织小型比赛,在实践中提升合作意识和运动能力。此外,课后反馈与总结也很重要,这需要体育教师的自觉和主动,主动分享教学经验,发现教学不足,加强教学改善,以不断提升自己的教学水平和课堂教学效果。

第五章　信息化时代背景下体育教学手段与方法的更新与应用

（三）信息化体育教学手段运用的注意事项

信息化手段的硬件包括了基础环境、服务环境及其应用。但仅仅只有硬件是不够的，硬件要发挥作用还需要有好的软件来支持，软件是指PC端、移动端及各种社交工具等。VR、AR都是非常新的技术，随着这几年的不断发展和完善，现在已经进入了教学领域。它们可以提供正常教学过程中无法实现的教学环境，增加课堂的趣味性，激发学生的学习兴趣和创造力。很多体育专业教师信息技术水平有限，对一些新的技术无法全面掌握。因此，体育教育部门应该重视培养体育教师的信息化素养，引进信息素养高的体育师资，并展开各种培训来提高现有体育教师的信息化教学水平。

信息技术是一把双刃剑，利用好了对整个教学都能起到推动的作用，可以提高学生的学习兴趣和学习效率。因此，我们要仔细考虑信息技术与体育教学相融合的切入点，必须让信息技术服务于体育教学。体育教师必须清楚信息技术与体育教学之间的关系，不要为了信息化而用信息，而是为了更加优化教学效果而采用信息化教学手段，要反复推敲和琢磨在什么时候用信息化手段，不能盲目地把信息化手段一用到底。毕竟体育课是多元化的，要尽量选择能够帮助学生达成学习目标的信息化教学手段。[1]

二、信息化时代背景下慕课教学法在体育教学中的应用

（一）慕课概述

1. 慕课的含义

慕课（MOOC），英文Massive Open Online Courses的缩写，意思是"大规模开放在线课程"，慕课是远程教育的最新发展，本质是在线教育，核心要素包括大规模、开放、在线、课程。慕课作为信息化时代的产物，在一定程度上契合了当代教育发展的新模式，随着各类课程慕课教学的不断兴起，体育慕课也逐渐产生。

2. 慕课的特点

基于互联网而产生的慕课教学方法具有以下特征。

（1）规模化

慕课制作者发布大规模或大型课程，有众多学习者学习慕课课程。学

---

[1] 李金素.体育教学与信息化手段的结合[J].太原城市职业技术学院学报，2017(07)：135–136.

生自主灵活地对自己的学习时间作出安排,学习空间也不受限制,在什么地方都能学习。可见,慕课不像传统教学那样有时空限制,打破这一限制后,慕课的规模和自由度都有了全新的升级。

(2)开放性

全球各个国家、民族及角落的人只要具备了互联网条件,都能够对优质的网上课程进行学习,网上课程具有开放性,面向的是所有人。

(3)灵活性

慕课虽然本质上也是线上课程,是在线教育的一种,但是其不同于从校本课程移植而来的传统网络课程。后者对学科的逻辑性、专业性、系统性都着重强调,而且参考课堂教学方式录制教学视频,视频时间长,和传统教学的区别只是一个是线下,一个是线上,其他基本没有明显的差异。相对来说,慕课就开放多了,这从课程内容、课程形式中都能体现出来,慕课的内容对学科、专业没有绝对的限制与规定,而与学生的实际需求及现实生活更为贴近,更强调课程内容的普遍适用性和综合性,强调师生线上互动,强调学生主动学习。

(二)慕课运用于体育教学中的优劣势分析

1. 优势

传统体育课堂教学容易受到场地、师资等因素的限制,而慕课教学则打破了这一限制,它依托线上网络课程,在课程内容、组织实施、考评交流等方面均突破了传统教学的时空局限,不论是几个人还是很多人均可同时进入课堂,提高了教学效率。而且大多数慕课课程资源是对所有互联网用户开放,不论是什么民族,在哪个地区,只要对体育课程感兴趣,都可在慕课平台中获得高水平教师的"无门槛"课程,这从一定程度上解决了偏远地区教育落后的困境,促进了教育的公平性和普适性。

线上课程的另一大优势是可以重复观看,学习者可以自由安排、选择学习时间,根据自身情况深化学习结果,充分理解动作要领,提高学习效果。将慕课教学融入体育课堂,可以有效地解决在实际教学中面临的课时不足、学生运动水平不统一、基础教学内容无法摄入等问题。只有提升慕课课程质量,增强教师课堂吸引力,引导并鼓励学生进行课上课下的自主学习,才能最大限度地发挥慕课的作用。这也进一步使以"教师为中心"的传统课堂教学逐步向以"学生为中心"的教学转变,激发学生学习的创造性,并进一步使学生从"要我学"向"我要学"转变,最终形成以学生为主体的个性化教学形式。

2. 劣势

慕课教学不受人数的限制,可以上万人同时观看课程,这也造成了师生之间互动难的问题。慕课教学中教师无法照顾到每个学生,难以做到因材施教,学习效果不尽人意,尤其是对技能要求很高的体育课程,教师往往无法在教授内容之后纠正学生的错误动作,同时课程结束后技能考核也很难做到线上完成。同时,体育课程相对于其他课程更需要到相应的场地进行训练才能巩固技术动作,这一特殊性几乎是线上课程无法完成的,如游泳教学仅仅是线上教学,学生没有去泳池中练习就是纸上谈兵。另外,如果将学习的主动权完全交给学生而不监督控制,学生的学习效果则存在不确定性,当学习完全变成一种自律行为时,对思想活跃、兴趣广泛的大学生是不小的挑战,对有的学生还起到了截然相反的效果。因此,只有采用线上线下的组合型教学方式,才能达到理想的教学效果。[①]

(三)慕课在体育教学中的具体应用

1. 开发教学内容

构建体育慕课教学内容,主要是把好选题这一关。体育教师应该根据学校体育大纲、体育教学目标(身心健康领域的目标、运动参与和技能领域的目标以及社会适应领域的目标)、体育教学要求,并结合学生学习基础和运动能力而对教学内容进行筛选。设计每节课的教学内容时,都要明确哪些是教学重点,哪些是教学难点,要准确区分重难点内容和非重难点内容,然后在15分钟的时间内生动形象地讲解重难点,使学生理解起来更透彻,这既是对体育教师教学技能的考验,也是对学生获取知识及理解知识的能力的考验和锻炼。

慕课教学对学生的自主学习意识与能力有较高的要求,学校要立足学生需求而开发慕课教学资源,要通过科学设计慕课内容资源而有效培养学生的学习能力。慕课内容资源的开发对体育教师分割知识点的能力也提出了一定的要求,要求体育教师精确细分知识点,以符合慕课的特征,并满足慕课教学的需要。

2. 慕课制作

慕课教育是一种开放式教育、网络化教育,制作慕课的完整流程包括下列几个环节。

---

① 杜裕,冯度.慕课在高校体育教学中的SWOT分析[J].当代体育科技,2021,11(02):89-91.

（1）慕课定位

体育课在学校教育中的地位越来越重要,体育教学越来越受重视,因此体育慕课和其他课程慕课教学一样都很受重视。学校应该从本校办学情况出发,联系互联网公司,在公平、平等、互惠互利的基础上建立合作关系,共同开发慕课,面向全校学生进行在线体育教学,将慕课教学本身的开放性和规模化特征体现出来。另外,要为学生在线学习提供便捷服务,拥有互联网移动终端如电脑、手机、平板的学生只要在线注册账号就可以在线学习体育课程,观看教学视频,学习各个模块的内容。

（2）视频策划

体育教师和互联网团队要合作完成慕课视频策划工作。制作视频要从章节方面来规划和考虑,还要考虑完成教学所用的时间,不同的知识点分别要用多久讲完,每个知识点都不宜占用太长的时间,否则与慕课的特征就不符了,也会影响学生学习时注意力的集中性。但是一味追求短视频、快速度也是不合适的,在有限的时间内简短介绍知识点基本只能笼统概括,来不及讲精髓,影响学生的学习效果。所以体育教师和视频制作人员要提前考虑好每个知识点大概占用的时间,重点知识点时间长一些,非重点时间短一些,灵活安排,考虑好了再录制视频。体育教师也可以观看其他学科慕课视频,吸取经验,学习视频制造软件,掌握视频制作的要点,从而亲身参与到体育慕课视频的制作中来。

制作体育视频,要做好收集慕课素材的准备工作,还要选择制作工具,并能灵活操作。这是非常重要的两个步骤。

①收集素材

收集慕课素材要以体育教学内容为依据,学校一些工作人员因为还不具备很强的多媒体实践技能,所以慕课素材主要来源于学校自制素材、信息技术公司的加工素材两方面。前者包括课本内容、学生课外活动内容。后者是指信息技术公司人员利用互联网和专业设备而加工原始材料,包括制作体育场地图,呈现某一技术的分解动作和完整动作以及制作图片和配乐等。

②制作工具

慕课教学视频呈现出的效果要比微视频好一些,这与慕课本身的规模化、开放性有关,而微视频相对比较小众化。制作慕课视频对视频拍摄场地、拍摄者以及拍摄工具的要求都很高,常用的制作工具包括 PS（图片编辑的图像处理软件）、PR（视频编辑软件）和 AE（图形视频处理软件）等。

（3）视频录制

影像摄制是非常重要的一个环节,做好这一工作,有助于使视频课件既清晰准确、简洁易懂,又与教学节奏和要求相符。慕课实施对教学情境、影

第五章 信息化时代背景下体育教学手段与方法的更新与应用

像艺术的要求很高,但是在摄影艺术方面有很高水平的体育教师较少,所以进行影像摄制更为可靠。在这一环节既需要教师做好准备,也需要摄影人员做好准备。

①教师准备

体育教师要紧紧抓住体育慕课的特征而认真备课,在录制前了解一些着装文化,了解怎么穿搭显得大气沉稳,而且还要了解如何调整身体姿势更上镜一些,要注意仪表仪态,要保持良好的精神面貌,将体育教师的风采展现出来。正式拍摄前,体育教师要和摄影师沟通好,讨论拍摄中要注意的地方,最终提高拍摄效率,呈现出成功的影像作品。体育教师上镜时表情自然一些,谈吐要清晰,目光要自然,可以将非语言符号适时加入教学中,自然大方,以赢得线上学习者的认可。

②摄制准备

拍摄人员在正式录制前要准备好所有的器材、设备,要随时对场景布置、器材设备的功能进行检查,以免出现突发情况,影响正常录制。而只有把各个方面的准备工作做好了,录制才会更顺利,效率才会提升,才会有一个愉快的录制过程和录制体验。

为保证视频录制质量,一般要搭建专门的演播厅供体育教师讲课,以方便录制。演播厅作为重要录制场地,要做好场景方面的准备,具体来说,要准备好摄像机、背景布、讲桌,除了这些必需的布景外,还要搭配一些装饰品,这样整体看起来不会太僵硬,只有环境自然大方,体育教师在录制时才不会过于紧张,才会有很好的发挥,才会很成功地完成录制工作。

在拍摄视频时,要由专业人员调整机位,构图要有美感,一般准备两台摄像机,分别正对与侧对体育教师,进行两个角度的拍摄,现场图如图5-7所示。

图5-7 慕课录制现场简易图[①]

---

① 郭峰.慕课在上海师范大学公共体育教学中的实证研究 [D]. 上海师范大学,2020.

（4）视频剪辑

影像摄制完成后，后期要对录制视频进行加工，这就需要将一些常见的视频编辑软件利用起来，以呈现出最终的视频作品。所以说视频录制完不代表万事大吉，不代表真正结束了慕课制作工作，还需要再次加工。专业人员利用专门的软件进行二次加工时，可以将素材打乱，按照一定的逻辑关系和时间关系对各种素材进行调整，并导入重要的图片、动画或声音，从而呈现出形象生动的视频作品，使视频作为学生的学习资源而发挥自身的重要价值。

（5）平台上线

完成剪辑工作后，慕课制作的整个过程也就结束了，这时就需要信息技术公司上传最终的视频作品。学校在官网上传视频链接，学生登录官网、完成注册便可以看到录制好的视频，进行在线学习。

3. 教学组织实施

要顺利实施慕课教学，就要在上传慕课视频后有效监控学生的学习，同时也要鼓励学生自觉进行线上学习。

体育教师在移动终端后台可以对学生的学习情况、反馈信息进行监控，能够用表格形式下载详细数据，从而对学生的在线学习情况有更直观的了解。通过后台监控可以发现哪些学生没有按时完成在线学习任务，从而提醒这些同学及时弥补，以提高学生的自主学习意识。

学生在线学习慕课视频，遇到任何问题都可以在线反馈，教师或工作人员在后台实时解决问题。

三、信息化时代背景下微课教学法在体育教学中的应用

(一)微课教学概述

1. 微课教学的概念

微课教学是指教师将微课的资源整合到日常课堂当中，根据学生的学习特点和学习进度，结合微课资源与普通课堂实施教学的过程。

2. 微课教学的特点

微课教学有以下几个特征。

（1）内容易懂，精力专注。

（2）集中、强化教学技能。

（3）突出自身优势，彰显个性特点。

3.微课教学的意义

（1）提升学生学习积极性

微课教学中，教师用直观教学手段清晰地展示抽象的理论知识和不易掌握的技术动作，便于学生理解与掌握知识，使学生学习更容易一些。青少年学生对新鲜事物充满好奇心，新颖的微课教学模式能激发他们的好奇心和求知欲，学生在新的教学环境下学习积极性不断提升，主动学习，对于提高学习效果具有重要意义。

（2）满足学生个性化学习需求

微课教学可以满足不同学生的个性化学习需求，学生可以根据自己的需要灵活选择所要学习的内容，既能强化自己已掌握的知识与技能，又能重点学习自己未掌握的知识与技能。微课教学为学生提供了延伸性的学习平台，学生利用拓展化学习资源可以查漏补缺，完善知识体系，巩固运动技能。传统体育课堂教学中，学生的注意力很难始终保持高度集中，注意力分散自然会影响课堂教学的顺利进行和最终教学效果。而采用微课教学方法，由于时间短，而且学生面对的是生动形象的教学资源，所以注意力更容易集中，更容易准确抓住知识点，主动思考与探索，这对于拓展学生的视野及提高其学习水平有很大的帮助。

（二）体育微课教学组织与实施

体育微课教学的组织与实施过程如下。

1.课前准备

课前准备工作的好坏直接反映教师的内容编制技能水平，准备阶段的工作主要包括选取教学内容、确定教学目标、制定教学策略、安排教学顺序及摆放教学器材等。选取教学内容一定要有明确的主题，集中说明某一个或少数几个选定的问题，这样才能体现出体育教学的目的性、计划性，才能使教学目标发挥引领作用。

2.课中教学

（1）课程导入

微课时间较短，在有限的时间内尽可能用新颖的方法引出课题，这样才能在短时间内吸引学生的注意力，使其集中精力学习。这一环节用时较少。

（2）正式教学

教学活动是主体部分，以解决一个技术问题为主线，教师的讲解简短精练，留出时间让学生自主练习，教师在旁边巧妙启发、积极引导。

（3）课后小结

课堂小结就是归纳教学要点、总结整个教学过程的。课堂小结贵在

"精",要起到画龙点睛的作用,不要做不必要的总结,以免画蛇添足。

3.课后反思

课后反思的基本立足点是教学探究和解决问题,反思时既要反思"教",也要反思"学",通过反思来检验目标的合理性与达成情况,根据现实问题而提出解决方案、改进建议。

(三)体育微课教学案例

体育微课教学设计案例见表5-4。

表5-4 体育微课教学设计——核心力量训练[①]

授课教师		教学对象	
教学内容	核心力量训练的含义、意义、方法、应用		
教学重点	核心力量训练的方法和应用	教学难点	核心力量的形成机制
教学方法	问导式教学法、启发式教学法、多媒体教学		
教材选择	由王卫星主编,高等教育出版社出版的体能教材——《体能训练理论与实践》		
教学程序	1.课程导入:直接式 2.主体教学 (1)核心区的概念 (2)核心力量训练的含义 (3)核心力量的形成机制 3.核心力量训练意义 4.核心力量训练方法(运用半球型滚筒、瑞士球、悬吊器械、小蹦床、平衡垫、平衡板等器材) 5.核心力量训练应用(竞技体育、大众体育、康复医疗) 6.课堂小结 7.习题解答 8.布置作业:为自己喜爱的体育项目设计力量训练方法。		

本案例教学过程相对完整,微课教学任务较为明确,教学方法有一定的创新。但需要适当精简教学内容,解决好重难点问题,使学生学到"精华"。

[①] 徐从体,周成成,崔杰."体育与健康课程"的微课教学设计与应用[J].赤峰学院学报(自然科学版),2017,33(11):83-85.

第六章　信息化时代背景下体育教学模式的创新与发展

教学模式是教学思想、教学目标、教学方法、教学策略等因素的总称,对于教学效果有着非常重要的影响。数年来,人们为了体育教学效果不断提升,对体育教学模式进行了深入的探索和研究。本章从体育教学模式入手,概述了体育教学模式的基本理论,阐述了当前常见的体育教学模式及应用,还对信息化时代背景下的教学模式的创新与发展进行了探索。

第一节　体育教学模式基本理论概述

一、教学模式定义

(一)国内定义

模式在中文里面有"样子""模子"的意思,汉语词典对它的精确释义为"某种事物的标准形式或者使人们可以照着做的标准样式"。[1] 因为专家学者所处的学科和出发的角度、立场不同,目前国内对"教学模式"一词没有统一的定义,因此"教学模式"的概念我们只能摘取以下几位专家的解释,以供参考。

第一种,张升武的"理论说",张升武认为,"教学模式是在教学实践中

---

[1] 戴信言. 高校体育教学多种模式的探索 [M]. 北京:中国原子能出版社,2016.

形成的一种设计和组织教学的理论,这种教学理论是以简化的形式表达出来的"。

第二种,吴也显的"结构说",吴也显认为教学模式是在"一定教学思想或理论指导下建立起来的各种类型教学活动的基本结构或框架"。

第三种,甄德山的"程序说",甄德山认为教学模式是"在一定教学思想指导下建立起来的完成所提出教学任务的比较稳定的教学程序及其实施方法的策略体系"。

第四种,李秉德认为"教学模式是在一定的教学思想指导下,围绕着教学活动中的某一主题,形成相对稳定的、系统化和理论化的教学范型"。[①]

(二)国际定义

模式的英文单词为"model",国外对于"教学模式"的概念也没有一个明确、统一的定义,这里我们同样摘取一些专家学者的解释以供参考。

乔伊斯和韦尔认为,"教学模式是构成课程、选择教材、指导在教室和其他环境中教学的一种计划或者范型";弗·鲍克良认为,教学模式的本质就是一种教学策略;因特、埃斯特斯和施瓦布认为,"教学模式是导向特定学习结果的一步步的程序"。[②]

无论是从国际还是国内定义上,我们都可以将教学模式理解成一种开展教学活动的方法论。它是在总结教学经验的基础上,结合教学思想和教学理论建立起来的,规定了教学活动的框架和流程,为系统性开展教学活动提供了依据。

二、体育教学模式概述

(一)体育教学模式的概念界定

对于体育教学模式的概念,从事体育教学研究的人员从不同的角度和不同的理解给出了不同的解释,我们将提供其中的几种以供参考。

樊临虎认为:"体育教学模式是指在一定的教学思想或理论指导下,设计和组织体育教学而在实践中建立起来的各种类型体育教学活动的范型,它以简化的形式稳定地表现出来。"

王文生认为:"体育教学模式是在一定的体育教学思想或理论指导下,

[①] 戴信言. 高校体育教学多种模式的探索 [M]. 北京:中国原子能出版社,2016.

[②] 戴信言. 高校体育教学多种模式的探索 [M]. 北京:中国原子能出版社,2016.

第六章　信息化时代背景下体育教学模式的创新与发展

在特定的条件和环境中,为了实现体育教学目标所建立的相对稳定的教学程序及其方法的策略体系。"

刘瑞平认为:"体育教学模式是指按着一定的体育教学原理和体育教学指导思想而设计的具有相应结构和功能的教学活动的模式系统工程。它是由体育教学指导思想(或教学目标)、教学组织形式、教学方法、教学内容、教学效应和相关条件等六个既相对独立,又彼此关联的程序工程系统组成。"[①]

（二）体育教学模式的构成

体育教学模式实际上表现为一整个教学过程,包括确定教学思想和目标、制定教学方法、设计操作程序三个主程序。其中教学思想和目标是贯穿整个教学活动的指导方针,教学方法是填充整个教学框架的"肌肉",而教学操作程序则是具体的行动,是对教学思想和目标、教学方法的落实。体育教学模式中还包括这三大主要构成部分的具体细节和一些辅助条件,基本结构如图 6-1 所示。

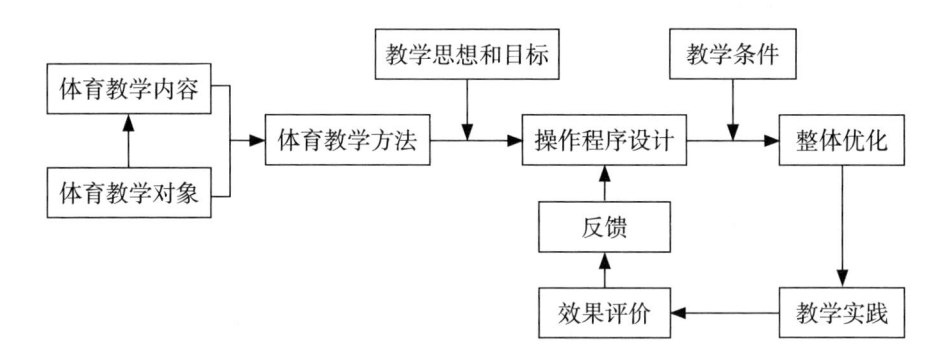

图 6-1　体育教学模式基本结构图[②]

1. 体育教学指导思想

教学指导思想是一种教学模式区别于其他教学模式的最根本的差别,它是一种教学模式最深层的思想内核,反映了一种教学模式的根本性质。教学指导思想贯穿整个教学活动的始终,是开展教学活动的主要理论依据和思想指导,所有的教学模式都必须要以教学指导思想为基础。指导思想

---

① 戴信言.高校体育教学多种模式的探索[M].北京:中国原子能出版社,2016.
② 戴信言.高校体育教学多种模式的探索[M].北京:中国原子能出版社,2016.

除了可以单独存在,还能和教学模式中的其他因素结合起来,比如"快乐体育"的教学思想中就同时出现了"快乐教学"的教学方法和"适应终身体育"的教学目标的影子。

2. 教学目标

教学目标是指在教学活动开展之前,教师对教学活动产生的效果做出的理想预期。所有的教学模式中,人们都会设定一定的教学目标,教学目标能够为具体的教学活动指明努力的方向,同时也为教学活动的评价提供衡量的标准。教学目标是整个教学模式中最核心的因素,其他因素的制定都受到教学目标的影响。

3. 操作程序

操作程序是根据教学指导思想和教学目标开展的具体的教学活动,包括根据时间线设置的操作程序和根据逻辑设置的操作程序两种。根据时间线设置的操作程序一般以教学内容的进程为依据,根据逻辑设置的教学程序一般是以教学活动之间的内在联系为依据。操作程序是对整个教学模式的落实,任何教学模式中都不能少了操作程序这一部分。操作程序不具有稳定性,即使拥有相同的教学指导思想和教学目标,操作程序也是不尽相同的。

4. 实现条件

落实教学模式的过程中是存在各种主客观因素的,如教学的对象、教学的时间、教学的空间、教学的内容等,这些统称为条件。而所谓的实现条件,是指以上这些条件形成最佳的组合和方案,使教学模式的开展能够达到理想的效果。

5. 效果评价

效果评价是指对开展的教学模式的完成程度进行评价,评价的依据是教学目标。效果评价的评价方法和评价标准受到多种因素的影响,比如操作程序、实现条件等,各种因素的不同也会导致评价方法和评价标准的不同,每种教学模式都有一套与之匹配的效果评价流程。效果评价是教学模式的最后一个流程,评价出来的结果既是对前一个阶段教学活动的反馈,也能作为下一个阶段教学活动的指导,对教学活动的"拨乱反正"有重要作用。

体育教学模式中各个要素相互联系、相互制约,共同构成了教学模式的框架和细节。其中,教学指导思想是整个教学模式的"神经",从始至终控制教学模式的发展方向;教学目标是教学模式的"肌肉",体现在教学模式的每一个细节中;操作程序是教学模式的"骨骼",整个教学模式的框架由具体的操作程序构建起来;实现条件是教学模式的"血液",为教学模式理

第六章 信息化时代背景下体育教学模式的创新与发展

想效果的实现提供生命力；而效果评价则是对整个教学模式进行的"医疗诊断"，及时检查教学模式出现的问题，保证教学模式的有效开展。

（三）体育教学模式的特点

伴随体育教育的发展，人们更能注意到体育教学中的个性化需求，各种更有针对性的体育教学模式也随之出现。比如快乐体育的教学模式，更注重体育教学中学生的情绪；团体合作的教学模式，更注重在教学中培养学生的团队合作能力；终身体能教育的教学模式，更注重锻炼学生的身体能力，等等。虽然教学模式的种类越来越多，但是它们还是具备一些教学模式共同的特点。

1. 理论性

每种体育教学模式都需要思想理论的指导，从本质上来说，一种体育教学模式就是一种体育教学理论的现实活动载体，体育教学模式就是理论和实践的有机结合。体育教学模式中教学理论的不可或缺性，决定体育教学模式呈现出理论性的特点。

2. 整体性

我们可以从体育教学模式的构成中得知，体育教学模式就是一个由各种不同因素构成的一个整体，因此在确定某种因素时，要从整体出发，确定一个因素不会影响整体的协调性。如，在建立整体框架时，我们要充分考虑教师、学生、教学场地、教学时间等客观条件，为教学目标和教学程序的设定做足调研准备，保证框架中的各个因素不会相互冲突，保证整个教学模式是一个有机结合的整体。

3. 稳定性

一种成熟的体育教学模式是经过长期的体育教学实践考验以后形成的，既在长期的实践中积累了大量科学的理论和经验，又在不同的程度上揭示了体育教学活动的普遍性规律，对于体育教学活动有着重要的指导和借鉴意义。成熟的体育教学模式在应用中能够表现出稳定性，无论在哪种情况下被使用，都只需要根据现实的教学状况对其中的小细节进行调整，而基本的结构和程序不会发生大的变化。如果某种教学模式在应用过程中需要根据教学条件的改变进行很大的变动，就说明这种教学模式是不成熟的，预期效果的不确定性也会增大，不成熟的教学模式不具备重要的借鉴价值。只有具备稳定性的教学模式才是一种成熟的模式，稳定性是人们套用和借鉴一种体育教学模式的前提和基础。

4. 操作性

体育教学模式最终要被运用到教学实践中，一种体育教学模式必须具备可操作性才能体现其存在的价值。成熟的体育教学模式的结构和程序是在长期的体育教学活动中经过精心加工、提炼而形成的,能够在后来的教学活动中被反复借鉴和使用,具有实践意义和可操作性。

5. 简明性

体育教学模式是对实践经验的提炼概括,是对复杂理论的总结和物化,教学模式中的教学结构和教学程序以精练的语言、象征的图像和明确的符号表达整个教学过程,使教学过程成为一个更加具体、清晰的框架,使整个教学模式变得简单明了。体育教学模式的简明性特征对于增加人们的认识和了解有很大的帮助。

6. 优效性

社会生活中的竞争是处处存在的,体育教学模式也需要经历一个"优中选优"的竞争过程。人们为了取得更加理想的成绩,会在众多教学模式中选择最优秀的一种,通常优秀的教学模式会被更多人使用,也就能获得更加长久的生命力,而落后的教学模式会在时代的发展中被淘汰。因此,一种体育教学模式想要更长久地存活,就要根据时代发展不断进步,时刻保持优效性。

(四)体育教学模式的功能

体育教学模式的功能是指,一种教学模式在教学过程中表现出来的、能够使体育教学目标达成的作用。体育教学模式的功能主要包括中介功能、简化功能、预测功能、调节功能四种。

1. 中介功能

体育教学模式是一定的体育教学理论、思想和体育教学实践有机结合的产物,其中体育教学理论和思想是体育教学实践的理论基础,而体育教学实践则是体育教学理念和思想的具体物化。因此,在体育教学理论、思想和体育教学实践中,体育教学模式起到中介的作用,上接体育理论和思想,是体育理论和思想的体现,下承体育实践活动,对体育实践中的操作程序和操作策略的制定提供思路。

2. 简化功能

体育教学理论和体育教学思想具有复杂抽象的特点,会给一般人的理解增加困难;而体育教学的程序也具有复杂烦琐的特点,难以给人们清晰明了的认识。体育教学活动的这种特殊性和复杂性,仅仅依靠文字的表述和人们的思辨思维理解是远远不够的,还需要一种效率更高的方式来方便人们的认识和理解,也就是图示的方式。图示的优点是能够用简单的线条代替复杂冗长的文字表述,清晰地揭示教学模式内部各个因素的内在联系和相互作用,这种更加具有逻辑性的清晰表达能够使人们快速建立起对教

第六章　信息化时代背景下体育教学模式的创新与发展

学模式的整体印象。体育教学模式的简化功能使其更具备操作性,接近教学实际,方便体育教师开展教学实践。

3. 预测功能

体育教学模式是体育教学研究人员在充分研究体育教学的内在规律和逻辑关系的基础上建立起来的。据此,人们在采用某种体育教学模式的时候,可以根据以往的经验对其进程和结果进行合理的推断。人们还可以在分析体育教学内在规律的基础上,建立假说,应用假说结合具体的教学现象推断教学结果。体育教学模式的预测功能对于及时修正教学程序、改变教学行为具有很重要的作用,一旦真实的教学程序和效果与预测的差距太大,就要对教学过程进行反思,找出症结所在,使教学实践朝着预想的方向发展,取得理想的教学效果。

4. 调节功能

教学模式中教学实践的开展是对教学理论和思想的检验,只有经过实践检验的理论和思想才是正确、先进的理论和思想。教学模式的程序具有稳定性,一般情况下只需根据具体的教学环境和教学对象等因素进行细节上的调整即可,其他的只需要按照原有的教学程序和教学结构进行。而在具体实现的过程中,就是要检验运用这些教学程序和教学结构是否能够达到教学目标,如果出现不能达到理想效果的情况,就要对教学活动中的各个环节、各个因素进行检查与分析,然后将得出来的结论及时反馈到教学理论中去,修正教学思想和理论中有误的地方。

(五)体育教学模式的分类

为了方便对体育教学模式的研究和应用,人们对体育教学模式进行了整理,并且从不同的角度出发,对体育教学模式进行了分类,具体类型如图 6-2 所示。

1. 依据教学理论分类

体育教学理论是体育教学模式的内核,整个体育教学模式就是对体育教学理论的实践,体育教学理论能反映出一个学校或者教育机构的教育观、人才观以及教学目标。随着人们对体育教学研究的深入,人们又提出了许多新的体育教学理论,如国外的掌握学习、程序学习、发现学习、范例学习、系统学习、发展学习、合作学习、终身教育,国内的自学辅导、引导发现、示范模仿、集体教学、俱乐部等。[1] 这些先进的教学理论对于促进体育教学的现代化发展具有重要作用。

---

[1] 戴信言. 高校体育教学多种模式的探索 [M]. 北京:中国原子能出版社,2016.

```
体育教学模式分类体系
├── 按教学理论分类
│   1. 现代教育理论模式
│   2. 素质教育理论模式
│   3. 心理学理论模式
│   4. 社会学理论模式
│   5. 系统科学理论模式
├── 按教学目标分类
│   1. 提高身体素质教学模式
│   2. 掌握技能教学模式
│   3. 激发学习兴趣教学模式
│   4. 健身体验乐趣教学模式
│   5. 培养学生能力教学模式
├── 按教学方法分类
│   1. 运用现代技术教学模式
│   2. 交互式教学模式
│   3. 策略教学模式
│   4. 自主教学模式
│   5. 情景教学模式
│   6. 讨论式教学模式
├── 按组织形式分类
│   1. 技术辅导教学模式
│   2. 集体教学模式
│   3. 个别化教学模式
│   4. 合作式教学模式
│   5. 俱乐部式教学模式
│   6. 课内外一体化教学模式
└── 按课类型分类
    1. 理论课教学模式
    2. 新授课教学模式
    3. 复习课教学模式
    4. 素质课教学模式
    5. 考试课教学模式
```

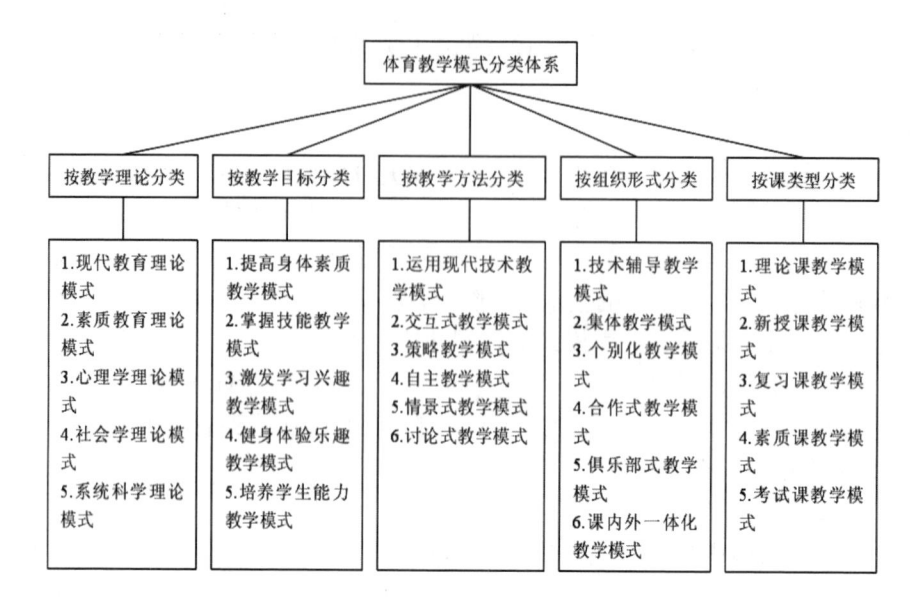

图 6-2 体育教学模式的分类[①]

目前，按照教学理论对体育教学模式进行分类，可以将体育教学模式主要分为现代教育理论模式、素质教育理论模式、心理学理论模式、社会学理论模式和系统科学理论模式五种。

2. 依照体育教学目标分类

人们的体育教学目标随着时代的发展呈现一个动态变化的过程。20世纪 70 年代以前，进行体育教学从主要是为了传播先进的体育技术转变成了进行体育锻炼、强身健体。20 世纪 70 年代开始，体育教学目标变成了既要学习先进的体育技术，又要锻炼身体。20 世纪 80 年代初期，体育教学的侧重点在于培养学生的体育能力。20 世纪 90 年代，人们越来越注重用教育来培养综合能力，体育教学也提出了知识、能力、素质同步发展的教育目标。

体育教学目标除了呈现出时间线上的纵向变化之外，还呈现出横向的多样化发展，为了符合教学目标的要求，体育教学模式也呈现出多样化的特点。比如定向教学、处方教学就是为了完成强身健体的教学目标发展出来的教学模式；快乐教学、情景教学就是为了完成激发学生兴趣的教学目标发展出来的教学模式；俱乐部教学、同步教学就是为了完成自我健身体验乐趣的教学目标发展出来的教学模式，等等。

---

① 戴信言. 高校体育教学多种模式的探索 [M]. 北京：中国原子能出版社，2016.

第六章　信息化时代背景下体育教学模式的创新与发展

目前,按照教学目标将体验教学模式分类,可以将其主要分成提高身体素质教学模式、掌握技能教学模式、激发学生学习兴趣教学模式、健身体验乐趣教学模式、培养学生能力教学模式五种。

3. 依据教育教学方法分类

教学方法是教学模式中的重要因素,一个教学方法的优劣对教学效果的理想与否影响重大。教学方法的优化是体育教学模式研究的一个特征,教学方法按一定的理论指导,按确定的教学目标进行合理的组合,以发挥体育教学方法系统整体功能与综合效果,是体育教学模式一个重要的要素。

目前,按照体育教学方法对体育教学模式进行分类,可以将其分成运用现代技术教学模式、交互式教学模式、策略教学模式、自主教学模式、情景式教学模式、讨论式教学模式六种。其中,现代技术教学模式中包含的教学方法有计算机教学、CAI 教学、电化教学等；交互式教学模式包含的教学方法有讨论法、交谈法等；策略教学模式包含的教学方法有启发学习法、探究学习法等；自主学习教学法包括的教学方法有自我观察法、自我评价法等；情景式教学模式包含的教学方法有竞赛法、游戏法等；讨论式教学模式包含的教学方法有合作教学法、观摩讨论教学法等。[①]

4. 依据教学组织形式分类

教学组织形式能够反映一种教学模式的指导思想和教学策略,和教学方法一样,对教学效果产生重要的影响。根据教学组织形式的不同对教学模式进行分类,能够方便人们根据教学组织的需要选择不同组织形式的教学模式。

目前,按照教学组织形式的不同,可以将教学模式分为技术辅导教学模式、集体教学模式、个别化教学模式、合作式教学模式、俱乐部式教学模式、课内外一体化教学模式六种。其中,技术辅导教学模式中包含的组织形式有网上教学、课件教学等；集体教学模式包含的组织形式有团体教学、班级教学等；个别化教学模式包含的组织形式有自主教学、交互教学等；合作式教学模式包含的组织形式有师生合作教学、生生合作教学等；俱乐部教学模式包含的组织形式有课内俱乐部教学、课外俱乐部教学等；课内外一体化教学模式包含的组织形式有课外活动和社会一体化、学校与社会一体化等。[②]

5. 根据课程类型分类

体育课程是整个体育教学模式中更加细节性的因素,根据体育课程对

---

① 戴信言. 高校体育教学多种模式的探索 [M]. 北京：中国原子能出版社,2016.
② 戴信言. 高校体育教学多种模式的探索 [M]. 北京：中国原子能出版社,2016.

体育模式进行的分类是一种更加细致的分类,体现现代体育教学模式针对性更强、更能满足个体的个性化需求的教育理念。

目前,根据课程类型对体育教学模式进行分类,可以将体育教学模式分成理论课教学模式、新授课教学模式、复习课教学模式、素质课教学模式、考试课教学模式五种。其中,理论课教学模式包含的教学课程包括专题教学、讨论教学、答疑教学等;新授课教学模式包含的教学课程有程序教学、范例教学等;素质课教学模式包含的教学课程有快乐教学、处方教学等;复习课教学模式包含的教学课程有合作教学、自主教学等;考试课教学模式包含的教学课程有教师评价、自我评价等。[①]

第二节 当前常见的体育教学模式及应用

一、拓展教育教学模式

(一)拓展教育教学模式概述

1. 拓展教育教学模式的概念

拓展教育教学模式是一种以学生为中心,采用一系列有计划、有目的的体育活动来增强学生的自我发展和社会交往能力的教学方法。拓展教育的核心是学生,目的是让学生获得自我发展并且培养学生的社会交往能力。其中,自我发展指的是,学生要在体育活动中逐渐完成自我意识的建立,包括认识自己、看待自己、接纳自己等。社会交往指的是学生会在体育活动中面对许多和他人交往的机会,让学生在这些交往机会中明白自己处于怎样的位置,处于不同的位置时应该怎样处理事情,比如应该如何与别人沟通、如何与别人合作、如何领导别人与接受别人的领导等。

2. 拓展教育教学模式的教学目标

(1)提升学生的体育技能

体育教学模式最根本的目的还是要完成对学生的体育教育,拓展教育教学模式最根本的目标也是要求学生对身体活动有所认识和了解,然后完成对不同的体育技能的学习。

---

① 戴信言. 高校体育教学多种模式的探索[M]. 北京:中国原子能出版社,2016.

（2）培养学生进行个人活动或者社会活动的责任感

培养学生的责任感其实就是让学生知道自己应该做什么事，并且自觉承担做这件事的责任。学生在进行体育活动时的行为难免会对自己和他人产生一定的影响，拓展教育教学就是要求学生在做事之前学会思考自己的行为可能会产生的结果，慎重地去做每一件事，学会对自己和他人负责。

（3）培养学生人际交往的能力

拓展教育教学模式的一个重要教学目标就是要培养学生人际交往的能力。人作为社会动物，社会交往能力是衡量个人对社会的适应程度的重要指标。拓展教育教学模式会以团队合作等方式让学生在团队中扮演不同的角色，让学生充分体会到交流、合作、领导等能力的重要性，进而让他们的这些能力得到锻炼。

（4）培养学生做出决策和解决问题的能力

体育活动中难免会遇到问题，拓展教育教学模式下的教师不会直接解决出现的问题，但是会为学生提供解决问题的方法供他们操作，学生通过轮流担任不同的团队角色、共同决策等方式锻炼自己做出决策和解决问题的能力。

（5）培养学生的挑战精神和创造力

拓展教育教学模式的一个重点就是"拓展"，老师要主动为学生创造一个充满挑战精神的氛围，鼓励学生尝试新鲜事物和进行冒险，培养学生的挑战精神和创造力。

（6）理解和尊重差异

学生在进行团队合作的过程中会发现大家的民族、性别、性格、能力等因素都不尽相同，教师要引导他们认识到这种差异是正常的，让他们理解这些差异，并且尊重不同。

（二）拓展教育教学模式的主要特征

1. 顺序

（1）团队建立流程

拓展教育教学模式非常注重建立教学团队的流程，认为只有通过合理的流程建立一个成熟的团队，才能达到理想的教学目标。该教学理论认为一个成熟团队的建立会经历以下几个流程：

形成阶段——团队成员相互介绍，形成对彼此的初步认识和了解。

冲突阶段——团队成员之间加深认识，开始进行磨合，彼此之间的差异容易导致矛盾和冲突的出现。

团体行为规范阶段——团队经过磨合阶段，大家开始互相接受，逐渐成为一个真正的整体,大家的行为也逐渐达到一个团体的要求。

有机合作阶段——团队成员之间已经开始产生配合的默契,能够根据每个成员的特点合理分配工作,成员之间的默契会让团体的工作效率处在一个比较高的状态。

结束阶段——团队活动结束,成员一方面会对团队成员产生不舍的情绪,一方面会对自己在团队中的不合理行为进行反思和悔过。

(2)教学顺序

教学顺序是体育教师根据教学团队的发展规律设置的教学活动,主要可以分为以下几个顺序:

建立交流。重点在于建立起小组成员之间的有效沟通。一方面要培养学生主动倾听别人意见和建议的积极性,一方面也要鼓励学生主动表达,培养自己的表达能力。

建立合作。重点在于建立起小组成员之间的相互合作和相互扶持。一方面是要引导学生认识差异、尊重差异,悦纳他人。另一方面也要鼓励学生主动融入团体,培养学生参与团体合作的积极性。

建立信任。重点在于建立小组成员对彼此的身体和心理上的信任。信任是一个团队存在的根本,教师要不断向大家灌输信任的重要性,开展一些冒险和挑战活动,让学生在活动中建立信任。还可以利用一些成员犯错误的机会,让学生在犯错和谅解的过程中体会信任。

解决问题。重点在于培养学生解决问题的能力。引导学生进行团队合作,让每个成员认识到自己在团队中的位置,比如领导者就要发挥领导能力,其他成员就要发挥自己的长处认领任务。决策要充分考虑大家的意见,共同决策。还要让大家在团队中轮流担任不同的角色,培养学生的不同能力。

2. 体验学习圈

拓展教育教学模式更加注重的是学生在教育活动实践中培养了哪些能力,而这些能力的培养是对实践活动经验进行总结、提炼的结果,这个总结、提炼的过程就是所谓的体验学习圈。体验学习圈在拓展教育教学模式中的应用非常广泛,其具体内涵如下:

(1)在实践活动中完成对经验的积累。

(2)对实践活动进行观察和反思,认识实践活动的本质。

(3)对实践活动中积累的经验进行总结和概括,并且思考这项能力在团队中起到什么作用。

(4)将培养的能力运用到新的实践活动中去。

3. 以机遇来挑战学生

以机遇来挑战学生,是指学生可以在一些特定的活动中,根据自己的意愿选择自己的学习内容,给了学生一定的选择空间,有利于激发学生的学习兴趣。但是这种理论给学生的"自由"并不是完全的,学生要保证自己会参与活动,不能脱离活动。这种理念之下的教学方式需要学生明确自己参加活动的时间、参加活动的方式,并且保证自己会听从团队的决策、对团队有贡献。

4. 全方位价值合同

全方位价值合同是学生们在团队活动中达成的一份合约,这位合约要求无论是小组开展活动还是成员在小组中的行为都要按照合约上的规定进行。订立全方位价值合同不仅能够规范团队活动,还能够增强小组向心力。

(三)拓展教育教学模式的教学技巧

1. 根据团队合作的状况确定教学进程

团队合作的进程是影响教学进程的重要因素。每个团队的磨合程度和团队合作能力不尽相同,单纯依靠课程安排推进课程的进程会导致有些团队的学生错失一些课程内容,教学的效果会大打折扣。因此,要根据团队合作的进程确定课程进程,保证每个学生都能够完整地接受教学。为了防止有些团队的进程过慢,教师可以给予适当的提醒和帮助。

2. 以引导代替直接灌输

拓展教育教学模式注重培养学生以团队合作的方式解决问题的能力,教师的职责是为学生提供问题,然后引导他们解决问题。重点是学生要亲身参与到教学活动中,形成对实践活动的清晰认识,积累解决问题的经验。教师不能直接向学生提供解决问题的办法,要鼓励学生积极探索、有效合作。

3. 预备超额的课外活动

教师应该对教学活动过程中可能出现的一些意外进行预估,防止出现面对意外时措手不及的情况。比如有的团队可能会因为完成任务的速度过快而出现无任务可做的情况,有的团队因为一些原因无法参与某种活动,这时就需要教师提前预想到这种情况,设置超额的课外活动来保证课程进展的流畅度。教师在设置课外活动时要注意考虑与教学进程匹配,确定每个教学阶段都有备选活动。

4. 设置专门的交流反馈的环节

拓展教育教学模式最终的目的是要让学生将在活动中学习到的东西加以总结、提炼、内化,最终成为自身能力的一部分。如果学生只是参与了教学活动,但是没有及时对教学活动进行交流、反馈,学生很难完成知识的总结和内化。因此,教师要设置专门的、以学生为主的交流、反馈环节,完成对教学活动的升华。

二、运动教育教学模式

(一)运动教育教学模式概述

1. 运动教育教学模式的教学目标
(1)培养具有参与身体活动能力的运动员。
(2)培养理解和尊重规则、礼仪和运动传统的具有文化修养的运动员。
(3)培养信奉运动文化并以实际行动支持和维护这些文化的充满激情的运动员。

2. 运动教育教学模式的具体教学任务
(1)发展具体技能和体能。
(2)欣赏并能够执行具体的比赛战术和策略。
(3)参加适合自己身心发展规律的身体活动。
(4)进行身心活动的策划和管理。
(5)培养负责任的领导能力。
(6)有效进行团队合作达到共同目标。
(7)欣赏那些赋予运动独特意义的礼仪和习俗。
(8)培养当身体活动中发生社会问题时做出的理智决定的能力。
(9)学习和应用裁判、仲裁和训练的知识。
(10)在校外也能参与到竞技运动和身体活动中去。

(二)运动教育教学模式的特征

运动教育教学模式的独特性主要表现在其教学结构上,其教学结构有以下五个基础特征。

1. 赛季

运动教育教学模式的教学结构以"赛季"为单位,按照赛季的管理模式安排课程的进程,赛季可以分成训练赛季和比赛赛季两个阶段。训练赛季就是老师将学生分成不同队伍,并根据每个学生的特点安排学生在队伍中的位置,然后进行统一教学和训练。比赛赛季时,老师充当总教练的角色,将训练任务下发给每个队伍中负责训练的同学,同学们进行的训练以自己团队的集体训练为主。同时,教师还会组织各个团队之间在比赛季开展比赛。

2. 球队归属

球队归属是指教师在开展教学活动时会要求同学以团队为单位进行划

第六章　信息化时代背景下体育教学模式的创新与发展

分,并且每个团队要有自己的特色,可以通过名字、口号、场地等方式确定团队的身份。教师还可以根据每个团队完成教学任务的情况、团队成员的行为等对团队评分,让学生意识团队合作一荣俱荣、一损俱损的本质,增强学生的团队荣誉感和归属感。

3. 正式比赛

一方面,正式比赛是对教学成果的一种检验,不仅能在正式比赛中看到每个学生的个人体育技能,还能看到他们的团队合作能力。另一方面,正式比赛作为整个教学活动最终成果的展示,还能促使学生将其作为目标,督促学生努力学习体育技能。

4. 记录

记录也是运动教育教学模式教学结构中重要的一环,教师要对学生平时的出勤状况、练习状况、比赛状况等情况进行及时的记录。记录下来的信息既可以作为学生课程完成状况的评价指标,也可以作为教师制定下一阶段的教学任务和教学目标的参考依据。

5. 趣味性的庆祝活动

比赛季的结束意味着课程的结束,也意味着学生体育技能的一次提高,运动教育教学模式的一个重要特点就是课程结束后的教育活动也是教学结构中的一环。各个团队可以仿照真实的体育竞赛后的庆祝活动进行庆祝,比如在脸部彩绘,举办庆功仪式等。充满趣味性的庆祝活动会提高学生对这种教学模式的好感,提高学生选择这种教学模式的积极性。

(三)运动教育教学模式的教学技巧

1. 从教学强项入手

运动教育教学模式是一种比较新颖的体育教学模式,目前人们仍在对其进行尝试。想要运用这种教学模式取得理想的教学成果,首先要选择自己比较擅长的运动项目进行教学,用对体育项目的了解弥补对这种教学模式的经验的缺乏。

2. 循序渐进的方式进行教学

对一种教学模式的应用不可一蹴而就,要先选择其中自己最有把握的因素进行尝试,然后再慢慢尝试难度比较大的因素,尽量避免因为不能驾驭教学模式而带来的教学失误。

3. 注重学生团队之间能力的平衡

运动教育教学模式的教学过程注重团队合作和竞争,而进行竞争的前提是公平,也就是要求各个学生团队之间的实力要相对均衡。教师在进行团队划分时要综合考虑每个成员的特长和能力水平,尽量减少团队之间能力的差距。

4. 公告栏的应用

公告栏是运动教育教学模式中的一个重要工具,有效地利用公告栏对于提高教学效果有很大的帮助。教师要在每次课程结束的时候认真地将学生的出勤情况、练习情况、比赛分数等记录下来,让学生了解自己和他人的情况,从而获得更强的学习动力,改善自己的学习行为。

三、个人和社会责任教学模式

(一)个人和社会责任教学模式的概述

1. 责任感的五个层次以及对应在教学目标中的表现

个人和社会责任教学模式注重对人的健康人格的培养,通过体育活动使学生意识到自己的活动需要对自己和他人负责,并且能将这种意识应用到日常的社会生活中。因此,这种教学模式之下的教学目标要围绕培养不同层次的责任感展开,表6-1列举了责任感的五个层次,以及对应不同的责任感层次教学活动应该设置的教学目标。

表6-1 责任感层次及其对应的教学目标[①]

责任感水平层次	教学目标
一、尊重他人的权利和感受	控制脾气、不冲动;包容其他人;和平解决冲突
二、自我激励	参加所有活动;努力学习;面对困难时不放弃
三、自我指导	独立工作;设置目标并向着目标努力;做出最好的选择
四、关怀	帮助他人;引导或者教导他人;考虑他人的利益
五、将责任感运用到日常生活中	能够理解这些技能在日常生活中的价值,与日常生活中其他事情的紧密的联系;能够在日常生活中的其他情景运用这些技能

2. 教学结构

(1)交流时间

个人和社会责任教学模式的第一个教学程序就是为教师和学生创造交流的时间,这种交流是非正式的、一对一的,教师可以自己创造机会去和学生进行交流,比如利用上课前后的时间。这种良好的交流能够拉近教师和

[①] 李卫东. 体育课程教学模式 [M]. 北京:高等教育出版社,2018.

第六章　信息化时代背景下体育教学模式的创新与发展

学生之间的距离,对于达成理想的教学效果有很大的帮助。

（2）教学前言

教学前言是在课堂正式开始之前教师对本节课程做出的一个简单的介绍,内容包括课程的计划、教学的目标等。需要注意的是,一般教学目标会根据培养责任感的进程确定。

（3）体育活动

体育活动是正式的课堂活动,培养个人和社会责任的教学模式下,学生对于体育活动的选择和开展拥有充分的选择权和支配权,但是这同时也意味着他们要承担相应的责任和义务。学生们在课堂上既能学习到体育技能,又同时培养了自己的责任意识。

（4）小组会议

小组会议是教学结构的最后一个环节,学生可以在小组会议上提出对课程的意见以及自己在课程中的所思所得,然后进入对课程的总结和反思。教师可以以某个层次的责任感为标准,要求学生对他们的课堂表现进行反思,还可以引导学生表达自己反思的结果,并且对结果进行评价。

（二）个人和社会责任教学模式的特征

个人和社会责任的教学模式具有很强的灵活性,因此在一些教学实践中,虽然体育教师实施了这一种教学模式,但是由于对这种模式定性有一定困难,这些实践者还是需要花费很多精力来证明自己使用的是此种教学模式。针对这个问题,Wright和Craig制定了一套直接观测工具,这个观测工具中包含了9种观测的策略,虽然并没有完整包含所有的教学情形,但是具有很强的实用性。这九种观察策略是：

（1）塑造尊重——教师与学生和他人的交往中塑造令人尊重的行为。

（2）设置期望——教师组织课堂的各个方面,向学生明确传达指示和行为期望。

（3）提供成功的机会——教师为学生提供的机会不能因为个体的差异而导致有的学生被排除在外或无法成功参与。

（4）促进社会交往——教师创造情景,让学生彼此交往,不直接受教师的控制。

（5）分配管理任务——教师要求学生通过承担具体的任务来参与管理和组织课堂。

（6）提高领导能力——教师通过给予学生机会指导或领导其他同学来与学生分享教学责任。

（7）给予选择和发言权——教师给予学生们机会发表自己的意见,提供建议,做出决定。

(8)学生参与评估——教师让学生进行自我评价或是同伴之间的互评。

(9)生活技能的迁移——教师教授学生生活技能,教导他们如何在课外使用。

(三)个人和社会责任教学模式的教学技巧

个人和社会责任教学模式的教学技巧围绕五个层次责任感展开,处于不同的教学阶段需要使用不同的教学技巧。

1. 培养第一水平的责任感需要用到的教学技巧

第一水平的责任感要求学生学会尊重别人。这个教学阶段是学生对责任感有初步的认识和理解的阶段,要求教师选择合适的时机,用非常直白易懂的方式向学生点明"尊重"这个主题,向学生介绍的定义必须要十分清晰明了,还要符合他们的理解能力。在培养责任感的初期,教师的言传身教也是一件对学生的影响非常大的事情,教师要规范自己的行为,做出负责任的表率,为学生树立学习的榜样。

2. 培养第二水平的责任感需要用到的教学技巧

第二水平的责任感要求学生能够自我激励。教学阶段还需要教师开展一些教学实践,让学生在实践中培养自我激励的能力。教师在开展教学活动时需要注意三点,一是要使教学活动既符合学生的能力水平又能对他们有一定的挑战性,挑战和成功之间的平衡性能更好地促进学生进行自我激励;二是教学活动开展之前教师要点明教学目标和任务指示,为评价学生完成任务的水平提供一个公平、明确的依据;三是教师在教学活动中要更注重学生的可控因素,如个人的努力、意志力等,鼓励他们发展可控因素完成任务。教师要保证所有学生都能根据自己的长处选择适合自己的任务,创造一个积极进取的学习环境,让学生在活动中感受责任感的重要性。

3. 培养第三水平的责任感需要的教学技巧

培养第三水平的责任感最重要的是要培养学生自我指导和自我管理的能力。教师在教学过程中需要做到两点,一是需要为学生提供练习的时间,让学生在自主练习的过程中培养这些能力;二是要给予学生一定的选择权,比如引导他们制定目标,让他们意识到目标是他们自主确定的,他们要对自己确定的目标负责。

4. 培养第四水平的责任感需要的教学技巧

培养第四水平的责任感最重要的是要培养学生的关怀能力。教师可以在这一教学阶段采用同伴教学法,就是让学生之间生生互助,合作学习,学生比较容易在这个过程中学会关怀他人,而且这种方法更能激发年长者的关怀情感,还能培养年长者的领导能力。教师还可以在教学的过程中向学生明确关怀他人的重要性,及时对学生做出的关怀他人的行为进行鼓励,引导学生逐渐培养关怀他人的能力。

5. 培养第五水平的责任感需要的教学技巧

培养第五水平的责任感的重点在于学生能将自己在教学过程中学习到的个人和社会责任行为运用到实际的社会生活中去。教师可以通过案例分析的方式,让学生口头或者书面分析自己应该怎样在生活实践中表现责任感,还可以设置一些志愿活动让学生在真实的生活中锻炼自己的责任能力。教师还要在活动结束时引导学生对自己的行为进行总结反思,以改善学生的行为,巩固学生所学的内容。

第三节　信息化时代背景下体育教学模式的创新与发展

一、信息化时代背景下体育教学模式创新与发展的分析

（一）体育教学模式变革的动因

1. 全民健身计划对体育教学模式的影响

现代社会人们普遍缺乏运动的生活方式让人们逐渐意识到锻炼健身的重要性,我国为了提高国民身体素质,也将全民健身列为重要的发展战略之一。学校的体育教学为了适应人们的现代体育需要,也为了响应国家"全民健身"的号召,逐渐对教学模式进行了调整。全民健身的教育思想融入到体育教学模式中,体育教学承担的任务不再是简单的培养学生体育技能、增强学生身体素质,而是要从思想观念上对学生进行改变,培养学生终身体育精神和体育运动精神成为体育教学的新任务。体育教学模式的改变是体育运动发展新形势的必然要求,新的教学模式也势必会提高体育教学质量,促进全民健身计划的顺利开展。

2. 体育教学模式和学习形式的改变

随着信息技术的飞速发展,教育领域的教学模式和学习形式产生了巨大的变化,互联网技术、大数据云计算等技术的产生对传统课堂形成了巨大的冲击,许多新的教学方式与学习方案悄然诞生。如今在"互联网+"的概念下,教育也越来越智能化。"互联网+教育"的智能化转型给体育教育

带来巨大的变化,一部分学科先行实现翻转课堂、互联网教学、混合式教学、理论加实践等模式,取得了不凡的教学成果。网络课程、微课程、翻转课堂、视频教学等为现代体育教育教学带来了前所未有的机遇和挑战。处在社会各项事业大变革背景下,更新教育理念和教育行为,探索与之适应的教学方式,培养出身心健康和终身体育习惯的新型人才势在必行。

在线学习使学习者学习体育的形式也由传统形式转变成多元化形式,学习者不再拘泥于教室和课本,甚至延伸到各个地方,学习者可以接收到更多的信息,同时能在第一时间就获取最新的资讯。这种快速普及的互联网信息技术,使学习者摆脱了传统课堂的束缚,将书本学习转变成互联网学习,将传统课堂转变成互联网课堂。这种新的学习方式已成为部分学生学习的补充形式,也为体育教学模式的创新奠定了良好的基础。

3. 国家对信息技术进课堂的重视

信息技术的发展成为体育教学模式创新与发展的重要动力,国家也意识到信息技术发展对于体育教育发展的重要性,出台了一系列促进信息技术应用到教学领域的政策。国家相继在2012年的《国家中长期教育改革和发展规划纲要》和2016年的《教育信息化"十三五"规划》提出了"要通过信息技术对教育产生革命性影响"的命题,还在《教育信息化"十三五"规划》中着重强调,要把信息技术与教学结合作为未来教育发展的重点方向,具体信息化技术将从覆盖无线技术、大数据云计算技术、STEAM教育技术以及教育管理信息化中产生。此外,国家还在2010—2020年的《国家中长期教育改革和发展规划纲要》中提出"要加快信息基础设施建设为教育发展服务"的要求,充分说明了国家对用信息技术促进教育发展的重视。[1]

(二)体育教学模式的创新理念

行动的转变只是浅层的、表面的现象,想要真正对体育教学模式进行创新和发展,最重要的还是要彻底转变人们的教学理念。信息化时代背景之下,我们应该在体育教学中具备与信息化教学模式相匹配的创新理念。

1. 课程信息多元化原则

传统的体育教学模式之下,学生了解和进行一项体育活动主要是以课堂为载体。但是在信息技术的支持下,人们可以在网络上建立体育信息资源库,让学生通过网络加深对常规体育活动的了解,拓展对非常规的体育活动,如马术、攀岩、蹦极等运动的了解。更加丰富的体育信息资源能让学生

---

[1] 邱汉翔. 信息化技术背景下高校体育教学模式的创新发展研究[J]. 湖北第二师范学院学报,2018,35(12):90-93.

第六章　信息化时代背景下体育教学模式的创新与发展

充分感受体育活动的多样性,激发学生进行体育学习的积极性。

对于教师来说,传统教学模式下,教师们编排动作只能在线下借助有限的书籍和经验进行,但是体育资源库能够为教师提供更加丰富的素材,激发教师创编动作的灵感。另外,信息技术还能模拟体育动作,对动作进行分解、组合和修改,让教师更加直观地观察、分析各个动作的特点,提高教师的工作效率。

2.运用信息化技术设计教学环节

传统的体育教学模式中,教师进行一个新动作的教学,往往需要亲自示范,让学生观察、了解动作。但是这种教学方式中存在很多问题,比如,受到教师的年龄和身体等因素的影响,可能会存在教师做出来的动作不标准、每次做的动作有出入的现象。还有些动作,如腾空、翻转等,动作本身的特殊性让老师无法进行动作慢放,学生可能无法通过教师的示范充分领悟动作要点。一般动作示范是在授课过程中进行,并且受到教师体力等因素的影响,示范的次数有限,而学生的理解能力有差距,可能会导致有些学生无法跟上老师的课程进度。

和传统的教学模式之下的这些缺点对比,利用信息化技术进行课程设计的优势就体现出来了。比如可以通过网络技术把动作要领和教学理论结合起来,制作成视频或者FLASH动画,不仅能够保证动作的标准性、一致性、细致性,还能供学生在课下反复观看,弥补学生在理解能力上的差异。

以三步上篮为例,我们可以进一步了解利用信息技术进行课程设计的优势:

传统教学方法中,教师首先会向学生介绍三步上篮的教学理论,其中包括动作要领、动作重点、动作难点等,要求学生注意一大二小三高跳以及运球与上篮动作的衔接和上篮的节奏。之后是教师的示范时间,教师需要将动作进行分解然后逐步教授给学生,学生需要集中注意力紧跟教师的动作示范。但是这个过程中教师很难根据每个学生的需求对动作进行定格慢放,能够重复示范的次数也是有限的。教师的讲解和示范之后是学生的练习时间,教师只能对学生的动作进行逐一的纠正,而学生因为没有评判依据而无法进行自我纠正。逐一纠正动作是一个效率低下的过程,将会占用大量的课程时间。课后学生需要进行动作练习,但是因为距离上课已经有一段时间,学生可能已经遗忘动作,无法进行有效的练习。信息化技术进入体育课堂之后,教师可以将运动动作制作成动画,利用动画进行动作讲解示范,同时还可以将易错动作录入动画中,给学生们以提醒,使动作纠错事半功倍。教师还可以将动画视频发送给学生,供学生在课后的练习中使用。信息化技术使学生能够在直观生动的过程中学习体育课程,不仅能提高体育教学的效率,还能够激发他们对体育课程的兴趣和热情。

(三)体育教学模式创新的途径

1. 转变教师的教学观念

转变教学模式最根本的任务就是转变教师对传统的体育教学模式的执念,使他们认识到信息技术的优势并且主动引进信息技术进课堂。目前,还有一些体育教师认为体育课程不需要进行改革,他们拘泥于传统的教师示范、学生模仿的教育模式,满足于这样的教学效果。造成这种现象的原因,一方面是部分学校的信息技术设备仍处于比较缺乏的状态,学校无法支持教师进行体育课程创新。另一方面是教师的思维固化,对新鲜事物的接受程度不高。想要改变这种状况,使信息技术尽快进入体育课程,必须要加大对学校新型设备的投入,同时采用将信息技术纳入绩效考核等方法引导教师转变传统思想。

2. 体育教师加强对信息化技术的学习

体育教师对信息化技术的掌握水平会对教学的效果产生很大的影响,而现在的体育教学仍旧面临着一些上了年纪的教师对现代信息技术掌握有限,无法熟练使用信息技术进行授课的问题。

提高教师的信息化技术水平,需要学校和教师双方的共同努力。就学校方面来说,要定期组织对教师的信息技术培训,提高教师运用信息技术的水平,要求体育教师学会运用互联网教学软件,制作开发教学资源,制作微课,实现翻转课堂与混合式课堂教学,实现信息技术与体育教学的深度融合。就教师方面来说,教师应该树立主动学习的意识,平时多找相关的课程进行学习,多多阅读相关的知识,增强自己的信息化技术水平和教学能力,做新时代的体育教师。

3. 开发以体育课程为主的信息技术教学软件

体育课由理论课和技术课两部分组成,关于理论课的学习,现在的超星、雨课堂、课堂派等软件就可以满足。但是体育课的重点在于进行体育实践活动,对于学生的课堂表现进行评价简单地依靠纸质考试和考勤是不科学的,还要看学生对体育动作的完成状况。

想要进一步将信息技术与体育教学结合落到实处,还要针对不同体育课程的动作重点开发相应的体育教学软件。比如大学公共课的目的在于引导学生锻炼,强健学生的体魄,就可以运用普通的跑步软件,以学生跑步的公里数和消耗的卡路里为评价标准。球类体育课程需要考察学生动作的规范性和完整性等,教学软件的设计就可以设置投篮要求、障碍跑等技术要求,考察学生动作是否标准和动作的完成度。根据不同的体育学科的特点设计具有针对性的教学软件是信息技术结合体育教学的一大进步,也将成为未来的一大趋势。

4.合理使用信息技术,让信息技术为体育教学服务

信息技术与体育教学结合的过程中,教师们需要摆正信息技术和体育教学的地位,认识到信息技术是体育教学的手段和工具,为体育教学所用,而体育教学才是最终的目的,不能出现本末倒置的认识。教学实践中,教师也要引导学生将重点放在了解和掌握体育知识理论、完成体育动作上,避免学生在熟练使用信息技术软件上浪费太多时间。

二、信息化时代背景下的体育网络课程

(一)体育网络课程的概念

体育网络课程是学校根据社会对体育教育的要求,以教育技术和媒体手段为课程载体,结合体育网络教学设计思想而组成的,适合体育网络教学内容和教学活动的总和。[1]体育网络教学中包含着教学目标、教学活动和教学内容以及教学评价等因素,但是体育教学除了需要考虑教学课程中原本就存在的这些因素之外,还要充分认识到信息技术的应用带给它们的影响以及它们的变化。

(二)体育网络课程的特征

1.体育网络课件的特征

(1)运动动作图像化

体育教学的重点在于使学生掌握体育动作,而掌握动作最有效的方式就是让学生直观地进行观察,让学生在感觉器官的作用下形成对体育动作直接、生动的印象,这样便于学生对动作的理解和记忆。正是因为体育教学的这种特点,人们逐渐认识到直观教学方式的重要性。20世纪50年代开始,就有人将专业运动员的训练和比赛过程录制成视频给运动员观看,供运动员纠正动作使用。而在体育网络资源开发的过程中,教师将运动员的运动过程中的动作以及生理和心理的变化进行数据分析,然后制作成图片或者视频供学生观看,课件能够稳定、慢放或者重复运动动作,使学生能够直观地认识到动作的重点和难点,便于学生对动作的理解和记忆。

---

[1] 龚正伟.体育教学新论[M].长沙:湖南师范大学出版社,2012.

（2）图像动作仿真化

从运动技术这一视角上看，运动成绩要获得提高或者突破就必须在运动技术研究方法上完成两个转变，即从传统的主要基于人眼观察到基于高精度运动捕捉与分析的人体运动技术测量方法的转变；从基于包含太多的感情色彩的经验方法到基于程序化的人体运动模拟与仿真的人体运动分析方法的转变。[①]运动技术仿真要通过虚拟现实技术再现学生的技术动作诸细微环节、教练员的训练意图以及训练过程。运用虚拟现实技术，可以细化体育课动作的展示，例如对同一姿势，学生就可以从不同的角度去观察动作要领。[②]

（3）动作方针微格化

随着计算机辅助教学技术的进步，体育教学的一个重要内容就是讲解技术动作的分解变化过程、技术动作相关的步伐或者姿势变化过程、集体项目战术配合中的队员位置以及运动线路变化过程等。到了20世纪80年代中后期，由于摄像机的普及，在专业运动训练领域，采用微格教学近似的方法来纠正运动中的错误动作和技术的现象比较普遍。20世纪90年代以后，在一些体育院校，就开始针对体育教育专业进行提高课堂教学技巧的微格教学活动。

2.体育网络课程特征的具体表现形式

（1）技艺性

体育教育不同于其他教育，它专注的内容不是理论知识，而是学生的身体活动，注重对学生身体认知的培养，是一种具有"技艺性"的课程。体育教育的这种特殊性要求在网络课程中不仅要讲述课程的理论，更重要的是要清晰细致地展示体育动作。体育网络课程采用多媒体技术，将体育理论讲解和动作展示结合在一起，通过慢放、定格、重复播放的方式表现出来，充分考虑到体育动作的技艺性，提高了教学效率。

（2）动态性与非线性

动态性指的是体育网络课程教学不是静止不变的，相反它一直在向前发展。网络体育教学课程不断吸收最前沿的学科知识和最先进的研究成果，总结教学实践中师生的最新发现，及时对课程的内容进行更新。而非线性是由网络技术本身的特点决定的，非线性的信息表达方式对于培养学生的

[①] 陈健，姚颂平.虚拟现实技术在体育运动技术仿真中的应用[J].体育科学，2006（9）：36.

[②] 胡斌，肖伟.试析体育课程远程教育中网络技术的应用[J].解放军体育学院学报，2003（02）：127.

第六章　信息化时代背景下体育教学模式的创新与发展

想象力和发散思维具有重要帮助。

（3）多维性与多元性

多维性指的是体育网络课程在表现形式上具有多维性,既可以通过文字、图片、声音的方式表现出来,也可以被制作成动画、视频;既能通过二维的方式表现也可以通过三维的方式展现,甚至还能通过模拟虚拟显示进行多维的展示。多元性指的是网络的跨地区性、跨国界性给网络体育课程带来了文化的多元性,一方面可以在体育课程中寻找到不同文化融合的影子,另一方面在网络教学的过程中不同文化的人带来的不同的思维方式和表达方式又让体育网络课程的教学过程变成了一个充满不同文化融合现象的过程。

（4）整合性

体育网络课程的开发是在不同的技术、不同的文化知识以及在多方人士的共同努力之下完成的,体育网络课程的开发就是一个多种资源相互融合的结果。体育网络课程中包括的资源有信息技术、信息资源、信息方法、人力资源、课程内容和现代教育思想等,这些资源的融合使体育网络课程具有了融合性的特点。

（三）体育网络课程开发的理论基础

1. 体育教学设计论

体育网络课程教学的重点在于"体育教学",即让学生学习体育知识,而"网络课程"只是一种教学的工具,辅助提高教学效率。在进行网络课程开发时要谨记这两个因素的关系,要将课程设计作为首要任务,不能本末倒置。将体育教学设计论作为体育网络课程开发的理论基础,就是要让开发者注重课程本身的开发,合理设计教学目标、教学过程和教学方法等,保证教学课程的质量。

2. 构建主义学习理论

构建主义学习理论强调教学情景对教学效果的重要性,主张应该在教学过程中设置不同的学习情景,让学生在模拟真实环境的状况下更加深入地学习课程知识。因为将构建主义学习理论作为理论基础,体育网络教学课程的开发和实施也非常注重课程情景的设计。体育网络课程会在一定的课程情景中设计相关的问题,引导学生运用一定的学习资源,和教师以及学生进行交流和讨论,自主选择解决问题的方法。一方面这种"身临其境"的情景能让学生有实践的体验,帮助学生加深对知识的理解和记忆;另一方面,课程中采用的丰富的学习内容和学习方式,以及给予学生的自主权利的做法,能在很大程度上激发学生的学习积极性和自主性。

3. 人本主义学习理论

人本主义学习理论认为，学生才是学习的主体，教学过程不应该是学生被动接受知识的过程，而是学生为了谋求自我潜能的发掘，积极主动参与到教学过程，学习知识，进行自我充实的过程。因此，体育网络课程的开发也非常注意为学生建立积极主动的学习环境，重视学生的主体地位、创设真实的情景教学模式、引导学生养成协作学习的习惯。人本主义理论在体育网络课程中的应用对于调动学生的学习积极性，使学生抱着促进自我发展的想法，积极主动地参与到学习过程中有非常重要的意义。

（四）体育网络课程开发的流程

体育网络课程的开发是一个既要注重教学设计又要注重网络软件设计工程思想的过程，只有分别将二者考虑到位，又将二者有机结合，才能开发出有意义的课程。网络课程开发的具体流程如图 6-3 所示。

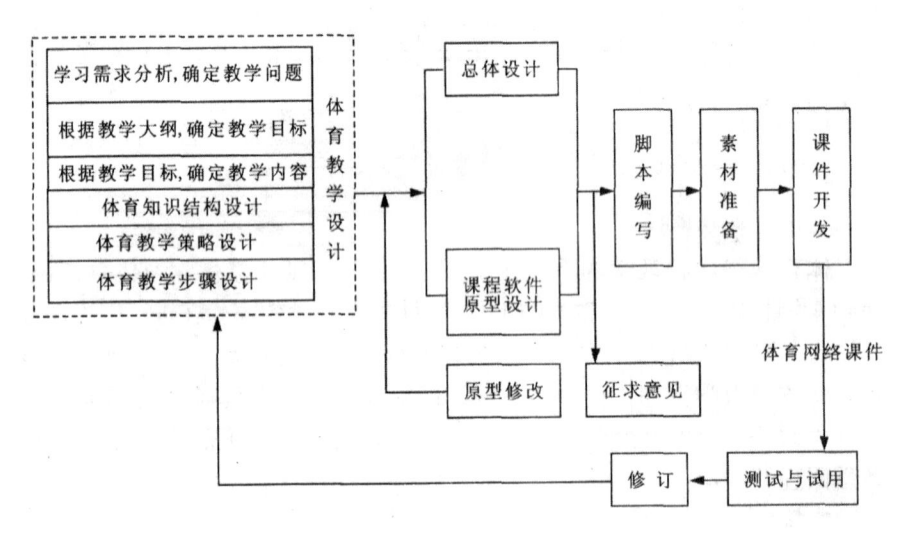

图 6-3 体育网络课程的开发流程图[①]

（五）体育网络课程的教学设计

体育网络课程本质上是将体育教学设计通过网络形式展现出来，因此教学设计是体育网络课程中最核心的内容，它的质量在一定程度上决定了整个网络课程的质量。传统的体育教学模式更注重教师的"教"，而在一定

---

① 龚正伟. 体育教学新论 [M]. 长沙：湖南师范大学出版社，2012.

第六章　信息化时代背景下体育教学模式的创新与发展

程度上忽视了学生的"学",体育网络课程的教学设计重视学生的主体地位,通过设计一系列情景教学、自主学习、协作学习的教学策略,将教学设计的引导作用和学生的主体作用有机结合。而在真正的教学实践中,教师对课程的主导也是教学实践必不可少的部分,教师的主导作用和学生的主体作用结合才能真正发挥教学实践的效果。因此,体育网络课程的教学设计既要突出学生的主体地位,又要发挥教师的主导作用,还要注重提高自身的质量。体育网络课程设计的具体程序如图 6-4 所示。

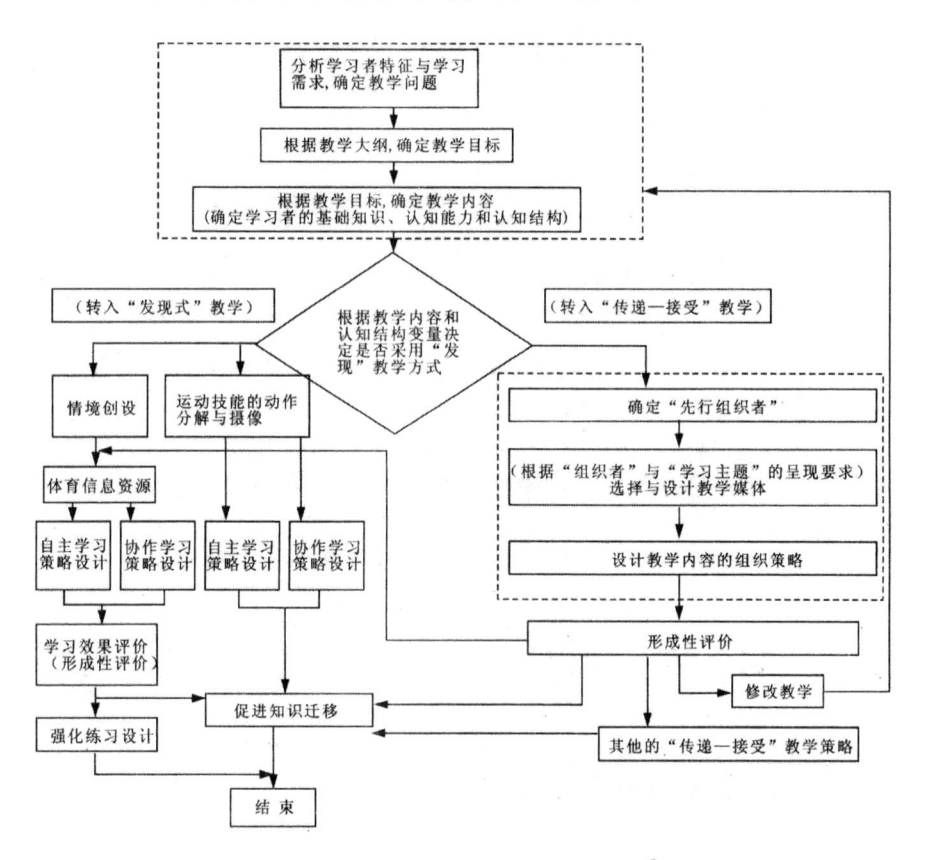

图 6-4　体育网络课程的教学设计图[①]

---

① 龚正伟. 体育教学新论 [M]. 长沙:湖南师范大学出版社,2012.

第七章 信息化时代背景下体育教学评价的改革与发展

在信息化背景下,体育教学评价的手段变得更加丰富,这无疑对体育教学质量的提高具有非常重要的意义。在传统体育教育背景下,体育教学评价并没有受到应有的重视,对于体育教师和学生而言都是如此。而在信息化时代背景下,伴随着各种信息化技术手段的利用,体育教学评价变得不再像以往那样难以操作,体育教学评价也逐渐受到教师和学生的重视。加强体育教学评价在信息化时代的改革与发展对于学校体育教育的发展具有非常重要的意义。

第一节 体育教学评价基本理论概述

一、体育教学评价的概念与内容

(一)体育教学评价的概念

关于体育教学评价的概念,并没有一个统一的定论,不同的专家及学者都有自己独特的见解和看法。一般来说,体育教学评价就是对体育教学效果所做出的一个价值认定,这一价值认定过程要有一定的依据,那就是依据教学目标和评价标准进行。体育教师通过所得出的评价结果,合理地调整教学计划或方案,组织教学活动,通常能取得不错的教学效果。

体育教学评价属于体育教学体系的重要组成部分,体育教学的发展离

第七章 信息化时代背景下体育教学评价的改革与发展

不开教学评价。需要注意的是,体育教学评价活动并不是盲目进行的,而是需要有一定的标准,这一标准必须要符合现代教育的要求及具体的教学实际,这样才有可能得出相对真实和客观的评价结果。总的来说,体育教学评价的目的在于改进教学质量,促进学生的全面发展,在具体的体育教学中,要围绕学生展开一切活动,保证学生从中受到良好的教育。

(二)体育教学评价的内容

1. 教师对体育教学过程的评价

一般来说,教师的评价主要包括教师自评和教师互评两种形式。这两种评价形式如果利用得当都能取得不错的评价效果,在具体的体育教学中,可以综合运用这两种评价方式,以取得理想的评价效果。

在体育教学中,并没有一个统一的评价标准,也不存在一个万能的评价标准,要具体问题具体分析。如评价体育教师的备课情况时,要看其是否研究了教学内容和学生的具体情况,是否认真研究了教学目标、教学内容和教学方法,是否制定了合理的教学方案。而在评价体育教学组织情况时,就要看是否采用了适宜的教学手段与方法,如果教学手段和方法不当则难以取得理想的教学效果。

2. 教师对学生学习的评价

教师对学生学习的评价主要包括学习过程的评价和学习结果的评价两种形式。在传统的体育教学背景下,体育教师一般比较注重学生学习结果的评价,学生学习过程的评价则遭到忽视。而在信息化教学背景下,学生学习过程的评价理应受到重视。

(1)对学生学习过程的评价,主要包括学生学习态度、情意表现、技战术掌握情况等方面的内容。

(2)对学生学习结果的评价,主要包括学生某一阶段的学习成绩或掌握与运用技术动作的能力等。

需要注意的是,并不存在一种万能的教学评价手段,在具体的教学评价中要结合学生自身学习情况和教学实际综合运用各种评价手段,如此才能取得理想的评价效果。

3. 学生对体育教师教学的评价

一般来说,学生对体育教师的评价主要采用以下两种形式。

(1)学生对体育教师的教学活动作出评价,教师根据评价反馈得知自己的问题所在,然后加以改进和完善。

(2)通过学生的评价,体育教师能充分认清自身的不足,从而指导学生更加顺利有效地组织与开展教学活动。

4.学生对体育学习过程的评价

体育教学过程并不是固定不变的,在教学过程中存在着各种因素影响其发展,可以说它是一个动态发展的过程,在这一过程中,每一名学生的学习情况都存在着一定的差异。通过学生对体育学习过程的评价,学生能深刻认识到自身存在的不足,从而针对这些问题和不足加以改进,促进自身学习能力及学习成绩的提高。

5.其他方面的评价

伴随着信息化时代的到来,体育教学评价体系也日益丰富和完善,除以上评价内容外,还有专家评价、家长评价、媒体评价等多种形式,在信息化技术得以广泛利用的今天,如多媒体评价就是这样一种崭新的评价形式,必将在今后得到充分的利用。

二、体育教学评价的特征与功能

(一)体育教学评价的特征

与其他文化课程相比,体育这一门课程有着极为鲜明的特色,它注重身体的运动和实践,与之相应的教学评价也呈现出别样的特点。

1.动态性特征

在传统的教育理念下,我国学校一般都比较重视结果性评价这一方式,即使发展到今天,这一评价手段也有着很重要的地位。但是,大量的事实表明这一评价方式欠缺客观性,不能很好地反映体育教学情况,需要结合其他教学评价手段使用。因此,在具体的体育教学评价中,要将结果评价与过程评价结合起来使用,如此才能取得理想的评价效果。整个教学过程始终是处于不断发展和变化之中的,因此体育教学评价也呈现出相应的特点。

2.发展性特征

在体育教学评价中,体育教师要以体育教学目标为根本出发点和落脚点展开具体的教学评价活动,这一点需要引起高度重视。这是因为离开了体育教学评价目标,整个评价活动就会失去了应有的秩序,对于整个体育教学的发展是十分不利的。在传统教育观念下,体育教学的主要目的在于帮助学生掌握体育知识,提高运动技能,大多时候采用的是终结性评价的方式。这种评价方式在信息化技术发展的今天已难以适应体育教学的要求。因此,我们要与时俱进,进一步加强体育教学评价的改革与研究,创造出更加有效的体育教学评价手段。

3. 多元性特征

伴随着体育教育的不断发展，师生的主体地位越来越受到重视，二者之间的关系也日益密切，只有如此，才能促进体育教育的健康发展。教师和学生都是体育教学的重要主体，在这两个教学主体共同参与的情况下，能实现良好的评价效果。在具体的体育教学评价中，要重视评价主体的多元化，力争获得客观的评价结果。

在传统教育观念下，学校教育中的管理者占据着主导地位，引领着一切教学活动的开展，在教学评价方面也是如此，非常看重管理者的教学评价。在这一评价模式下，学生始终处于被动地位，难以激发学习的兴趣，在这样的情况下是很难获得理想的评价结果的，这样非常不利于教学质量的提高。因此，构建一个学生、教师、家长等共同参与的教学评价体系是十分重要的。

4. 过程性特征

在信息化时代背景下，体育教学更加重视学生在学习过程中的表现，因此过程性评价的地位日益凸显。伴随着时代的不断发展，体育教学过程评价越来越受重视。这一种评价形式是全程跟踪学生的学习与表现情况，实时分析学生的优点与缺点，针对学生的这些学习情况进行细致的分析，给予学生有针对性的指导，无论是对于学生个人的发展还是整个体育教学的发展都具有非常重要的意义。

对于体育教师而言，一定要在平时的教学中时刻观察学生的表现，然后给予相应的评价。通过赞扬或激励的方式能有效激发学生学习体育的兴趣，从而保证体育教学评价活动的顺利开展。

对于学生而言，学生也可以通过记录体育学习过程的方式及时发现自己的缺点和不足，从而采取有针对性的措施和手段去解决问题。对于学生的评价，不能只关注学生的学习成绩，还要注重学生平时的学习表现，将终结性评价与过程性评价结合起来进行。

5. 多样性特征

伴随着时代的不断发展，各种评价方式涌现出来，极大地丰富了体育教学评价体系。但需要注意的是，并不是每一种评价方法都是万能的，它们都存在着一定的优点和缺点。因此这就要求体育教师在具体的评价活动中应以实际需要为主要依据，运用多种评价方式进行评价，以保证评价结果的准确性和可靠性。如体育教师可以在平时的教学中细致地观察学生的表现并作好必要的记录，然后制作成成长档案袋，通过这一档案袋的形式，体育教师能清楚地了解每一名学生的成长规律与学习情况，从而制定出科学合理的教学方案。

(二)体育教学评价的功能

1. 诊断功能

诊断是体育教学评价一个最为重要的功能。这一功能的意义在于通过体育教学评价得出的反馈信息,体育教师能判断当前的体育教学质量如何,从而为调整和完善教学计划提供真实客观的依据。某种意义上而言,体育教学评价就是对体育教学现状进行一次诊断。

具体而言,体育教学评价的这一诊断功能的意义主要体现在以下两个方面。

一方面,通过对学生学习成绩的评估能对教学目标产生积极的影响。

另一方面,通过诊断学生的学习情况能帮助学生清楚地认识到自己存在的不足,然后采取各种手段与措施加以改进和完善。

2. 研究功能

体育教学评价的研究功能是指对收集到的相关资料进行细致的分析与测量。这些资料具有一定的参考价值,主要表现在教学方法的衡量、教学课程的改进、学生身心发展评价等方面。

3. 检验功能

具体来看,体育教学评价的检验功能主要体现在以下两个方面。

一方面,针对体育教师教学水平、学生学习水平等各方面的评价。

另一方面,通过体育教学评价为体育教学质量的提高奠定良好的基础。

4. 激励功能

激励也是体育教学评价一个非常重要的功能,这一功能对于激发学生学习体育的兴趣具有非常重要的作用。通过体育教学评价,整个体育教学情况能被很好地反映出来,教师通过评价反馈能清楚地认识到教学的不足以及需要完善的地方,而学生通过评价则能认识到自身哪些地方还需要学习和提高,建立学习的自信心。这就是体育教学评价激励功能对教师和学生的影响。

5. 反馈功能

反馈也是体育教学评价的一个重要功能。通过体育教学评价,体育教师能及时了解自己的教学状况,从而为制定与调整教学方案提供客观真实的依据。同时,学生也可以及时发现自己存在的不足和各种问题,然后加以改进和完善。为实现理想的体育教学效果,体育教师要采取各种手段与措施激发学生学习的积极性,促使学生积极主动地参与体育教学活动。

6. 调控功能

通过教学评价得出的各种反馈信息,体育教师能以此为依据调整教学计划或方案,而学生也能认识到自己的学习水平和不足,从而采取有针对性的措施加以改善,这就是体育教学评价的调控功能。通过反馈出的各种信息,体育教师能及时有效地调整和修订教学计划,改进体育教学方法;而学生则可以适当调整学习策略,提高教学效率。由此可见,体育教学评价就像是一个调控系统,保证体育教学活动的顺利开展。

三、体育教学评价的基本原则

(一)全面性原则

全面性指的是体育教学评价活动中的教师和学生都要做到全方位、多角度的评价,避免出现以偏概全、以点代面的现象,如此才能取得理想的评价结果。体育教学是一个比较复杂的系统,该系统内的要素众多,主要表现为一个由多因素组成的综合体。鉴于此,就要求体育教师的教学评价和学生的学习评价要从多角度进行,不能忽视了任何一方面。另外,在具体的体育教学评价中,还要把握评价的主次,抓住主要矛盾和重点;与此同时,还要采用合理的教学评价方式,将各种教学评价方式综合起来利用,如此才能获得理想的评价效果,保证体育教学活动的顺利开展。

(二)科学性原则

体育教学评价的科学性原则要求评价者应以客观规律为主要依据,确定一个合理的评价标准,得出良好的评价结果。体育教学评价的科学性主要体现在评价目标和评价标准两个方面,要保证这两个方面的科学性。

(1)体育教学评价要以体育教学目标为依据,确定一个合理的评价标准。

(2)体育教学评价工具的选择要合理,要具有很强的实用性和可操作性。

(3)选择科学、合理的统计方法与测量手段,正确处理各种评价资料和数据,以确保评价结果的准确性。

(三)指导性原则

体育教学评价并不是盲目的,而是遵循一定的规律和原则,其中指导性原则就是一个非常重要的原则,这一原则是指将评价和指导有机结合,帮助评价者客观对待自己,从而展开有针对性的评价活动。

贯彻指导性原则需要注意以下几点。

（1）评价者要尽可能地收集大量的评价资料,然后进行细致的研究与分析,确保资料收集来源的可靠性。

（2）评价者要做到及时反馈,指导明确,避免拖沓。

（3）评价者的评价要有一定的启发性,留有余地和空间。

（四）客观性原则

客观性也是体育教学评价应该遵循的一个非常重要的原则。在当今教育背景下,体育教学评价的内容、手段都得到了极大的丰富与完善,这是时代发展的必然。在具体的体育教学评价活动中,我们应坚持从实际出发,选择合适的评价方法和标准。这就是体育教学评价的客观性原则。如果违背了这一原则,就很难得到理想的评价结果,这对于学生的发展及体育教学活动的顺利开展都是十分不利的。

四、体育教学评价的主要目的

（一）提高体育教师的教学水平

通过体育教学评价,体育教师可以清晰地认识到自身存在的不足,从而采取有针对性的措施和手段解决问题,从而提高教学质量,促进学生的全面发展。

（二）提高学生的体育学习兴趣

体育教学评价是一个师生间的双向活动,教师评价与学生评价都是重要的组成部分,通过反馈出的教学信息,学生能清晰地认识自己的学习水平和不足,从而激励自己好好学习,努力提升自身的学习水平,提高学习成绩；而教师则可以充分认识到自己教学过程中存在的不足,采取有针对性的措施和手段加以改进,除此之外,体育教师还可以根据得到的反馈信息及时调整和改善学习计划,从而促进教学质量的提高。

（三）提高体育教师的教学科研水平

要想保证体育教学评价活动的顺利进行,体育教师需要搜集与整理大量的有关体育教学的资料和数据,这样就能为体育研究者提供各种事实依据,从而为体育科研水平的提高奠定良好的基础。

五、体育教师教学评价与学生学习评价

（一）体育教师教学评价

1. 体育教师基本素质的评价

在体育教学中,体育教师起着重要的指导作用。在体育教师的带领下,体育教学活动才能顺利地开展。作为一名体育教师,一定要在平时注意提高自己的综合素质。这样才有利于教学评价活动的顺利开展。体育教师基本素质的评价主要包括以下几个方面的内容。

（1）政治素质

政治素质是体育教师首先要具备的,这是因为体育教师的政治倾向正确与否将直接影响着其日后的发展。一般来说,体育教师的政治素质评价主要包括思想道德修养、工作与学习态度、教书育人、遵纪守法、为人师表、文明行为习惯等多个方面的内容。在具体的评价过程中,体育教师的政治素质要依据其在生活、工作中的具体行为表现来判定。

（2）能力结构素质

体育教师必须要具备以下基本的教学能力。

①基本的体育教学工作能力。

②组织与管理教学活动的能力。

③良好的语言表达能力。

④与学生沟通与交流的能力。

⑤开发体育教学资源的能力。

⑥体育教学创新意识与创新能力。

（3）知识结构素质

为保证体育教学评价活动的顺利开展,体育教师还要具备完善的知识结构体系。

①掌握扎实的体育专业知识。

②了解体育基本常识。

③学习和了解与体育教学有关的学科理论,如体育教育学、运动训练学、运动生理学等。

④理论联系实践组织体育教学活动。

（4）身心素质

良好的身体与心理也是体育教师应具备的基本素质。

①身体素质

身体素质的好坏将直接影响到体育教学能否顺利地组织与开展教学活

动以及体育教学评价活动,身体素质这一方面的指标应包括身体健康状况、运动能力、体育运动技术能力等方面。

②心理素质

在体育教师的评价中,心理素质评价也是非常重要的一方面。作为一名合格的体育教师,需要具备的心理素质主要包括敏锐的观察力、缜密的思维能力、良好的教学态度等。

(5)教师自身发展的素质

体育教育是始终处于发展和变化之中的,作为一名体育教师要适应这种变化,要具备良好的自身发展的素质,这一素质主要包括以下内容。

①理解与接受体育运动理论的能力。

②学习能力。

③发展潜能。

④创新意识与创新能力。

2. 体育教师基本教学能力的评价

体育教师的教学能力在很大程度上影响着体育教学质量和效果。为此,必须要全面评价体育教师的基本教学能力,发现体育教师教学中存在的不足,然后有针对性地完善与发展。[1]

体育教师的教学能力主要体现在以下几个方面,我们应从这几个方面进行综合的评价。

(1)体育教师教法的评价

体育教师教法的评价主要包括以下内容。

①教法是否符合教材的规定。

②教法是否符合学生的身心发展特点与个性。

③教法是否与教学环境相符合。

④教法是否便于教师组织与开展教学活动。

(2)体育教师组织能力的评价

我们应从以下几个方面评价体育教师的教学组织能力。

①教材内容的组织是否符合教学规律。

②教学组织形式之间的匹配是否合理和有效。

③教学媒体的利用是否合理,能否提高教学效果。

④体育课堂教学结构是否合理,是否便于指导学生学习。

3. 体育教师课堂教学活动的评价

一般来说,体育课堂教学活动主要包括准备阶段、基本阶段和结束阶段

---

[1] 张振华. 体育教学理论与方法 [M]. 北京:北京师范大学出版社,2016.

第七章　信息化时代背景下体育教学评价的改革与发展

三个部分,这三个部分的评价是非常重要的,是评价体育教师教学能力和水平的重要方面。

（1）准备阶段的评价

体育教学的准备阶段以导入学习状态,说明教学目的,创设学习情境、氛围,引起学生兴趣等目的为主。可以从以下几个方面展开评价。

①队伍集合是否满足教学要求,能否激发学生学习的兴趣。

②能否在教学活动前安排合适的热身活动。

③是否达到了"寓教于乐"的教学要求。

（2）基本阶段的评价

这一阶段教师教学评价的内容主要包括以下部分。

①体育教学场地器材及设备的安排是否合理。

②体育教材的安排是否与教学顺序相符。

③体育教师是否运用了多样化的教学手段与方法。

④体育教师是否注重学生体质、技能、品德的共同发展。

（3）结束阶段的评价

结束阶段的评价也是体育教学评价的重要方面,在实际教学中,这一方面的评价往往受到忽视。在这一方面的评价时需要注意以下几个方面的要求。

①放松活动的组织安排是否合理。

②教学中是否体现了"以学生为本"的教学思想。

③学生是否养成课后收拾运动器材的习惯。

(二)学生学习评价

学生学习的评价主要包括以下几个部分的内容。

1. 体能评价

学生的体能评价是一项非常重要的内容,通过学生体能评价,体育教师能很好地了解学生的身体状况,从而为安排教学活动提供重要的依据。体能可以说是学生参加运动锻炼以及其他一切活动的重要基础。基本的体能素质主要包括力量素质、速度素质、耐力素质、柔韧素质、灵敏素质等几个方面,学生体能素质的评价少不了这几个方面。

评价不同的体能素质,选取的评价指标及方法也不同,通常来说,可以通过 10 米 ×4 往返跑、50 米跑、跳绳等来评价学生的体能素质。

2. 健康行为评价

在学生的教学评价中,健康行为的评价也是非常重要的一部分。学生的全面健康主要包括身体健康、心理健康和社会适应健康等方面。营养、生活方式、环境、体育锻炼情况等是影响学生身心健康的主要因素。在体育教学中,应在学生掌握各项运动技能的同时开展健康专题教育,重视学生健康行为的养成。

在评价学生的健康行为时,可以将以下几个指标充分考虑在内。
（1）是否注意个人的卫生。
（2）能否维护好公共卫生。
（3）是否有不良生活习惯。
（4）能否自觉遵守作息制度。
（5）运动锻炼的安全是否有保障。

3.学习态度评价

在学生的学习评价中,学习态度也是非常重要的一方面。在传统的体育教学评价中,这一方面往往不受重视。学生学习态度评价主要是看学生是否具有强烈的学习欲望,是否具有高涨的学习热情,是否具有较强的专注性,是否具有主动学习的意识和习惯等。在信息化教学背景下,必须要注重学生这一方面的评价,评价是否具有端正的学习信息技术的态度或行为。

4.知识与技能的评价

（1）知识评价

作为一名合格的学生,必须要构建一个完善的知识结构体系,这一结构体系见表7-1。

表7-1　学生体育知识学习的评价

知识类型	评价内容
人体科学知识评价	（1）人体生理变化的规律 （2）运动卫生与自我保健 （3）运动适应性与运动处方 （4）体育锻炼对人体的影响
体育理论知识评价	（1）世界体育史 （2）体育基础理论与运动技能 （3）体育比赛欣赏能力
社会学与美学评价	（1）体育对人体发育的影响 （2）体育的社会价值与魅力
心理学知识评价	（1）体育对人心理健康的影响 （2）心理障碍调节的方法
知识认知评价	知识对未来生活的重要意义

（2）运动技能评价

在体育教学中，运动技能是学生的一项重要能力，这一方面的评价也是必不可少的。运动技能可以说是学生完成学习任务和运动锻炼的重要载体。在评价学生的运动技能时主要是看学生学习和掌握的运动技能质量如何，是否存在错误的技术动作或不规范的技术动作等情况。这一方面的评价非常重要，需要引起重视。

5.情意表现与合作交往的评价

（1）情意表现的评价

情意表现也是学生评价的重要内容。这一评价的主要目的在于帮助学生养成积极向上、乐学与好学的好习惯。其中，学生的学习态度、意志力等是其中的重要内容。

（2）合作交往的评价

学生在教学活动或课外体育锻炼中，一定要与其他学生进行良好的沟通与交流，要养成尊重同学、互相学习和提高的良好行为，只有在这样的环境和氛围下，学生才能获得发展和提高。这就涉及学生合作与交往的能力，这一方面的评价也必不可少。学生合作交往评价的主要目的在于让学生正确处理竞争与合作之间的关系，培养学生与人交往的能力，从而为走上社会奠定良好的基础。[1]

第二节　传统体育教学评价与信息化教学评价的差异

发展到现在，各种信息技术在社会各个领域都得到了一定程度的利用，这一信息化技术与传统的技术手段相比有着明显的优势，那就是学习成本低、具有很强的操作性，能取得良好的应用效果。如今这一技术手段也在体育教学评价中得到了一定的利用。具体而言，传统的教学评价与信息化教学评价之间的差异主要体现在以下几个方面。

---

[1] 杨文轩,张细谦,邓星华.学校体育学[M].北京：高等教育出版社,2016.

一、评价目的的对比

（一）传统教学评价目的

受传统教育观念的影响，我国学校体育教育中，传统的教学评价非常重视结果的评价，对于体育教学的过程则不是很重视，这种评价手段过于片面，主要是考察学生最终的学习情况。传统教学评价非常重视学生的学习结果，其评价通常比较正规，且具有较强的判断性。这与信息化教学的评价目的有着一定的区别。

（二）信息化教学评价目的

信息化教学是现代社会不断发展的产物，是伴随着信息化社会的发展而出现的，这一评价手段具有一定的先进性和合理性，与传统的教学评价相比，信息化教学评价非常注重学生平时的表现和学习过程，看重学生的知识和技能学习与运用的能力。与传统教学评价相比，这一教学评价的目的是不正规的，且具有一定的建议性特点。

二、评价标准制定的对比

（一）传统教学评价标准的制定

传统教学评价标准的制定主要是以教学大纲或教师编制的教学方案为依据，这一标准具有一定的统一性，有利于展开全体学生的评价，效率较高。

（二）信息化教学评价标准的制定

在信息化教学背景下，信息化教学评价非常注重学生的个性发挥，注重学生自我学习能力的提升，因此信息化教学评价标准的制定并不是仅仅以教学大纲或教师为主，而是综合学生实际及教学现状等各方面的因素而定。因此，这一教学评价具有全面性和客观性的特点。

三、对学习资源的关注的对比

（一）传统体育教学中的学习资源

传统体育教学评价中，学习资源基本上是事先确定好的体育教材，缺少对学习资源的关注与评价。只有在体育教材成为教师与学生学习的载体前才会被当作实验性质的评价出现。

（二）信息化体育教学中的学习资源

在信息化技术应用的背景下，体育教学中学习资源的来源要比传统体育教学更为广泛，通过计算机与互联网的利用，学习资源可谓呈现出取之不尽之势，这对于体育教师与学生的教学活动起到了十分重要的作用。与传统的体育教学评价相比，信息化教学评价更加注重学习资源的评价。在这一方面，信息化教学评价显然有着巨大的优势。

四、学生所获得的能力的对比

（一）传统教学评价中学生所获得的能力

受传统教育观念的影响，传统的体育教学评价并不重视学生的主体性地位，学生在教学评价中往往扮演的是被动的角色。通过体育教师的评价，学生被定级或分类，并从反馈的结果中认清自己的学习情况和能力。

（二）信息化教学评价中学生所获得的能力

在当今信息技术得以广泛利用的背景下，以往的传统教学评价已难以发挥其应有的作用，信息化教学评价要比传统的教学评价更有效率和效果，因此，学生指望像传统教学中的教师一样适时地对自己的学习提供评价是不可能的。作为一名合格的学生，要学会各种信息化的技术手段，做好自我评价，在评价的过程中逐步提高自己的能力。这也是信息化教学评价一个非常重要的目标。

五、评价与教学过程的整合性的对比

（一）传统教学评价与教学过程的整合性

在传统的体育教学中，评价往往是在教学之后进行的一种孤立的、终结性的活动，目的在于对学习结果进行判断（图7-1）。这种教学评价方式具有较大的片面性，忽略了学生的主体性及学习表现。比如有些学生本身运动基础较好，不经过多大的努力就能取得很好的成绩，而有些学生运动基础较差，即使非常地努力也难以达到优秀的标准，采用终结性评价的方式就是不客观的,很难反映学生的学习情况。

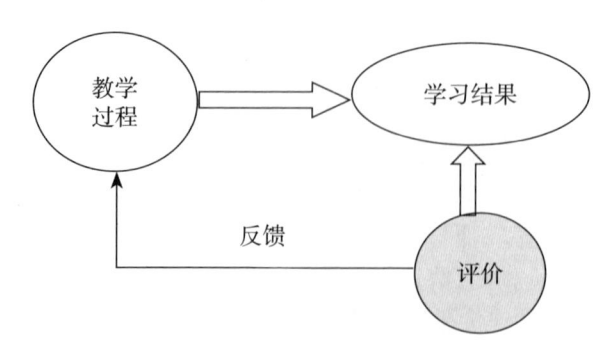

图 7-1 对学习结果进行评价

(二)信息化教学评价与教学过程的整合性

与传统教学不同,信息化教学非常注重"以人为本"的基本原则,强调学生自我评价能力的培养。这一教学评价方式能为学生的学习指明正确的方向,同时还能给予学生一定的鼓励,提高学生学习的自信心。在这一评价标准之下,学生能清楚地认识到自己的学习情况与学习能力。可以说,信息化教学评价是自然而然的,是一个进行之中的、嵌入的过程,属于学生学习的重要一部分(图 7-2)。

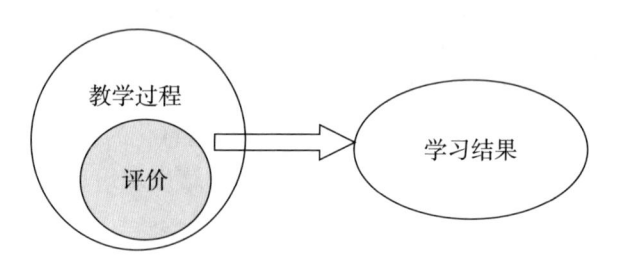

图 7-2 对教学过程进行评价

六、其他方面的对比

除上述几个方面的对比外,传统教学评价与信息化评价在评价内容、评价方法、评价主体、评价标准等方面也存在一定的差异(表 7-2)。了解它们的差异,对学生树立信息化教学观念具有重要的意义。

表 7-2 传统评价与信息化评价的比较

特点＼类型	传统评价	信息化评价
评价内容	片面、记忆为主	全面、创造性
评价方法	定量	定性、定量相结合
评价主体	被动	互动
评价标准	单一	多层面、多角度
评价功能	选拔和水平评价	发展、选拔和水平评价
评价过程	封闭、片面	开放、多面
评价效果	奖优罚劣	指导、促进全面发展

第三节　传统体育教学评价与信息化教学评价手段的应用

伴随着信息化时代的到来，各种信息化教学评价手段得到了充分的利用，但并不是以往的传统教学评价手段就应全部抛弃，我们要采用辩证的眼光看问题，将传统的教学评价与信息化教学评价结合起来进行，其目的都是促进体育教学的进一步发展。

一、传统体育教学评价

观察、问卷和测验等都是传统的体育教学评价手段，这几种评价手段在体育教学中都得到了广泛的利用。实际上，这三种评价手段有着不同的适用范围，需要根据具体的实际情况合理地选择。下面就简单讲解一下这三种传统的体育教学评价手段。

（一）观察

观察属于传统教学评价手段中非常常用的一种，它是指通过对评价对象有目的、细致的观察，从而能获得大量的评价资料。这些评价资料对于评价者而言是极为珍贵的，这能为评价者进行评价活动提供真实的依据。例如，在平时的体育教学中，体育教师要想更好地了解学生的学习态度、学习情况,就需要深入学生之中进行实地观察,如此才能掌握学生的真实情况,为整个评价活动提供真实客观的依据。

通过观察手段的利用,评价者能获得评价对象的丰富的心理活动状态资料,从而为评价活动提供客观的事实依据。这种实地观察而获得的第一手的资料是其他评价手段难以实现的,实际上在信息化教学背景下,观察这一手段也是非常重要的。

(二)问卷

问卷手段是指评价者利用书面形式向被调查者提出预先设计好的问题,要求被调查者回答问卷中的各项问题,最终获得评价信息的手段。问卷这一评价手段主要是通过书面形式获取信息和资料的,评价者在制定问卷时一定要本着客观实际的原则进行,问卷的设计一定要科学合理,符合真实情况。

在体育教学评价中,问卷这一评价手段较为常用,其特征主要表现在以下几个方面。

1. 评价人员隐蔽性的特点

问卷这一手段能很好地隐藏评价人员的信息,从而能确保调查信息的真实性和客观性。

2. 问卷取样的广泛性特点

问卷这一手段能有效提高获取信息的效率,同时还有着取样广泛性的特点,由于取样范围较广,因此得到的数据就更加具有代表性。

3. 时间范围可调节性的特点

问卷这一评价手段还具有时间范围可调节性的特点,因此这一评价手段有着很强的灵活性,具有较强的可操作性。

(三)测验

测验也是一种重要的传统教学评价手段。测验是指利用考试、技评以及达标等途径,全面搜集学生的体育学习态度、体育学习行为的综合结果的重要途径。同时,测验也是一种有组织、有计划、有针对性的获取大量的评价信息和资料的评价手段。

测验这一评价手段主要包括以下几个方面的内容。

1. 体育理论知识的测验

对于学生而言,他们不仅要学习基本的运动技术,同时还要学习体育常识、体育文化知识、竞赛规则、运动卫生等各方面的知识。在对学生进行测验时,要全面地评定学生灵活运用知识的能力。

2. 身体素质测验

作为一名合格的学生,必须要具备良好的身体素质,主要包括速度素质、力量素质、耐力素质、灵敏素质以及柔韧素质等多方面的素质。这几项素质对于人的体能发展而言都具有重要的意义。在具体的体育教学过程中,身体素质的测验至关重要,要将这一方面的测验充分贯彻于体育教学过程之中,从而得出真实的客观依据。

3. 运动技术的测验

在体育教学中,少不了技术动作的习练,不论是一般技术动作的习练还是专项技术动作的习练,学生都要熟练掌握,并通过反复不断的练习提高运动水平。运动技术测验就是指依据技术动作的基本规格,准确客观地测评学生的技术动作状况。通常情况下,这一测验手段主要包括以客观测量数据为主要依据的客观测验和技术动作质量的技术评定两种形式。在体育教学评价测验手段中,这一测验形式是必不可少的。

4. 体育情感行为测验

在不同的情境之下,人们会表现出不同的情感行为反应。一般情况下,人的情感行为主要包括兴趣、态度、动机、个性以及群体行为等各方面的内容。体育教学在一定程度上会受到参与者情感行为的影响,同时体育教学也能够作用于人的情感行为。一般来说,量表是测量情感行为的主要工具。

二、信息化体育教学评价

(一)档案袋评价

最初,档案袋是由画家及摄影家把自己有代表性的作品汇集起来,向预期的委托人展示的。后来在教育中得以应用,主要用于汇集学生作品的样本和内容,展示学生的学习和进步状况。

一般情况下,档案袋中可以包含各种形式的学习材料,录像带、文章、图画、获奖证书等都属于这一范畴。一个典型档案袋的基本结构主要包括三个部分:观察的信息资料群、作业实绩的标本群、考试信息群。信息资料群主要指由观察来收集学生每天的学习情况,通过这一手段的利用,体育教师能很好地了解学生的具体情况。

通常情况下,典型的档案袋中往往包括三个记录观察信息的文件:观察记录手册、调查表、师生交谈记录等;作业实绩的标本群包括作业、教师自做的小问题和试题、学生伙伴间制作的课题、小组作业、学习反省日记等;考试信息群包括三个方面:简单的评价课题、比较大的场面课题及长期的评价课题。

在信息化背景下,档案袋这一手段可以被加以改造和利用,通过手机网络记录的形式来观察每一名学生的具体表现,这种信息技术要比传统的档案袋形式更为便捷,也更加有效率,能取得很好的效果。

(二)研讨式评定

通过学生的"参与"和"课堂讨论"中的表现作为学生评定的一个部分。这种评定方法往往是从大教育家苏格拉底的教育理念中发源而来的,让学生学会更有效地思考并为自己的见解提出证据是其根本目的所在。

这种问题研讨可以采用不同的方式来实施,既可以把它作为毕业学业的展示,也可以作为课堂评价的一部分,还可以当作结业作业的展示,无论什么方式,都需要一个巧妙的问题设计,一套配套的评价准则和评判规则。该评定方法对教师的要求非常高,对教师提出的那个引导的问题有很高的难度要求。

从当前的形势来看,这种评定主要适用于对学业成绩的评定,并且还处于引进摸索阶段,但对于学生能力发展的评定有可借鉴之处。

(三)学生表现展示型评定

表现展示评定通过学生实际演示某些结果来对其是有价值的加以说明,并由此来对学生已经掌握了这些结果加以证明。一般来说,展示的内容可以是一次科学试验,也可以是一次科学展示会,还可以是一次活动或是一次表演,或是一次论文和方案设计展示。

在这种评价方式中通过详细的评分规则提供了让学生成为自我评价者的机会,并为师生之间就学生的学业成就和进步情况开展对话打出了一条通道。与此同时,这种评价方式也是以关注结果开始,学生在一开始就明确自己的任务。

(四)概念地图评价

概念地图是思维可视化的绝佳认知工具和评价工具。作为评价工具,概念地图能够为单元或某一知识领域的知识结构提供一定的便利。学生可以沿着空间或时间纬度创建概念地图,以此来对概念间的关系加以识别、澄清和标识。

在实际应用中,教师可以和学生在进行"头脑风暴"的基础上共同"织"就概念地图。也可以让学生凭借自己的回忆和理解就某一知识单元或某一主题自己"织"就概念地图。这一主题和有关子主题的"网"对于学习活动的进行和评价有重要的意义，对于学生以具体和有意义的方式表征概念有积极帮助，能够对思维外化和学习反思起到积极的促进作用。除此之外，教师还可以将学生所绘制的概念地图与理想的概念地图进行比较，从中不但能发现学生理解上的问题所在，还可以发现学生的学习风格和思维习惯。

（五）量规

量规可以说是一种非常实用的评价工具。这种评价工具是"任务驱动"的学习活动的结果，常常是多种形式中发源而来的，较为典型的有电子作品、调查报告等，这就要求评价工具不但要关注学习过程，还要具有操作性好、准确度高、能够比较全面地评价学生的学习过程和学习成果等特点，而设计良好的量规则可以实现以上几个方面的要求。

在设计量规时，需要注意以下几点。

1. 要以教学目标和学生具体实际为依据设计评价指标

在体育教学中，教学目标不同，量规的指标体现也要有所差别。例如，在评价学生的电子作品时，通常从作品的选题、内容、组织、技术、资源利用率等方面考虑。评价学生的课堂参与性时，又会从学生的出勤率、课堂回答问题情况、小组合作情况等方面考虑。

2. 要以教学目标的侧重点为依据来确定各指标体系的权重

指标体系权重的设计与教学目标有直接的关系。以电子作品的评价为例，如果体育教师的主要目的是教会学生制作电子作品，那么技术、资源利用指标的分值应高些；如果教师的主要目的是让学生通过作品展示自己的调查报告，那么作品的选题、内容组织等指标的分值应高些。总之，体育教师要根据教学实际来确定。

第四节 信息化时代背景下体育教学评价的改革与发展

在信息化时代背景下，体育教学评价的发展要遵循一定的规律与原则，对于体育教师和学生而言，都要认清信息化时代体育教学评价的发展趋势，学校教育部门也要顺应信息化发展的趋势，加强信息化技术的改革与利用，从而为体育教学质量的提高而服务。

一、信息化时代背景下体育教学评价改革的趋势

（一）以激励为主，保证评价的科学性

上体育课原本是一件轻松有趣的事情，但是，受现有的教学评价方式的影响，教师过于重视学生的学习成绩，而忽略了学生的学习态度、情意表现、进步水平等方面，导致一部分学生出现了厌学的情绪。除此之外，很多学校的体育教学还存在教学目标不合理、教学手段与方法单一等问题，这在一定程度上打击了学生学习的积极性。在这样的背景下，套用传统的教学评价标准已不再适应现代教育的要求。由于每一名学生的先天条件都是不同的，有的学生基础较好，不用怎么努力也能取得较好的成绩，而条件差的学生即使加大了锻炼的时间和强度，通常也难以取得理想的学习结果，如果采用终结性评价标准，学生学习的积极性势必更加受到打击。因此，改革旧有的评价方式就显得势在必行，我们可以采用个体化相对评价的方式来激励学生，使学生在现代信息化背景下获得成长与发展。

（二）评价内容会得到进一步的扩展

除了国家制定的总的体育教学目标外，各个学校结合自身实际也会制定不同的教学目标，这一点已被人们所认同。体育教学目标的多样化也使得体育教学评价的内容出现多样化的趋势。整个体育教学评价的内容不仅包含新课标所规定的五个学习领域的目标内容，同时还增加了心理情感态度的评价，这一点非常重要。

（三）评价理念会得到进一步的更新

在信息化教学背景下，在素质教育理念越来越深入的今天，为提高体育教育的质量，必须要重视评价理念的更新与发展。同时还要确定学校体育在素质教育中的地位，确定具体的培养目标。除此之外，还要进一步提升评价指标的科学化与可操作性，建立一个科学完善的体育教学评价体系。

需要注意的是，当今素质教育的理念并不是完全取消考试，体育课不是体育娱乐课，要树立正确的体育教育思想，加强学生的课内与课外教育，应做好以下两个方面：一方面，采用多方面的综合评价取代以往单一的评价方式；另一方面，采用大量的先进科学技术，运用信息化技术评价手段对学生的学习展开评价，从而得出客观和准确的评价结果。

第七章 信息化时代背景下体育教学评价的改革与发展

（四）评价方式呈现出综合性的特点

在信息化教学背景下，体育教学评价的方式也呈现出往综合性发展的趋势，以往单一的评价方式已不再适应当今信息化教学的要求，改革旧有的评价方式，完善评价手段势在必行。

1.定量评价与定性评价的结合

定量评价是体育教学评价中较为常用的手段，通过这一评价手段的利用，通常能取得不错的效果，主要表现为能够有效增强评价的科学性，使过去单一的定性评价得到有效的改变，这一评价手段在体育教学中非常常用。但需要注意的是，体育教育过程较为复杂，存在着很多的影响因素，有很多因素无法运用定量评价的方式进行评价，因此还需要结合定性评价的方式进行。如学生在教学过程中的学习态度、学习行为等心理因素就无法运用定量评价的方式进行评价，需要体育教师结合定性评价来判断。在信息化教育背景下，运用定量评价与定性评价相结合的方式非常重要，需要引起重视。

2.形成性评价、诊断性评价和终结性评价的综合运用

形成性评价主要指的是在教学过程中及时发现和诊断问题，做出一定的反馈并改进，保证教学活动的顺利进行。

诊断性评价是指对学生在某一阶段的学习准备状态做出的一定的诊断，能为接下来的学习提供良好的依据。

终结性评价是指对某一阶段的教学工作所进行的综合全面评价，属于一种结果性评价，能大体反映出学生的学习情况。

以上三种体育教学评价方式各有优势和特点，同时也存在自身的缺陷。没有一种评价方法是万能的，因此在进行教学评价的过程中，一定要将这三个方面的评价结合起来进行，如此才能取得理想的评价结果。以往的体育教学中，非常重视终结性评价，伴随着信息化时代的到来，以及素质教育的发展，这种单一的评价手段已不能满足体育教学的要求，需要将诊断性、形成性和终结性评价结合起来进行，这样才能满足当今体育教育的要求。

3.自我评价与他人评价的结合

在传统的教育理念下，他人评价方式比较受重视，教师评价与自我评价受到一定的忽视。而将教师和学生的自我评价忽视掉了。在对教师的评价中，任课教师的自我评价是比较缺少的一项重要内容，究其原因，主要在于任课教师长期工作在教学第一线，相较于其他工作人员来说，他们对教学活动的具体情况和教学质量的优劣情况是最为了解的。但是，在体育教学评价的过程中，仅仅依靠教师的自我评价是不可能完成教学评价这一重要工

作的,究其原因,主要是由于任课教师往往会存在着评价的心理压力以及主观因素,这种心态会导致其对自身的评价不同程度地欠缺客观性和准确性,从而对自己的教学工作进行过高的评价,评价的客观性会有所欠缺。由此可见,将自我评价与他人评价结合起来才能取得理想的评价效果。

体育教学大部分都是实践活动,亲身体验可以说是体育教学的一个非常重要的特征。在体育教学中,学生的动作质量好坏可以用定量评价的手段进行评价,但是学习态度、锻炼意志、学习兴趣等无法用定量评价的手段进行评价,这就需要结合定性评价,如自我评价的手段来实现。在体育教学中,学生根据教学目标,通过随时对自己进行评价,从而使自己始终保持在教学目标指引下朝着教学目标的方向进行学习,这能有效激发学生学习的积极性,促进学生学习水平的提升。

除此之外,还要求学生确立自我评价的目标,制定有利于自身学习情况的评价标准。这一评价标准要符合现代学校素质教育的要求,符合信息化时代发展的要求。这对于学生养成正确的评价自我的能力是非常重要的,有利于学生及学校体育教育的共同发展。

二、信息化时代背景下体育教学评价改革的要点

在信息化时代,体育教学评价标准会在一定程度上影响到体育教师的上课内容。因此,加强体育教学评价的改革,构建一个完善的符合当今信息化教育要求的体育教学评价体系是非常重要的。在进行体育教学评价改革的过程中需要注意以下几点。

(一)改革评价体制,采用全方位评价的方式

在传统的体育教育中,体育教学评价这一环节很容易受到忽视,其评价的重点也主要在于教师,学生则处于被动地位,受到一定的忽视,这非常不利于学生的全面发展。体育教师作为体育教学活动的主导者,需要对学生的身体素质基础、运动能力状况等进行充分了解,以学生的学习、锻炼表现为主要依据进行多种针对性的评价活动,如此才能有效激发学生学习的积极性,从而实现既定的体育教学目标。

受各种因素的影响,在教学中的每一个阶段,其教学任务都会发生一定的变化,这是不可避免的。在这样的情况下,体育教学内容的选择、教学方法的应用等也会出现一定的变化。因此,体育教学评价就不能是单一的和固定的,而是变化的和全面的,这样才能适应不断变化着的体育教学,满足信息化背景下的体育教学需求。

第七章　信息化时代背景下体育教学评价的改革与发展

(二)通过"学习小组"的形式来有效增强学生协作能力

在体育教学中,"学习小组"的形式非常常用,这一形式适用于体育教学的很多项目。如适用于队形队列练习、广播操、各种距离的接力跑等。对"学习小组"进行评价的主要目的在于促进小组内成员之间协作关系的完善,促进所有的小组成员学习水平的提升,促进其社会适应能力的提升。

学习小组属于集体合作的形式,每一名成员的学习成绩都会对本组的综合成绩产生一定的影响,由此可见,如果小组内个别成员不认真、不积极地学习,就会影响整个小组,为了避免这种情况,就要对所有的小组成员实施监督,督促他们积极地学习,形成一个浓厚的学习氛围,如此才能促进教学质量的提升,促进学生的进一步发展。

(三)学生评价标准由单一的向综合的转变

在体育教学中,经常存在着这样一种情况,那就是有一部分学生先天条件比较好,不用怎么努力学习和锻炼也能取得不错的成绩;而一些先天条件较差的学生无论怎么努力学习和锻炼,其学习成绩也不是很好。如果只采用终结性评价的手段,就难以评价学生的真实情况。因此,学生的评价标准不能单一化,而是要由以前的单一化向综合性转变。这种综合性的评价方式符合现代教育的要求,与当今信息化教学的背景也是相适应的,因此在今后教学评价改革的过程中要引起重视。

(四)积极有效开发体育课特有的教学环境资源

受传统教育观念及学生升学就业等方面的影响,与其他课程相比,体育课具有一定的弱势,往往不受教师和学生的重视。但是,体育课也存在着一定的优势,就是其有着得天独厚的课程资源优势来应对课程改革。

与其他文化课相比,体育课的教学环境、教学载体等都是多样化的,甚至可以与其他年级的体育教师合作,从而促进学生社会适应能力、人际交往能力等的提升,这对于学生自身的全面发展和提高都有积极的意义。

(五)综合运用评价方法来使学生学习积极性得到有效提升

当今社会是一个快速发展的社会,学校体育教学也始终处于不断的发展和变化之中,因此加强体育教学评价的改进和完善也是尤为必要的。以往的体育教学评价比较片面,往往只重视学生学习结果的评价,忽略了学生学习过程的评价。这种片面的评价方式很难反映学生的真实情况,因此运用综合评价的方式评价学生是体育教学评价应遵循的一个重要原则。

在信息化背景下，我们可以利用多样化的技术手段对学生的学习过程进行评价。这样，不仅能够使得绝大部分的学生对待整个的练习过程的态度有所改善，而且还能避免部分学生依靠先天身体素质而不积极练习的现象。由此可见，运用综合评价的方式是非常有效的。

三、信息化时代背景下体育教学评价改革与发展的策略

伴随着信息化时代的不断发展，各种信息化技术在体育教学中得到了充分的利用，通过信息化技术手段的利用，体育教学评价的质量得到了很好的保证。

（一）关注学生的个体差异，采用多种多样的信息化评价形式

伴随着时代的不断发展，互联网技术的应用范围也逐步扩大。通过互联网技术的利用，取得了明显的教学成效，为此我们可以将教学评价建立在"互联网+"的基础上，对学生实施评价，在实施评价的过程中，要关注学生的个体差异性，设置各种类型的信息化评价形式。

在信息化教学评价中，为保证评价活动的顺利进行，体育教师事先要对学生的具体实际做好充分的调查与分析，充分了解学生的运动基础、学习兴趣和学习能力等，然后以这些为基本的依据，制定一个客观的、多元化、差异化的评价标准，这一评价标准能客观地反馈出学生的综合能力和发展潜力。除此之外，还可以根据学生的体育基础运用各种信息化教学手段激发学生学习的兴趣，促使其以积极饱满的热情投入学习之中。

（二）建立体育网络成长档案袋，评价方法过程化

如今互联网技术获得了快速的发展，在体育教学中我们也应充分利用好这一技术，以发挥其效能。在互联网信息技术中，选取个人体育网络成长档案袋法是一种有效的评价方法。体育网络成长档案袋是对学生在教学过程中的实际信息的收集，旨在直观地反映学生的努力、进步和成就，是由教师和学生系统性、组织性地收集学生在学习过程中的各种网络信息，能确保整个体育教学评价活动的顺利开展。另外，体育教学评价中的档案袋记录法，又能帮助学生更好地认清自己，提升学生学习的自信心，满足不同水平的学生的体育需求。

需要注意的是，利用互联网技术建立成长档案袋时，可以设置两个档案袋，一个由学生自己增删信息并且保存；另一个则设立在体育数据库中，便于体育教师查阅，这非常有利于体育教学评价活动的开展，有利于取得理想

的评价效果,因此信息化教学评价手段值得大力提倡和推广。

(三)利用"互联网"技术评价结果及时反馈

要想获得理想的体育教学评价结果,教师所采用的评价手段和标准必须要合理,如此才能保证准确客观的评价结果。通过必要的反馈信息,体育教师能发现教学中存在的各种问题,从而采用各种信息化教学手段指导学生积极地参与体育教学活动。通过信息化教学评价手段,并将记录的各种信息呈现给学生,能引导学生积极主动地去学习和反思,及时纠正自身存在的不足,增强学习体育的自信心。

除此之外,体育教师在教学评价中还可以利用"互联网+体育"的评价手段,实时跟踪监测学生的学习情况,客观地评价学生的体育学习及应用能力,与其他的教学评价手段相比,信息化教学评价手段具有无可比拟的优势。

第八章 信息化时代背景下体育教学环境的优化与发展

信息化时代的发展对体育教学改革提出了信息化、多元化、现代化的要求,为顺应时代要求,要加强对学校体育教学各方面要素的改革,其中必然包括对体育教学环境的改革与优化。体育教学活动是在一定的教学环境中开展与完成的,学校要重视对良好教学环境的创设与优化,积极建设信息化教学环境,为师生共同参与体育教学活动提供优良的环境,使信息化教学环境更好地为提高体育教学质量而服务。本章主要在信息化时代背景下探讨体育教学环境的优化与发展,首先阐述体育教学环境的基本理论,其次探讨信息化时代背景下体育教学环境的系统观,最后提出在信息化时代优化体育教学环境的策略与建议。

第一节 体育教学环境基本理论概述

一、体育教学环境的相关概念

(一)环境

人类生活的环境有两个层次,一是内部环境,也就是人类创造的文化,二是外部环境,也就是自然家园。这里将环境定义为人类赖以生活的一切外部条件与内部条件的集合。人类在一定的环境中生活,人类的生活受到特定环境中各种内外因素的影响。

第八章　信息化时代背景下体育教学环境的优化与发展

(二)学校教育环境

学校教育环境是教育环境的重要组成部分,其是以学校为基础的环境,具有特殊性。一般将学校教育环境的概念界定为学校开展教育教学活动而依赖的各种条件的总和,包括物质条件、制度条件、财力条件、人力资源条件等。从根本上来看,人工环境或人文环境是学校教育环境的本质,学校教育环境被人为赋予教育属性,是学校教育工作者教育观念的重要体现。

(三)体育教学环境

学校教育环境是一个庞大的体系,包括语文、数学、英语、体育等各个学科的教学环境,也包括德育环境、美育环境、智育环境等。体育教学环境是学校学科教育环境的一种,它包括硬环境和软环境两个重要组成部分,具体内容见表8-1。

表8-1　体育教学环境的内容[①]

体育教学环境		具体内容
硬环境		场馆设施
		教学设备
		教材及图书资料等
软环境	社会因素	教育政策执行情况
		师生健康意识、锻炼水平、运动能力
		教学氛围
		学生心理
		师生关系
	自然因素	季节
		气候
		绿化
		污染等

综上分析,这里将体育教学环境定义为体育教学过程中影响师生教学

[①] 石振国,田雨普.信息化时代体育教学环境的系统观[J].首都体育学院学报,2005(02):85-87.

活动的所有因素的总和。

二、体育教学环境的特点

（一）目的性和计划性

体育教学环境，要有目的、有计划地设计，不能随意和盲目设计。在体育教学中，一般都是体育教师以体育教学目标、学生身心发展特点以及体育教学基本规律为依据来设计和运用体育教学环境。由此可以看出，教师在设计体育教学环境时，是有目的、有计划性的，这充分体现了体育教学环境的目的性与计划性特征。

（二）自发性与潜在性

体育学习离不开体育教学环境，学校是学习的重要场所。由于体育教学环境是主体知觉的背景，刺激强度较弱，因此，这就决定了其暗示性的重要特点，这也使得学生在不知不觉中受到潜移默化的影响与熏陶。

（三）规范性和教育性

体育教学环境具有规范性。体育教学环境作为育人的专门场所，承担着育人的重要任务，这就要求体育教学环境的各个方面都必须是规范的。另外，体育教学环境作为学校体育教学活动赖以进行的物质依托和舞台，其教育功能比其他功能更受关注和重视，因此，体育教学环境具有教育性特征。

（四）科学性和可调控性

体育教学环境不是盲目建设的，而是按照一定的目标和需要，对其构成因素进行充分论证、合理选择、科学加工及高度提炼而建立起来的，因此，体育教学环境具有一定的科学性。

另外，在体育教学实践中，为了更好地促进学生身心发展，要随时根据教学活动的需要及外部条件的变化而调控体育教学环境，体育教学环境具有可调控性。

（五）复合性

体育教学与其他学科教学相比，其教学目标多样，教学内容丰富，这就决定了其复杂性特征的形成，同时，这也在一定程度上决定了体育教学环境必须是复合的。体育教学环境的复合性特点主要表现在下面两个方面。

（1）体育教学物理环境是复合的,体育教学既需要包括教室、图书馆、桌椅等在内的一般教学设施,同时也需要包括体育馆、体育场、篮球、足球等在内的运动设施和器材。

（2）体育教学心理环境是复合的,体育教学一般在体育馆或体育场进行,由小到大的空间变化增加师生之间、学生之间人际关系的复杂性。

三、体育教学环境的功能

（一）健康功能

体育教学环境的健康功能主要体现在生理健康与心理健康两个方面。体育教学环境是专门的育人场所,是师生长期生活、学习、工作的场所,因此,环境的好坏会对师生的身心健康直接产生影响。

实践证明,良好的教学环境对于学生身心健康发展有积极促进作用,因此,一定要充分发挥体育教学环境的健康功能,促进体育教师与学生的身心健康,为师生顺利参与教学活动提供健康保障。

（二）陶冶功能

体育教学环境具有陶冶功能,良好的体育教学环境能陶冶学生的情操,净化学生的心灵,从而使学生形成高尚的道德品质和良好的行为习惯。

学生的思想信念、道德情操和行为习惯是在一定的社会环境中形成的,社会环境的好坏对学生各个方面的发展都有重要影响。实践证明,整洁文明的校园和和谐、阳光、积极向上的体育教学环境有助于陶冶学生的情操,为培养学生的思想品德、行为习惯提供有利的条件。

（三）指导功能

体育教学环境的指导功能主要体现引导学生主动接受正确的价值观和行为准则,并使他们的发展趋向符合社会期望和要求。

体育教学环境不仅充分体现了社会主流文化的精神和价值取向,同时还充分体现了国家和社会对年青一代成长发展的期望。良好的体育教学环境不仅能够引导学生的思想、行为朝积极方向发展,而且还有利于防止学生形成不良行为习惯。

（四）激励功能

良好的体育教学环境有利于激发师生教学热情和教学动机,提高师生教与学的积极性,这对于顺利开展学校体育教学工作,提高体育教学工作质量具有非常重要的意义。体育教学环境中的各种因素,如宽敞明亮的教室、整洁的场地、功能齐全的器材、充满活力的运动场以及良好的学习氛围等,都能激发师生教学的积极性。

四、体育教学环境对学生的影响

（一）对学习动机的影响

动机是所有人从事某种活动的基本条件,在体育教学中,学生的学习活动同样如此。学习动机是推动学生参加体育学习与练习的动力,它表现为学习的需要、意向、愿望或兴趣等多种形式。

在体育教学活动中,学习动机的功能主要体现在指引方向、集中注意和增加活力等,发挥这些功能有助于促进学生学习与掌握体育知识及运动技能。学生只有对体育课感兴趣或者说是对体育知识技能有了学习动机时,才有兴趣和动力去学习,并积极自觉地配合教师。

人的动机的形成受到很多因素的制约与影响。在现实生活中,引发动机的因素是多种多样的。研究表明,学生的学习动机是在具体的学习情境中激发和形成的。在体育教学环境中各种因素都可以成为学生形成学习动机的诱因。例如,体育课堂教学气氛、师生关系、班级凝聚力、体育教学周围环境等都对学生的学习动机有不同程度的影响,有积极的影响,也有消极的影响。它们既可能激发起学生学习的积极性,使学生努力学习,也可能使学生对学习产生厌恶感,失去学习兴趣。因此,体育教师必须创造良好的体育教学环境来帮助学生形成正确的学习动机。

（二）对学习行为的影响

学习行为指的是学生在学习过程中外在表现出来的认知、情绪。在体育教学过程中,学生的行为主要包括对教师提问的反应行为,师生之间、学生之间的交往行为,对教学活动的反馈行为等。很多关于教学环境的研究表明,各种具体的教学环境因素都对学生的课堂行为产生直接或间接的影响,不同的体育教学环境可能导致不同的课堂行为,不同的课堂行为又导致不同的教学效果。

第八章　信息化时代背景下体育教学环境的优化与发展

1. 物理环境对学生学习行为的影响

体育教学中影响学生课堂学习行为的主要物理因素包括教室光线、教室空间特点、班级人数等。这些因素对学生学习行为的影响如下。

（1）教室内墙壁、课桌椅等色彩过于强烈和鲜艳，容易分散学生的注意力。

（2）教室内温度过高，容易使学生烦躁不安，甚至做出扰乱课堂秩序的冲突行为。

（3）教室内的座位编排也在一定程度上影响学生的课堂学习行为。

2. 心理环境对学生学习行为的影响

在体育教学中，学生的课堂学习行为同样受课堂教学气氛、师生关系、教师管理作风和集体规范等心理环境因素的影响。其中，学生集体规范对学生课堂学习行为的影响比其他心理环境因素的影响更直接。

集体规范是整个集体成员在共同的生活中形成的被大多数人所接受的行为准则。集体规范作为一种无形的环境力量，对学生的个人行为有重要影响，学生维护班集体荣誉，遵从班集体目标和价值都是受集体规范所影响的。

实践证明，健康的集体规范能约束学生的课堂行为，使他们在课堂上认真听讲，自觉遵守课堂纪律。集体规范是通过集体的压力造成对学生集体标准和价值的从众，使学生紧密团结凝集在以班集体为中心的领导中去。所以，在体育教学中，教师要注意引导和培养学生健康的集体规范意识，有效控制学生的课堂行为，提高体育教学效率。

（三）对学习成绩的影响

体育教学环境与学生的学习成绩有直接的关系。研究证明，其他条件相同的情况下，教师的期望、良好的校风等对提高学生的学习成绩有积极影响。此外，光线、噪音、温度和班级规模等体育教学环境因素同样对学生的学习成绩有不同程度的影响。学生在适宜的温度环境中学习，要比在高温或寒冷环境中学习更能取得好成绩。班级规模同样会影响学生的学习成绩，班级规模是否合理一定程度上可以从学生的学习成绩中体现出来。

研究证明，体育教学环境的各个方面都对学生的学习活动有潜在影响，并与学生的学习成绩有密切关系。因此，在日常体育教学中，体育教师应努力为学生创造良好的教学环境，发挥各种有利环境因素在推进学生学习方面的积极作用，更好地实现体育教学目的，促进学生成长与发展。[1]

---

① 李金玲. 现代体育教学改革与信息化管理[M]. 北京：新华出版社，2020.

第二节　信息化时代背景下体育教学环境的系统观

一、体育教学环境的大系统观

体育教学环境的大系统观就是从广义层面对体育教学环境的认识与理解。广义上体育教学环境包括对体育教学有影响的社会制度、社会科技、社会经济、家庭条件、社区情况等社会环境的总和。教育系统从属于社会系统，是社会系统的子系统，而教育系统又是体育教学系统的母系统，所以体育教学系统必然受到社会系统的影响，体育教学环境必然受社会环境的制约与影响。体育教学系统作为教育系统的重要组成部分之一，其为社会系统而服务，为社会培养优秀的体育人才，社会系统对体育教学这个子系统发挥重要的调控功能，社会系统对人才的需求、社会物质与精神调节直接影响体育教学系统的建设与发展。由此可见，社会环境与体育教学环境是相互影响、相辅相成的，二者在互惠互利的关系中彼此传递信息，共享资源，取长补短，共同进步。

从整体视角出发而研究体育教学环境是非常重要的。社会系统是一个大型系统，内部构成十分复杂，科技、社会制度、家庭条件、社区条件等都包含其中，如图8-1所示。除此之外，社会文化、社会风气等也都属于社会系统的组成部分。

在传统教学理念的影响下，人们普遍认为教学活动就是纯粹的传授知识和接受知识的过程，是简单的纯认识活动。在这个活动中，教师居于主体地位，负责将知识传授给学生，学生就像容器一样接受教师灌输的知识。传统教学过程是简单的线性过程，是 A→B、B→C（这里→的意思是决定，前者决定后者）的过程。事实上，体育教学受社会大环境的影响，教学活动并非是线性过程。学校与社会大环境密切联系，学校与社会之间信息交互频繁，这种信息往来对师生信息传递和生生信息传递有重要影响。社会环境中政治因素（政策、制度、法规、体制等）、经济因素（物质资源、经济水平、就业形势等）、文化因素（社会风俗、社会价值观等）、科学因素（科学理论、科技成果等）等都不同层次、不同程度地影响着体育教学系统。体育教师和学生是体育教学系统中的主体，教学主体的信息互动构成了体育教学过程，这种教学现象是非常普遍的社会现象之一。

第八章　信息化时代背景下体育教学环境的优化与发展

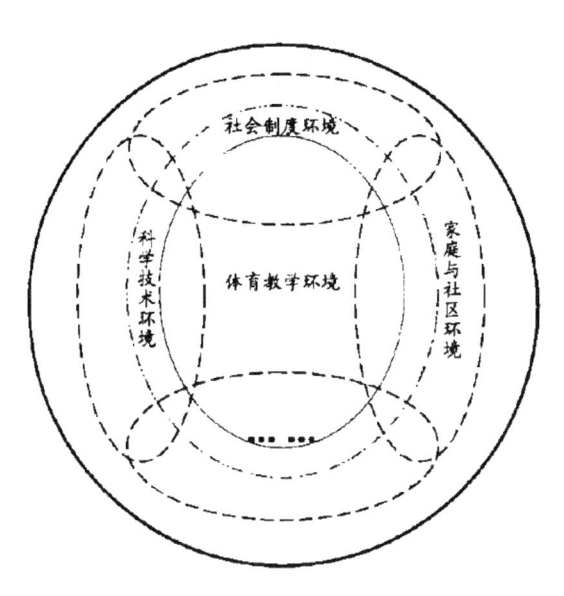

图 8-1　社会系统与体育教学环境的关系[①]

总之,从社会系统、社会环境着眼而对体育教学环境的结构进行研究具有重要的意义。社会系统为体育教学环境结构的宏观研究提供了导向,使这方面的研究更有现实意义和社会意义。

二、体育教学环境的小系统观

体育教学环境的小系统观就是从狭义层面上理解体育教学环境。狭义上的体育教学环境由体育教学物质环境、体育教学制度环境和体育教学心理环境构成,下面具体分析这三个结构要素。

（一）体育教学物质环境

1. 体育设施环境

学校体育场馆、运动器材、体育教学设备等是体育设施环境的主要内容。学校体育教学环境的建设是建立在场地设施、器材设备等基本物质条件基础上的,离开这些基础条件,体育教学活动将难以顺利开展。现阶段,学校建设体育场馆越来越追求功能的多元化,学校体育场馆承载着越来越

---

① 石振国,田雨普.信息化时代体育教学环境的系统观[J].首都体育学院学报,2005（02）: 85–87.

多的功能,充分满足了校内外场馆利用者的不同需求。拥有多个功能的学校体育场馆不仅能供教师和学生上课使用,还能为社会企业举办体育活动提供场地条件,能够为运动员训练提供良好的环境,也能作为举办体育比赛的场地。学校体育设施环境的优化从空间拓展、功能升级以及服务全面化等方面得到了充分的体现。

2. 时空环境

时空环境指的是由时空因素限制的特定的学校环境。学习是学生的主要任务,现在的学生面临着很大的升学竞争压力,学生每天的时间基本都被学习占满,除了要学习学校的课堂知识,还要在课外辅导班额外学习知识和完成大量作业。这样学生就没有多少时间可以自己支配了。有些学校的体育课也被其他文化课教师占用,学生没有机会上体育课,学校也不重视学生的体质健康和体能发展。学生只顾学习,体质健康状况渐渐转差,被超负荷学习任务和巨大升学压力支配的学生甚至患上了抑郁症,也有学生因此而走上极端,选择结束生命。面对这些触目惊心的事件,学校必须及时转变育人观,改变教学方式,不能唯成绩论,唯分数论,要关注学生的身心健康和全面发展,真正实施素质教育。

学生健康的体魄是营养和运动双重作用的结果,所以不仅需要家庭层面保证学生的营养,还需要学校层面给学生提供参加运动的机会,保证学生每天至少一小时的运动时间,所以开展学校体育教学非常重要,这是学生身心健康的重要保障,也是学生全面发展的基础。然而,因为各种因素的影响,学校体育课的实施情况依然不够乐观,如缺少必要的运动场所,运动器材设备不达标,课间操总有学生缺席,体育课被占用,缺乏优秀的体育教师,体育教学项目单一,学校未引进学生感兴趣的时尚运动项目,等等。这些都对学校体育教学的开展与效果的提升造成了限制。

现阶段我国学校空间环境质量整体上不如国外学校,因为教育理念的差异,国外学生的健康受到高度重视,学校重视对学生独立能力、自主实践能力及良好行为习惯的培养,而反观我国,学生的健康并没有那么受重视,或者缺乏现实的行动和有利的政策来保障学生的健康成长。对此,我国各级各类学校要重视对校园时空环境的改善,保证学生的运动时间,为学生创造良好的锻炼空间,使学生的运动空间和时间都能有所保障。

3. 自然环境

自然环境也是学校体育教学物质环境的重要组成部分。社会企事业单位、教育单位等都会不同程度地受到自然环境的影响。学校是教育场所,是培养人才的基地,在学校学习知识、接受教育的学生将来都有可能成为国家的栋梁之才,为国家建设贡献力量。学校的自然环境影响学生的健康,影响

第八章　信息化时代背景下体育教学环境的优化与发展

学校的人才培养质量,影响学生的未来发展。不夸张地讲,学校自然环境与国家命运、民族未来息息相关。所以,学校的自然环境理应受到重视,要正确看待学校自然环境对学校教育的积极影响和消极影响,要积极改善学校的自然环境,为学生学习与校园生活提供优良的环境。

（二）体育教学制度环境

体育教学制度指的是对体育教学过程起到规范作用的体育课堂常规、体育组织纪律、体育行为规范等一系列体育规则。

规范体育教学活动,引导体育教学活动的顺利开展,解决体育教学中的纠纷与问题,这是体育教学制度的重要功能。学校在体育教学环境建设中,要特别重视对教学制度环境的建设与优化,为学校体育教学活动的顺利开展提供制度保障与科学指引。具体来说,体育教学制度具有以下几方面的重要作用。

1. 对体育教学的规范作用

体育教学制度以一种无形的力量规范着体育教学活动的开展。体育教学的开展、保持以及发展都离不开这股力量,这是基本保障条件。学校作为一个组织单位,本身就具有制度化特征,学校教师在规范化的教学环境中教书育人,未达到真正意义上的教学自由。体育教学制度规范并约束着体育教学活动及活动中的主体。如果学校体育教学制度是缺失的,那么教学将会变成一盘散沙,体育教师与学生也会失去导航和指引,体育教学本身的规定性也就丧失了。体育教学制度具有公共性、公平性,对所有师生的教学与校园生活起到规范与维护作用,体育教师和学生教学习惯与学习习惯的养成都是体育教学制度塑造的结果,教学制度的存在使得教师与学生在教学活动中能够预见教学结果,使教学活动保持良好的状态,并保持在一定的水平上。

2. 对体育教学的激励作用

制度具有激励功能,教育制度的激励作用更是有目共睹的。教育制度有时也被称作是教育机制,它们的共同点在于能够使教学活动主体选择的行为与决策的行为形成物质或精神的相互对应的后果。这是教育机制或教育制度的激励作用的体现。

教学制度的合理性对教学行为后果有直接的影响,教学制度越合理,教学行为与课程改革要求越相符,学校就越支持与鼓励这种教学行为。而如果教学行为与课程改革要求不符,得不到学校的支持与鼓励,那么这就提醒我们应该对教育制度与体制进行修正与完善了。教学行为结果是教学制度是否合理的一面镜子,教学制度支持与激励教学行为,教学行为反映教学制度的合理性。体育教师根据学校体育教学制度的要求展开教学,布置作业,学生的学习成果会被公示于全校,学校会根据学生的学习表现而给予奖励或惩罚,奖励学习认真、学习成果好并且有进步的学生。这种教学方式能够激励学生好好学习,也能激励教师好好教学,同时也促进了师生之间的沟通与理解,加强了学校教育、家庭教育以及社会教育的互动。学校定期的评比活动和考评活动是学校教学制度中的重要组成部分,有些活动甚至已经成为学校的传统。体育教学活动本身所具有的完整性、系统性是学校体育教学制度引导与支持体育教师进行体育教学改革的重要体现。

3. 对教学活动生成与创新的保护作用

体育教学制度具有强制性、权威性,它不仅对体育教学活动有支持与保障作用,有时也起到一些负面作用,主要表现为阻碍与制约体育教学活动的开展及教学主体的教学行为。当体育教学制度不能适应体育教学改革的现实需要时,教学制度就会对教学革新及发展造成阻碍,成为影响体育教学发展的制约因素。

从本质上来看,制度对人的自由空间进行了界定,如果制度结构合理,那么人的自由发挥空间就很大。所以说,与体育教学改革理念及改革需求相符的体育教学制度对体育教师的创新教学活动起到保护的作用,对师生选择适合自己的教学方式给予了极大的支持与鼓励。

学校改进体育教学制度时要注意,体育教师作为专业的教育工作者,其内在动机直接影响体育教学效能的发挥,所以对体育教师教学行为的行政控制与监管要做到适度,避免过犹不及而对体育教学的效能造成制约。学校要在适当的程度范围内利用教学制度而对体育教师与学生进行督导与管理,要注意尊重与保护体育教师的专业空间和学生的个人学习空间。可见,体育教学制度不仅规范与引导体育教师和学生的教学行为,也保障与维护师生共同参与的教学活动。

(三)体育教学心理环境

体育教学心理环境包括体育教师与学生的心理特征以及各种文化因素的融合,如校园文化、家庭文化、社区社会文化等。体育教学心理环境对体育师生言行举止、思想活动以及精神世界的影响是潜移默化的。体育教学心理环境主要包括以下三方面的内容。

1. 组织环境

学校是一个特殊的社会群体环境,这一环境具有鲜明的结构性。学校的架构一般是从院系、专业、班级等方面分析的,学校有自身的组织形式,不同组织形式的特点、要求各有差异,这就构成了错综复杂的组织环境。组织

第八章　信息化时代背景下体育教学环境的优化与发展

环境虽然不具有强制性,有关规定也不是绝对的硬性规定,但是因为它对学校体育教学的影响很大,所以要予以重视。组织环境的好坏直接影响教师与学生的发展情况。学校教师与学生只有在良好的组织环境下才能获得好的发展,如果组织环境恶劣,那么教师与学生的言行、思想等就会出现问题,甚至做出违背道德与法律的事情。学校组织环境是不断变化的,学校要重视对良好环境的建设,为学生学习提供良好的组织环境与氛围。

班级学生相互帮助、相互团结、遵守纪律、学习氛围好,这是非常好的组织环境,这样的环境能够激励学生进步,提升学生的活力和学习积极性,促进学生全面发展。一个班级的学生要齐心协力共同营造良好的组织环境与集体氛围,从而积极感染与影响班级的每一位学生,促进所有学生的进步与发展。整个学校的学生也要共同创设与改善学校组织环境,并保护自己学习与生活的优良环境。

2. 人际心理环境

人际心理环境是一种特别的社会环境,它主要是指教学过程中教学主体之间的关系状况,具体包括以下几方面。

(1)教师之间的关系:教师之间的教学思想是否相同,工作是否很好地配合,是否公平竞争。

(2)师生之间的关系:教师态度是否端正,教学方法是否有用,是否能给学生做好榜样。

(3)学生之间的关系:学生是否团结友好,是否能有效吸收课堂知识,是否与老师相处融洽。

以上几种关系状况相互影响,直接关系着体育教学活动的开展过程与开展结果。

3. 情感环境

教师传道、授业、解惑的过程也是信息传递交流的过程,也是师生彼此相互了解、沟通情感的过程。情感交流主要是指教师与学生的耐心交流、学生之间的平等交流。教师耐心讲解、与学生亲近互爱、学生尊敬教师,这些都是情感交流的体现。体育教学过程能更好地反映情感环境,因为师生之间面对面进行情绪、语言、表情的直接交流,教学过程需要师生共同参与、共同感受,共同创造良好的环境氛围。①

---

① 王俊杰.学校体育教学环境的现状与优化[D].鲁东大学,2015.

第三节　信息化时代背景下体育教学环境的优化与发展

一、体育教学信息化环境建设现状

（一）硬件设施条件为体育实践课服务的能力弱

多媒体设备如计算机、投影仪为现代教育技术的发展提供了重要的硬件支撑。要使用这些硬件设备，就要找好固定的地方来安装，也就是要建立多媒体教室，展开多媒体教学。但是在体育教学中运用多媒体教室是受限制的。体育教学尤其是实践课大都在室内体育场馆或室外体育场上进行，户外教学环境不适合采用多媒体设备。多媒体教学方式主要是供室内教学使用，所以在户外体育课上推广与运用这种方式是有难度的。但是如果是在体育场馆内进行体育教学，那么也是可以利用多媒体教学设备的。然而，从现在的情况来看，学校体育场馆内很少安装多媒体设备，运用多媒体教学设施指导学生练习与纠正学生错误的教师并不多，这严重制约了多媒体硬件设施对体育实践课服务的能力。

（二）体育师资队伍信息化素养不高

现代体育教学的现代化发展对体育师资队伍的信息化素养和现代化教学能力提出了较高的要求。在信息化背景下，学校不仅注重多媒体硬件教学设施的完善，还重视建设优秀的具有良好信息化素养的体育师资队伍，在培养体育教师时，将现代化教学能力、科研能力、创新能力作为重点培养的内容，使体育教师能够灵活运用现代化手段进行教学，提高教学效率。学校还鼓励体育教师主动引进现代化设备来组织教学，利用现代科技优化教学方法，提高教学效率。尽管体育师资队伍信息化教学能力的培养受到了重视，但是学校体育教师的信息化素养及水平依然良莠不齐，信息化教学观念、教学能力及综合素质存在明显的差异，这就导致信息化技术与体育教学的融合不够全面、深入，信息化教学方式无法在学校得到全方位的普及，学校信息化教学环境的建设也受到了制约。

（三）专业网站少，网络资源导航功能不健全

建设体育教学信息化环境，就要关注体育教育资源的共享问题。教育资源共享是教育现代化、全球化发展趋势的重要体现。互联网是非常重要

第八章　信息化时代背景下体育教学环境的优化与发展

的现代信息技术和教育技术,依托互联网进行教学,可以改变传统教育中信息传播的单向模式,使教学方式变成双向互动的、发散创新的,互联网教育为世界各地互联网用户获取教育资料提供了便利,最大化地实现了资源共享的目的。互联网教育与体育教育的关系越来越紧密,这种现代化教育方式在体育教学中逐渐渗透,引发了体育教学的现代化变革。但是,目前我们能找到的专门的体育教学网站还是比较少的,而且很多都是个人建立的网站,虽然网站上有体育学习资源和信息,但是资源分布没有规律,不够系统,分类不明确,查找资料比较费时费力,效率低,而且这些网络资源的科学性、真实性还有待考察与检验,所以即使找到这类资料,也不能保证百分百对学生的体育学习有帮助。再加上网络上的很多教学资源都缺乏导航系统功能,学生查找资料或进行线上学习时容易陷入混乱,找不到方向,影响学习成效。这个问题必须引起重视,如果不能进一步开发与完善网上教学资源的导航功能,那么教学网站就会被质疑,影响用户的忠诚度和使用率。

（四）通用教学软件少,多媒体课件欠缺

目前,能够通用的体育教学软件并不多,相关的多媒体课件也没有充足的制作成品,而且现有多媒体课件缺乏可操作性。很多高校都从本校办学条件和学生实际情况出发而开设体育课程,选择教材内容、制定评价标准,不同高校的体育教学在教材内容、教学方法、教学评价等多个方面都有不同之处,所以要开发通用的体育教学软件与多媒体课件有一定难度。计算机作为现代化教学工具在体育教学中的运用是有优势的,很多学校也利用这一优势而对专门的体育教学软件进行开发,对便于教师使用和学生分享的多媒体课件进行制作,在一定程度上促进了学生学习积极性和体育教学效率的提升。但这些课件或软件大都是针对某一高校的情况而制作或开发的,如果别的学校要直接使用,是不妥当的,需要从自己学校的情况出发而进行修改,但有的课件或软件即使作了修改与调整,也依然不具有普适性。

二、信息化时代背景下体育教学环境的优化

（一）体育教学环境优化的理论依据

1. 人与环境关系的理论

人与环境关系的理论是学术界对体育教学环境进行研究的重要理论基础之一。下面具体分析马克思关于人与环境关系的理论观点。

（1）人的生存与发展状态由环境决定

在自然界的漫长发展中逐渐产生了人类这一特殊的产物，所以说人类与自然的存在是有先后顺序的，自然在先，人类在后。人类的生存与发展离不开自然环境，这是第一空间，是必要条件。自然界孕育人类后，就有了自在自然和人化自然的区分。自在自然可以向人化自然转化，这是人类实践的结果。如果脱离人的实践活动，那么我们很难对人类出现后的自然加以认识、理解。人的力量在自然界面前是有限的，所以要先生存下来才能对自然加以认识、改造，在这个过程中人的需要与自然的属性逐渐结合在一起。人与自然建立与保持一定的关系以满足人的需要，人类有越多的需要，就越能在自然界中充分发挥主观能动性，从而越能大幅度地实现从自在自然转化为人化自然。

人的需要从低到高主要有三个层次，第一个是生存需要，自然环境为人类提供物质资源以满足人的这一需要；第二个是发展需要，自然环境为人类提供物质资源与文化资源以满足人的这一需要；第三个是享受需要，自然环境为人类提供精神资源及心理调节以满足人的这一需要。

（2）人类认识与改造环境的过程也是自我发展的过程

环境是人类发展、社会进步的基础，人类对环境不断认识、深入改造的过程中也会使自己的认知及实践能力得到提升，从而实现了人与环境的共同发展。

人在认识环境的过程中，从感性认识上升到理性认识，对世界及自然的认知能力不断提升；人类改造环境的过程也是生产力不断发展的过程，人的力量在这个过程中有了本质上的提升；社会关系的变革及社会的进步都需要人的推动，在这个过程中人的社会本质越来越丰富。

教学环境是一个整体的复杂的系统，该系统的构成因素很多，这个系统潜移默化地影响了学习者的学习认知、学习情感及学习行为，也影响了教师的教学过程和教学效果。体育教学活动的最终效果在某种程度上是由体育教学环境所决定的，因此要不断优化体育教学环境，使教学环境对教学效果的正面促进作用得到最大化的发挥，使教学环境对教学效果的负面阻碍作用降到最低。

对体育教学环境进行优化，主要就是创造有利的教学条件，对现有教学条件加以改善，从整体、局部的双重视角来规划与协调教学环境，合理组织与安排，对有利于教学的环境因素加以提取与整合，消除不良因素，使体育教学环境保持最优状态，充分发挥优良体育教学环境在促进体育教学活动开展和促进学生身心健康方面的重要作用。

体育教学环境这个复杂的系统包含很多要素，所以优化体育教学环境

第八章　信息化时代背景下体育教学环境的优化与发展

涉及了很广的范围,既要优化体育教学物质环境,也要优化体育教学心理环境,还要优化体育教学制度环境;要将体育教学硬件环境与软件环境的优化有机结合起来;将宏观环境的优化与微观环境的优化结合起来。只有从广泛的范围着手优化各类体育教学环境,并从不同层面优化整合,从不同角度提升优化工作效率,才能使体育教学环境的整个系统变得科学化、合理化、高效化、全面化,才能使体育教学环境的服务水平得到提升,最终促进体育教学质量的提升。

2. 人的主体性的发挥

人具有主体性,从人与环境的关系来看,人的主体性主要体现在以下几方面,这几方面也是人形成主体性的重要条件。

(1)人有高度的自觉性,能主动进行自我认识,主动提升自己的生存质量,能对自身行为活动加以支配与调控。

(2)人能够与环境保持适宜的关系,保持恰当的距离,能根据现实变化和实际需要而与环境或分立,或对抗,或亲密,能勇敢对抗环境中的恶劣因素。

(3)当人类面临来自环境的压力时,能够发挥主观能动性,对环境加以改造,对抗压力,发挥环境的正面效应来提高自己的生活质量。

人类的自觉性、能动性从其改造自然的过程中充分体现出来,正因为人具有这些特性,才具有了主体性。

人在改造环境的过程中表现出的自觉行为、能动行为以及与环境的对立性是人的主体性的主要体现。人的主体性的生成与觉醒就是人自主活动意识或主体意识的唤醒及形成,激发与唤醒人的主体意识促进了人的主体性的形成。人的主体性是在其认识到历史的创造者就是人类本身的时候觉醒的,这种认识越深刻,主体性就越容易觉醒和生成。随着时代的进步和社会的发展,人类将越来越深刻地认识到人的存在是多么重要,人的价值是多么突出。在社会物质文明越来越发达的今天,人类的精神文明也有了新的发展,人类从内在层面深刻感悟到个体存在的不可替代性和不可重复性。从时代变迁的宏观视角来看,人创造了历史,主导历史,人类发挥自身的力量而促进了社会的发展与变迁。历史的发展是人类进步的表现,无数个个体不仅创造了时代的历史,也创造了自己的历史,成就了自己的价值,主导了自己的辉煌人生。[1]

学校中的教师、学生及其他工作人员都是一个个鲜活的个体,他们创造了自己的历史,发挥着自己的价值,参与了学校的变革,推动了学校的发展,

---

[1] 崔艳艳. 我国普通高校体育教学环境研究 [D]. 河北师范大学,2012.

也成就了自己。

（二）体育教学环境优化的原则

1. 整体协调性原则

优化体育教学环境要遵循整体协调原则,从整体联系的角度考察体育教学环境,用系统的、整体的观点对待体育教学环境的创设问题。

体育教学环境系统是各组成要素之间、要素与整体之间相互联系、相互作用的矛盾统一体,具有从要素的组合达到系统整体质的飞跃的总效应。从这个意义上说,体育教学环境系统就是由相互联系、相互制约的诸要素组成的具有特定功能的综合整体。它在功能上具有新质,这种新质不是单个体育教学环境要素的机械相加,而是由各种体育教学环境要素按照一定规律组织起来的系统所具有的综合整体功能。因此,要充分发挥体育教学环境的整体功能,就有必要运用系统整体的观点优化体育教学环境各要素。

2. 因地制宜原则

复杂的自然地理现象与人文意识的草根性会给体育运动带来一定的影响。气象、气候条件制约着体育运动的开展形式和内容,而且不同程度地影响了学校体育运动的发展速度。我国传统体育运动的起源和发展也与气象、气候条件,民族文化有着密不可分的关系。在这种特定的体育教学环境中,以"乡土性"原则为出发点,在教学中要体现课程资源的独特性和丰富性,挖掘出本地的特色体育课程资源和优于其他地方的课程资源,要引导学生尊重不同地区、不同民族的文化差异,引导学生认识本土文化,体验和比较不同地区、不同民族在文化差异背景下形成的独特项目,如少数民族的骑射、摔跤,各民族舞蹈;东北地区的冰雪运动;水资源丰富地区的游泳、划船等。这样有利于学生体验不同体育文化,增加其体育锻炼的兴趣,使其在文化的熏陶中掌握技能,增强体质。

3. 简便优化原则

建设体育教学环境不仅要追求系统性、目的性、有效性,还要追求简便易行、高效率、多功能等。因此优化体育教学环境必须遵循简便优化原则。简便优化原则从系统的价值标准角度反映了系统存在和发展的客观规律,这不仅揭示了学校体育教学主体对体育教学环境系统的一般要求,而且还揭示了体育教学环境系统优化发展的方向和趋势。

4. 主体性原则

建设体育教学环境的过程中,要充分重视学生主体的作用,培养他们在特定环境中的自控能力,使学生学会自己管理教学环境。

体育教师和学生都是体育教学环境的主人。体育教学环境的改善和建

第八章 信息化时代背景下体育教学环境的优化与发展

设离不开教师与学生主体的参与、支持和合作。良好体育传统与风气的形成、体育场馆环境卫生的清洁和保持、良好师生与生生人际关系的建立都与教师和学生紧密联系在一起。正因如此,在优化体育教学环境的过程中,体育教师应充分调动学生的主动性与积极性,培养他们对体育教学环境的责任感,提高他们控制和管理环境的能力,使体育教学环境的创设得到最广泛的支持,长久维持优良的体育教学环境。

5. 个性化原则

我国实施以民族创新为灵魂的素质教育,其本质是个性化教育,要求把培养学生的主体意识、发展学生的主体能力、塑造学生的主体人格等作为各种教育和各科教学的目的。以学生为主体,通过主动学习促进主体性发展,促进教学思想和教学方式的改革,旨在尊重学生的主体地位和主体人格,培养学生的自主性、主动性和创造性。

发展人的创新能力是体育教育的重要目标,体育教育是通过学生的身心活动发展学生的"个性",培养学生的坚强意志、健全人格以及良好的社会适应能力。体育就是人对自己身心健康素质的自我培养。个体化人格是一种具有主动性、独立性、责任心和合作精神的人格。优化体育教学环境必须坚持个性化原则,使优良的体育教学环境为健全学生的人格发挥重要作用。[1]

(三)信息化背景下体育教学环境优化的策略

1. 整体协调策略

优化体育教学环境,要树立全局观,从学校、家庭、社会等多个方面加以宏观调整和长远规划,有机协调各要素之间的关系,整合有利要素,改进不良因素,最终达到整体提升与优化的效果。

2. 利用优势策略

很多学校都有独特的环境资源,有些环境资源比其他学校更有优势和竞争力,基于这一优势,学校优化体育教学环境更有动力和效果,要将优势资源的作用充分发挥出来,最大化地利用优势资源的价值来提高体育教学环境的优化效果。

3. 增强特色策略

优化体育教学环境,一定要突出某些方面的特色,创建个性化和特色化教学环境,使这些有特色的环境因素能够吸引体育教师与学生的注意力,提高他们的教学效率,从而实现预期的体育教学目标。

---

[1] 张鑫. 体育教学环境研究 [D]. 山东师范大学, 2007.

4.层层筛选策略

对体育教学环境进行创设与优化,需要采取恰当的方式来逐层筛选各种各样的有利信息和有利因素,去除不良因素,预防消极因素的制约和干扰,避免学生受不良信息影响,加强信息优控。

三、信息化时代背景下体育教学环境的发展对策

(一)加大经费投入,促进对体育教学硬件设施的维护与更新

体育教学硬件条件的好坏对教学活动的开展和教学效果的优劣有直接的影响。学校应加大资金投入力度,大力修建运动场馆,改善体育硬件条件,为学生提供良好的运动环境,提高学生的学习兴趣。在学校体育场馆、器材的维护方面,学校要建立健全管理制度,定期统计教学设施的使用情况,及时检查、维护、整修、更新,延长运动设施的使用寿命,提升使用价值。学校还要注重对校园内外环境的绿化,给学生营造舒适美好的学习环境,使学生在优美的环境中学习。

(二)提供体育书籍、期刊等丰富的学习资料

体育书籍、期刊等资料对学生学习体育知识起到关键的作用。为了让学生学习和了解更全面、新颖的体育信息,学校应丰富图书馆中的体育学习资料,确保体育学习资料的种类、数量和质量能满足学生的需求,营造浓郁的学习氛围。

(三)建立和谐的人际关系

体育教学中师生与生生之间建立和谐的人际关系对于营造良好的课堂氛围、优化教学环境及提高教学效率具有重要意义。具体来说,师生要从以下几方面努力建立、改善及维持关系。

第一,体育教师要与学生建立和谐关系,就要先对每个学生的体育喜好、运动兴趣、体质状况及运动基础等加以了解,在体育课上针对不同学生的需要进行个性化教学,并尊重学生的个体差异,重视每一位学生的主体地位,平等对待每一位学生,积极调动学生在体育课上的学习热情与自觉性,鼓励学生参与到集体的体育活动中来,耐心指导学生练习,与学生建立亦师亦友的关系。

第二,体育教师在课堂上要善于运用现代化教学手段与学生互动,如播放教学视频,与学生共同讨论视频中的动作,提醒学生应该注意哪些细节,

第八章　信息化时代背景下体育教学环境的优化与发展

并启发学生思考和提问,现场解决学生的疑问,这样不仅提升了学生的学习兴趣,也使师生互动交流的机会更多。

第三,体育教师在体育课堂教学中组织一些集体性的游戏或比赛,使学生以小组为单位参与活动,引导学生团结友爱,互帮互助,相互配合,培养学生的集体主义精神与合作意识,使学生在合作中建立与巩固友谊,共同学习与进步。

(四)灵活组织体育教学

室外体育实践课上,排列队形是非常重要的一个工作,但体育教师往往不重视这一环节,随意编排队形,不管上什么课,都是采用常见的横队或纵队队形,影响了学生之间的互动和师生之间的沟通,导致学生的学习需求得不到满足,学习效率低下,课堂教学效果不尽如人意。体育教师应该按照上课的内容、任务及目的而合理编排队形,灵活调整队形,与学生保持最恰当的距离,在适宜的位置给学生示范,确保每个学生都能观察清楚。

(五)加强体育课堂教学管理

体育课堂教学常规管理对优化体育课堂教学环境具有重要意义。在上课前,体育教师要做好备课工作,从而提高体育课堂教学的效率,在正式上课时要加强课堂常规管理,包括对学生纪律的管理、对上课器材与场地的管理。体育教师在体育课上的常规管理能力直接影响课堂教学效率和教学效果,这也是评价体育教师课堂组织教学能力的一个重要指标。因此,为营造良好的课堂环境,确保课堂教学的有序进行,提高教学效率,体育教师必须高度重视课堂教学管理。

(六)培养体育教师的信息化教学能力

在信息化的体育教学环境中,不管是体育教师还是学生,都能迅速便捷地获取丰富的教学信息与资源,而且师生在这方面拥有均等的机会,学生获取学习信息突破了课堂教学与教师传播这些单一的渠道,而能够自主从网络上获取更多可靠的有帮助的重要学习资源。这种教学变化形势对体育教师的角色、作用及能力都提出了更高的要求,体育教师要主动适应信息化教学环境,树立信息化教学理念,学习信息化教学方法和手段,将这些理念、手段充分融入教学中,加快推进体育教学的现代化、信息化发展。这是时代的要求,也是体育教师自我发展和实现自我价值的要求。体育教师要参与网络课程的开发设计、分析研究、辅导领航等,角色的多样性增加了体育教师的责任感和使命感，体育教师必须自觉提升自己的信息化教学素养和现代化教学能力，扮演好每一个角色，为学生学习提供最优质的服务。

（七）加快推进现代教育技术的发展

学校体育教学中要应用现代教育技术来提高教学的信息化水平。体育教师要合理选用现代教育技术来建立体育信息化网络教学平台，并与专业人员共同参与体育学习网站的开发，要不断完善网站的导航功能，优化管理网络课程资源，清晰呈现网络教学信息。在信息化教学中，要避免网络学习资源的重复开发，避免浪费资源，要充分考虑学生者的认知能力、学习水平及对信息化教学软件的熟悉情况而不断完善在线课程及学习平台功能，促进学生学习积极性、学习信心及学习效率的提升。

（八）提高体育多媒体教学课件的制作质量

在信息化时代背景下，体育教学要紧跟时代潮流，加快信息化改革进程，注重多媒体教学。体育教师对多媒体教学课件进行制作的过程中，要坚持科学理论的指导，要考虑课件的互动性、普适性、个性化、实用性，从而充分发挥课件的积极作用。

体育教师要按照从易到难、从浅到深的原则制作多媒体体育课件，使课件的质量不断提升，并提升自己的制作水平。在多媒体课件的制作中，先使用简单的 PPT 软件，具备一定的能力后，再使用级别更高的软件，只有不断实践，才能用合适的软件制作出高质量的教学课件。

四、体育教学信息化环境的建设案例——网络教室

（一）网络教室的概念与结构

网络教室也称"网络教学机房"，是集普通的计算机机房、语音室、视听室、多媒体演示室等功能于一体，利用网络和多媒体技术将多台计算机及相关网络设备互联而成的小型教学网络。[1]

网络教室的结构如图 8-2 所示。

---

[1] 孙方,周本东,朱永海. 现代教育技术 [M]. 北京：科学出版社,2012.

第八章　信息化时代背景下体育教学环境的优化与发展

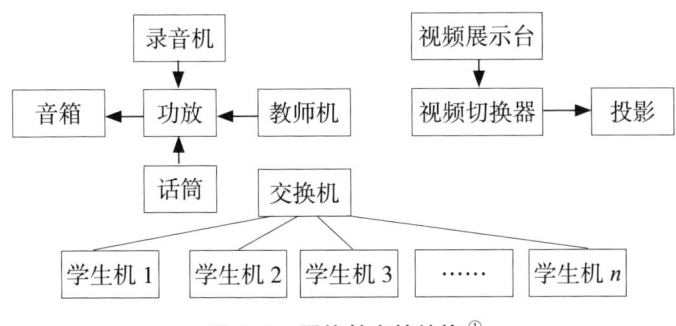

图 8-2　网络教室的结构[1]

(二)网络教室的类型

网络教学机房主要有以下几种类型。

1. 普通型网络教室

在普通机房安装一台投影机、一台多媒体教师机和一个大银幕就是普通型网络机房,其具有结构简单、投资少的特点。结构如图 8-3 所示。

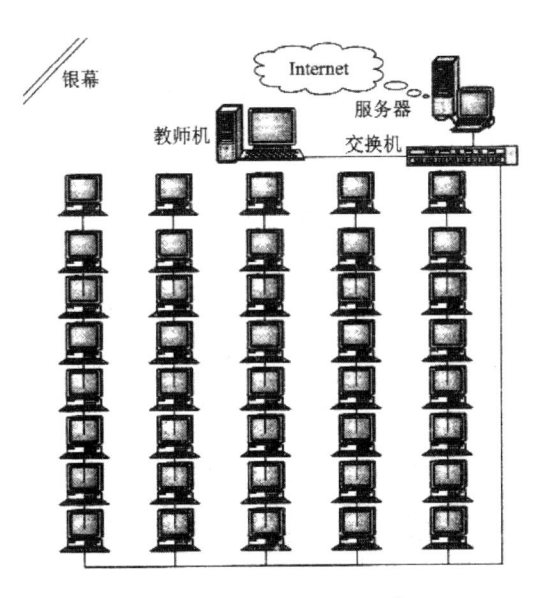

图 8-3　普通型网络教室[2]

---

[1] 李兆君. 现代教育技术 [M]. 北京: 高等教育出版社, 2010.
[2] 张春苏, 王冬梅. 普通高等教育十二五规划教材 现代教育技术基础 [M]. 北京: 科学出版社, 2016.

这种网络教室适用于教师进行课堂讲授、演示或学生在一定情境下自主学习的情况下。

2. 小组协作型网络教室

这类网络机房的特点是学生机成环状布局,便于学生小组协作学习,如图 8-4 所示。

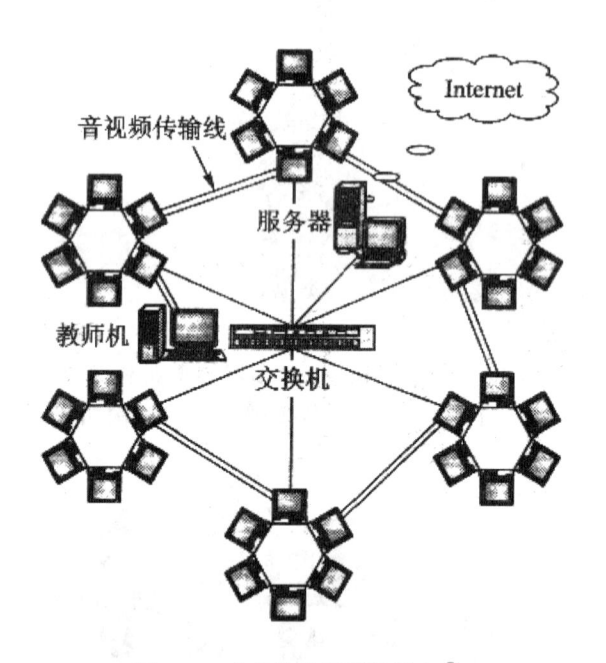

图 8-4 小组协作型网络教室[①]

3. U 字型网络教室

U 字型网络教室与普通机房的布局不同,分布特点为两侧的学生机靠墙,中间的学生机背对教师机,如图 8-5 所示。

这类网络教室过道宽敞,师生交流方便,教师能够有效辅导个别学生。

4. 综合型网络教室

综合型网络机房综合了上述几类机房的优势,既支持教师课堂讲授和演示,又支持学生自学,还能为小组合作学习提供便利。综合型网络机房如图 8-6 所示。

---

① 张春苏,王冬梅. 普通高等教育十二五规划教材 现代教育技术基础 [M]. 北京:科学出版社,2016.

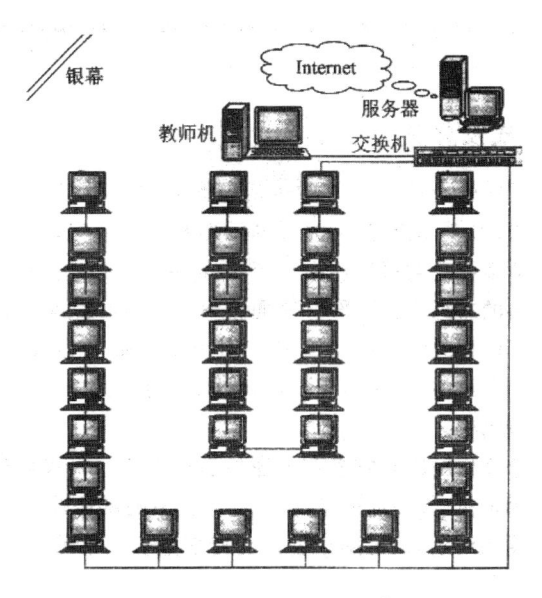

第八章　信息化时代背景下体育教学环境的优化与发展

图 8-5　U 字型网络教室[①]

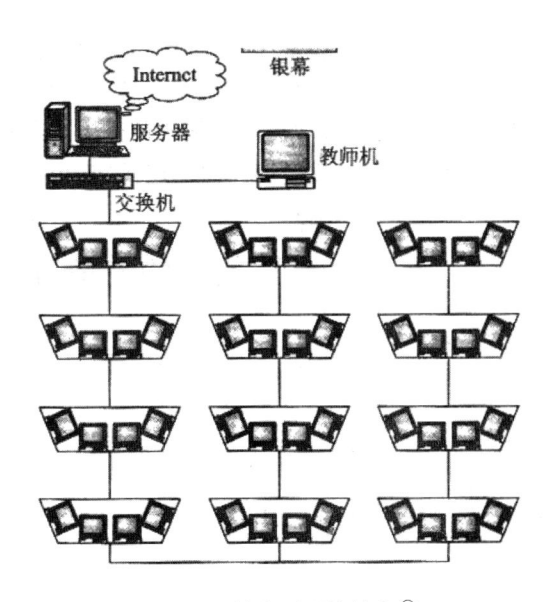

图 8-6　综合型网络教室[②]

---

① 张春苏,王冬梅.普通高等教育十二五规划教材 现代教育技术基础 [M].北京：科学出版社,2016.
② 张春苏,王冬梅.普通高等教育十二五规划教材 现代教育技术基础 [M].北京：科学出版社,2016.

·205·

（三）网络教室的功能

网络教室具有以下功能。

1. 教学功能

利用多媒体课件、教师音视频、外部音视频等多种信息对学生进行集体性或个别性的广播教学。

2. 示范功能

教师通过广播的形式将选定学生的屏幕、声音传递给学生，主要起到示范的效果。

3. 监视功能

教师实时监视学生的计算机屏幕，观察学生如何操作计算机。可以单一循环监视每个学生，也可以多画面监视多个学生。

4. 文件传输功能

教师可以给学生发送教学课件、资料让学生自学；学生可在线提交自己的作业。

5. 交互控制功能

教师利用键盘、鼠标等遥控操作选定学生；学生也可按同样的方式遥控操作教师或同学。主要通过开关来设定遥控过程的控制和交互。

6. 学生控制功能

教师可以控制操作学生机，如锁键、重启、黑屏等。

7. 分组讨论功能

教师划分学生小组，小组成员间进行讨论，教师可参与任一小组的讨论。

8. 媒体控制功能

可在控制界面或控制台直接控制 VCD、DVD 等媒体设备。

9. 自动辅导功能

教师按照顺序逐一辅导学生。

10. 远程管理功能

教师可以远程优化学生计算机桌面设置。

（四）网络教室的应用

利用网络教学机房可以完成很多教学任务，常见的应用形式有以下几种。

1. 电子备课

体育教师在网络机房备课可以解决电子课件制作中资料不足、文件较

第八章 信息化时代背景下体育教学环境的优化与发展

大、不易移动等常见问题。网络教室包含大量资源的资源库,教师可在课上灵活调用资源。资源库的资源可以被共享,如学校在服务器中存入购买的教学资源,教师可以共享。

2. 课堂教学

网络教室能够有机整合多媒体教学信息,为多媒体课堂教学提供方便。在课堂教学过程中,通过文本、动画、声音、视频等多媒体形式传播教学信息,调动学生的积极性。也可以在课堂上引入其他直播课堂或教学资源。教师还能利用多媒体课堂教学对学生进行个别辅导。

3. 学生自学

网络机房和电子阅览室有相似之处,学生能够利用网络机房的学习资源独立完成学习,对学生来说这个学习环境更开放、自由,学生可以利用共享资源学习很多新知识。

4. 网络测试

教师可通过网络机房组织网络考试,实时了解学生的学习情况,然后利用相应功能来自动阅卷,及时反馈测试成绩,帮助学生分析与处理问题,大大提高教学效率。

第九章　信息化时代背景下体育教师信息化教学能力的培养与发展

体育教师作为体育教学的主体之一,起到重要的主导作用。在当今这个信息化高速发展的时代背景下,现代科学技术在体育教学中有着越来越广泛的应用和普及,对于新时代的体育教师来说,就要具备一定的信息化教学能力,这是时代发展的需要,也是体育教学发展的需求。体育教师掌握一定的信息化教学能力,对于其教学活动的顺利开展和理想教学效果的取得都是有积极影响的。本章主要对信息化时代背景下体育教师的信息化教学能力及其培养策略进行分析和阐述,由此,来培养、发展和提升体育教师的信息化教学能力水平。

第一节　信息化时代背景下体育教师的信息化教学能力

一、体育教师信息化教学能力的特点

关于体育教师的信息化教学能力,可以将其理解为体育教师在体育教学过程中所用到的一种特殊能力,这种特殊能力涉及在体育教学活动中信息技术的运用以及相关教学任务的完成等方面,其中又进一步蕴含着若干子能力。

体育教师的信息化教学能力,是在其信息化实践知识的基础上建立起来的,其要进行进一步的发展,对信息化情境有一定要求。关于体育教师信

第九章　信息化时代背景下体育教师信息化教学能力的培养与发展

息化教学能力的特点,可以大致归纳为以下几点。

（一）复合性

体育教师的信息化教学能力所涉及的具体能力是各个方面的,比如,从基本的教学方面来说,不管是知识、技能的传授能力还是技术化实践能力,不管是针对体育教师发展的能力还是促进学生信息化学习的能力,不管是什么级别的信息化教学能力等都属于体育教师的信息化教学能力的范畴,这就将其复合性特点体现了出来。

尽管传统意义上的体育教师也具有复合性能力,但是,信息化教学能力与之是存在着差异性的,这与信息技术要素的动态介入有着直接的关系。在信息化的学习环境中,对体育教师驾驭教学的能力有着更高的要求,期待体育教师的教学能力能够尽可能地全面。具体来说,要求体育教师要有信息化教学知识内容的传授能力,更要具备促进不同学习风格和不同学习策略的学生实现信息化学习的能力。由此可见,体育教师的信息化教学能力具有综合化、多层次化的特点。

（二）关联性

体育教师应该具备的信息化教学能力,并不是指某一种能力,而是众多子能力的综合,并且这些子能力之间是相互联系、相互影响、相互作用,彼此关联的。

（1）体育教师的信息化教学能力是在基本的教学能力基础上实现的。基本的教学能力,主要涉及驾驭学科教学内容的能力、一般教学法的相关能力、基本的教学技术能力等。

（2）对于体育教师来说,其信息化教学能力主要涉及体育学科内容能力、信息化体育教学法相关能力等,这就一定程度上将体育教师教学能力形成与发展的融合性特点体现了出来。

（3）体育教师的信息化教学能力的发展是呈递进形式的。另外,在不同的发展阶段体育教师的信息化教学能力是有着不同的侧重点的。要想使体育教师的信息化教学子能力得到良性发展,在动态的发展中寻求新的平衡与协调是重要途径之一。

（三）发展性

信息化带来时空结构的变换,对体育教学的整体发展起到促进作用,同时也促进了体育教师综合素养的发展和提升。①

（1）体育教师不仅要具有信息化教学能力，还能不断发展，这样，才能更好地适应不同的、复杂的信息化教学情景与信息化教学实践，也才能使不同的学习对象的不同学习发展与能力要求得到较好满足。

（2）在当今这个信息化社会中，信息技术更替周期逐步缩短，信息化学科教学与相关的教学方法也处于不断发展变化的状态，这样，才能使相关教师教学能力变化发展的需求得到满足，才能与新技术、新工具、新方法带来的变革相适应。

（3）体育教师的专业发展呈现出动态性、终身性的显著特点，这也一定程度上将信息化社会的特点反映了出来。体育教师要想得到专业化的成长，要求其要根据不同的职业发展阶段来不断发展和优化自身的教学能力结构。体育教师信息化教学能力的发展具有一定的导向作用，这主要体现在体育教师信息化教学智慧的创造方面。

（四）情境性

在信息化社会中，体育教师信息化教学能力的形成与发展是在一定的信息化教学情境中才能发生的，这就赋予了其显著的情境性特点。

对于同一教学对象、同一教学内容，在不同的信息化教学情境实践中开展的学习活动，对体育教师的信息化教学能力有着较高的要求，为了使两者有良好的适应性，需要体育教师的信息化教学能力也必须是多样的。

体育教师的信息化教学能力是依赖于信息化教学情境中主体实践的体验的，因此，体育教师信息化教学能力的发展在信息化教学情境体验方面是有一定的要求的，否则，发展就无法实现。

二、体育教师信息化教学能力的构成

（一）体育教师信息化教学能力的知识体系

体育教师信息化教学能力包含三个层次。

1. 第一层次：教师信息化教学能力的知识基础

第一层次的知识可以大致分为以下几个方面的内容。

（1）学科知识

所谓的学科知识，主要是指体育专业的知识、概念、理论、方法以及相关

---

① 周怀玉. 未来高校体育教师必备素质研究 [M]. 长春：吉林文史出版社，2017.

第九章　信息化时代背景下体育教师信息化教学能力的培养与发展

联的学科理论内容等,对于体育教师来说,则是其从事体育教学的专业知识准备。

（2）一般教学法知识

一般教学法知识,所指的通常就是教学的一般性原理、策略和方法等。这方面知识的主要功能在于,完成教学的准备、教学的实施、教学的管理、教学的评价以及对教学目标和教学过程的认识等,从而进一步对教师教学和学生学习起到促进作用。

（3）学科教学法知识

学科教学法知识,实际上是两方面知识的综合,即主要是学科知识和一般教学法。

（4）教学技术知识

教学技术知识,大致主要是指教学媒体和教学手段的应用知识。这方面的知识包含各种传统教学技术和先进科学技术的重视和技能。

2. 第二层次:教师信息化教学能力的知识主体

第二层次的知识所包含的内容主要有以下两个方面。

（1）信息化学科知识

教学技术与学科知识相互融合后的知识,就是所谓的信息化学科知识。教学技术的功能在于使学科知识以信息化的方式更方便、更灵活地表达、呈现与扩展。

（2）信息化教学法知识

教学技术与一般教学法融合后产生的新知识,就是所谓的信息化教学法知识。在教学活动中应用一定的教学技术之后,就会一定程度上使体育教学中的要素发生相应的变化,比如,原有的教学法有所巩固拓展,一些新的教学方法产生等。

3. 第三层次:教师信息化教学能力的最高知识要求

第三层次的知识所包含的内容主要有以下两个方面。

（1）信息化学科教学法

教学技术与学科知识、教学法融合后产生的一类知识,就是所谓的信息化学科教学法知识。这类知识是特殊的,主要表现为其是体育教师信息化教学能力的最高知识要求,也是体育教师信息化教学能力发展中,教师获得知识的最高境界与追求。

（2）教师信息化教学能力的知识核心

一般的,处于体育教师信息化教学能力知识核心地位的内容主要有四个方面,分别是信息化学科知识、信息化教学法知识、信息化学科教学法知识、教学技术知识。

(二)教师信息化教学能力的能力结构

在知识的基础上,经过发展,可以逐渐转变为能力。从这一角度上,可以将体育教师的信息化教学能力理解为是信息化教学能力知识体系与信息化教学实践的有机统一。

通常情况下,可以将体育教师的信息化教学能力分为六种子能力,其中,处于核心地位的是促进学生信息化学习能力。

1. 信息化教学迁移能力

体育教师的信息化教学迁移能力是信息化教学能力的基础能力,其又可以进一步分为以下两种类型。

(1)信息化教学纵向迁移能力(转化迁移)

体育教师将学习获得的知识技能应用于信息化教学中实际问题的解决,应用于现实的信息化教学活动中的能力,就是所谓的纵向迁移能力。

体育教师信息化问题的有效解决,是不可缺少迁移的,某种意义上,迁移也是信息化教学知识技能向信息化教学能力转化的关键。也可以将这一能力理解为是学以致用的能力。

(2)信息化教学横向迁移能力(适应迁移)

体育教师将一种信息化教学情境中的教学经验创造性地应用于其他新的信息化教学情境中的能力,就是所谓的横向迁移能力。也可以将这一能力理解为是举一反三、触类旁通的能力。

2. 信息化教学融合能力

体育教师的信息化教学融合能力也可以进行进一步的划分,具体有以下三个方面。

(1)信息化学科知识能力

信息化学科知识能力,实际上就是信息技术与学科知识融合在一起的能力。

(2)信息化教学法能力

信息化教学法能力,则是指将信息技术与一般教学法融合在一起的能力。

(3)信息化学科教学法能力

信息化学科教学法能力,则是指信息技术与学科教学法融合在一起的能力。

3. 信息化教学交往能力

一般的,体育教师的信息化教学交往能力有两种类型之分,每种类型又都有其各自的特点和作用,具体如下。

(1)课堂信息化教学交往能力

课堂信息化教学交往能力,就是体育教师在课堂信息化教学情境中与

第九章　信息化时代背景下体育教师信息化教学能力的培养与发展

学生的教学交往能力。在信息化社会的体育教学中,体育教师的课堂信息化教学交往能力往往会对教师有效教学和学生有效学习起到积极的促进作用,因此,备受重视。

(2)虚拟信息化教学交往能力

在虚拟的信息化教学情境中,体育教师与学生的教学交往能力,就是所谓的虚拟信息化教学交往能力。通过对其进一步的分析,严格意义上,可以将其理解为,在虚拟的学习环境中,师生之间的有效教学交往是保障学生学习顺利开展的前提条件。

虚拟信息化教学交往能力是由多方面内容组合而成的,较为主要的有:体育教师为学生提供虚拟学习环境中的学习支持,监控学生在虚拟学习环境中的学习行为,对学生学习中遇到的各种问题,能够通过虚拟的学习环境提供尽可能的帮助。

另外,虚拟信息化教学交往能力的形式也是多种多样的。

4. 信息化教学评价能力

通常情况下,体育教师的信息化教学评价能力可以大致分为两种类型,涉及体育教学中的两大主体。一个是针对学生的学生信息化学习的评价能力,其所强调的重点在于以促进学生信息化学习能力的发展、创造性实践能力的提高为评价的主要价值取向;一个是针对体育教师的教师信息化教学评价能力,其所强调的重点则是以促进教师专业发展为出发点的发展性评价,以帮助教师不断提高自身的教学能力和相关业务水平,实现针对教师信息化教学的过程性动态评价。

5. 信息化协作教学能力

对于体育教师来说,在信息化社会中,其信息化教学协作能力与信息化教学集体智慧是要同时发展的,这就要求将数字化网络资源充分利用起来,并且与同事、专家合作,打造基于信息和传播技术的集体教学知识和多元化的集体教学能力,如此一来,能够为学生的有效学习和创新能力的发展创造有利条件,也积极影响着体育教师自身的职业发展。[1]

6. 促进学生信息化学习能力

进入到信息化社会,体育教师的教学能力方面也被赋予了更高的要求,学生的学习能力也有所变化。目前,学生的能力发展已经成为研究的重点,因此,体育教师在发展教学能力方面,也要以此为目标。由此,能够更加全面深入地了解和掌握体育教师的信息化教学能力发展状况。由此可见,"促进学生信息化学习能力"在关于教师信息化教学能力的结构图中已经处于

---

[1] 张筱兰,郭绍清. 信息化教学 [M]. 北京:高等教育出版社,2010.

核心位置,是其他教师信息化教学系列子能力都围绕的中心,也是它们最终的目标。

第二节 体育教师信息化教学能力的培养策略

关于体育教师的信息化教学能力,要想有效促进其发展,需要采取相应的培养和发展策略。这方面的策略有很多,为了便于理解和操作,可以将这些培养策略大致分为三个方面:一个是促进体育教学信息化教学能力发展的外部环境条件——宏观策略;一个是促进其发展的方法论——中观策略;还有一个是促进其发展的内部系统和直接条件——微观策略。每一个策略又包含了很多具体的内容。

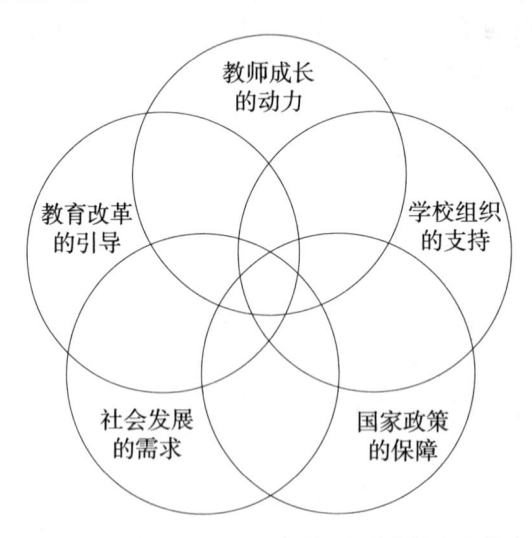

一、体育教师信息化教学能力培养的宏观策略

体育教师信息化教学能力培养的宏观策略,主要包含:社会发展的需求、国家政策的保障、教育改革的引导、学校组织的支持以及教师成长的动力这几个方面内容(图9-1)。外部环境的建设是体育教师信息化教学能力培养发展的重要基础。[①]

图9-1 体育教师信息化教学能力培养的宏观策略

---

① 周怀玉. 未来高校体育教师必备素质研究 [M]. 长春:吉林文史出版社,2017.

第九章　信息化时代背景下体育教师信息化教学能力的培养与发展

（一）社会发展的需求

信息化社会的一个显著特点就是信息量激增,知识更新周期缩短。对于体育教学来说,教育的信息化已经渗透其中,因此,作为教育实施者的体育教师信息化教学能力的培养至关重要。

信息化社会对信息化人才的培养要求是要具有创新精神和实践能力,因此,从体育教师自身的角度来说,自身的信息化发展就显得尤为重要了。可以说,体育教师信息化教学能力的培养,不仅是信息时代对体育教师的能力要求,同时也是信息技术深入渗透教育的发展需要。

关于体育教师在信息化社会中需要培养的教学能力,可以大致分为三个方面,一个是信息化学科知识,一个是信息化教学法知识,还有一个是信息化学科教学法知识。

（二）国家政策的保障

关于国家在政策方面对体育教师信息化教学能力培养策略的支持与保障,主要从相关通用教师教育技术能力标准的颁布与实施、教师相关信息技术能力的国家层面的培训项目支持等方面得到体现。

从国家政策保障的层面来说,体育教师信息化教学能力的培养和发展,要重视体育教师教育技术能力中教师信息化教学能力相关的明确要求,根据实际情况来对教师相关能力标准的规范进行适当调整,同时,也不能忽视了教师相关能力的培训、考核与认证等方面的工作内容。经费投入方面也是需要重点关注的方面,由此来保证体育教学信息化教学能力发展的基础和条件。这样,才能从政策和资金等方面有效保证体育教师信息化教学能力的培养和发展,使其多层面和终身化的实现得到保障。

（三）教育改革的引导

教育教学的改革成为现代社会促进教育教学发展的一个重要路径。应该说,教育教学改革在课程体系、实践教学、教学方法策略等方面,已经有了很大的改革与引导。

体育教师教育改革往往跟不上基础教育课程改革的步伐。这在体育教师相关信息技术能力的培养和发展过程中也有着突出的表现。因此,体育教师信息技术能力的相关培养和发展,不能仅仅局限于教师信息化教学能力的提升,也要涉及其能力标准、相关教学评价以及相关科学研究等各个方面。

（四）学校组织的支持

体育教师的教育教学活动的开展，都是在学校中进行的，可以说，学校是教师教育教学活动的场所，教师教学能力的发挥也需要在这样的平台上来实现。

对于体育教师信息化教学能力的培养与发展来说，这一目标是需要在一定的支持条件下才能实现的，而重要的条件之一就是学校组织的支持。具体来说，这一支持包含着丰富的内容，比如，校长的支持、资源的准备、培训的参与、教学的交流等。

（五）教师成长的动力

体育教师的信息化教学能力培养和发展要具备重要的条件，这一条件主要是指外部因素，而起到关键性作用的是内因，换言之，体育教师自身必须具备培养和发展的最终内驱力，才有可能实现信息化教学能力培养和发展的目标。一般的，体育教师信息化教学能力培养和发展的内因主要包括体育教师自身的自信心、正确的态度、时间保证、知识的准备等。同时，信息化社会体育教师的专业成长需要，也对体育教师信息化教学能力的培养和发展起到了积极的促进作用。

二、体育教师信息化教学能力培养的中观策略

体育教师的信息化教学能力培养与发展，在方式、方法和策略方面也有一定的需求，也就是要有促进其发展的方法论，即教师信息化教学能力发展促进策略的中观层面。

在这一层面中，促进体育教师信息化教学能力培养与发展的关键环节是职前培养、教学实践、在职培训、协作交流、自主学习。

关于体育教师信息化教学能力培养与发展的中观策略，主要有以下几个方面。

（一）职前培训与在职培训相结合

教师信息化教学能力发展是一个系统的过程，并且整个发展过程实现了动态、开放、多元、协作、终身能力发展的转变。职前培养与在职培训在体育教师信息化教学能力培养和发展的过程中是处于非常重要的环节，两者之间有着紧密联系。其中，职前培训所涉及的主要是体育教师的技术知识、技能的学习和模仿，虽然也有一些教学实践环节，但总体上要以体育教师信

第九章　信息化时代背景下体育教师信息化教学能力的培养与发展

息化教学知识和技能的获得为主；在职培训所涉及的内容主要为知识、技能在新情景中的动态应用实践，当然也包括一些技术知识、技能的学习。

（二）传统方式与网络在线相结合

在现代信息化社会中，尽管获取学习信息资源的渠道已经多元化，并且对体育教师信息化教学能力发展的网络在线途径的重视程度比较高，但是，这并不是唯一，传统的方式也不能完全被忽视，也要适当采用，从而保证其知识获取、教学经验分享、教学研讨、协作教学等的顺利实施，实现与传统方式的有机结合。

（三）技术知识与实践应用相结合

体育教师信息化教学能力的获取，是由处于基础性地位的体育教学技术知识，经过教育教学实践，而转化成的教学应用能力，因此，也可以将体育教学的信息化教学能力，理解为体育教师技术知识与实践应用相结合的结果。这两个方面，缺少了任何一方，体育教师的信息化教学能力都不可能实现，因此，将两者有机结合起来是非常必要的。

（四）自主学习与协作交流相结合

在信息化社会，体育教师不仅要有自主学习的意识，还要有自主学习的能力，这样，才能与社会发展变化和教师专业成长的需要相适应。体育教师信息化教学能力发展所具有的开放性、动态性、终身性特征，都离不开体育教师的自主学习能力。

信息化社会的体育教师同样也需要具备协作交流的素质，这主要包括两个方面的内容，一个是教师同行间的教学交流、教学观摩、教学研讨等，一个是体育教师与学生、教师与专家的交流对话。教师的信息化协作教学，能有效共享集体的知识、经验与智慧，形成教师信息化教学的共同体。

三、体育教师信息化教学能力培养的微观策略

体育教师信息化教学能力培养与发展的微观层面的促进策略，大致可以分为三个方面。

（一）以自主学习为主的知识积累

对于体育教师的信息化教学能力的培养和发展来说，教师的自主学习是非常重要的基础条件和动力源泉，同时也是体育教师专业发展的内驱力。

通过自主学习,能使体育教师实现技术知识积累,促进教学,促进学生的发展。这在体育教师的职前培训和在职培训中都有所涉及。

某种程度上,通过自主学习,能够使体育教师在信息化教学能力不同发展阶段获得的离散知识更具系统化,使得信息化社会中教师的专业发展更具动态化、可持续、终身化。

（二）以教学实践为主的应用迁移

关于体育教师信息化教学实践的形式,可以将其理解为体育教师教学技术知识、技能在具体情景中迁移应用的体现,是一种"理论化的实践"。因此,体育教师要以教学实践为主,在不同的信息化教学情景中,实现信息化教学融合与信息化教学交往,在实践中反思,在反思中成长,最终实现体育教师信息化教学智慧的生成与创造。[1]

（三）以协作教学为主的对话交流

体育教师的信息化教学能力包含的子能力有很多,其中之一就是信息化协作教学能力。教学观摩、教学研讨、协作交流、协作科研等都属于体育教师的协作化教学能力的范畴。某种意义上,体育教师在信息化社会中以协作教学为主的对话交流策略,是对现代社会的一种体现,具有显著的时代性特点。

---

[1] 张筱兰,郭绍清.信息化教学[M].北京:高等教育出版社,2010.

参考文献

[1] 梁培根.信息技术与高校体育课程有效整合的策略研究[D].苏州大学,2011.

[2] 张文兰,信息技术与课程整合[M].西安:陕西师范大学出版社,2012.

[3] 佟晓东.体育教学设计与实践[M].沈阳:东北大学出版社,2009.

[4] 许文鑫.中学体育课堂有效互动的理论与实证研究[M].北京:科学出版社,2015.

[5] 龚正伟.体育教学新论[M].长沙:湖南师范大学出版社,2012.

[6] 戴信言.高校体育教学多种模式的探索[M].北京:中国原子能出版社,2016.

[7] 李卫东.体育课程教学模式[M].北京:高等教育出版社,2018.

[8] 邱汉翔.信息化技术背景下高校体育教学模式的创新发展研究[J].湖北第二师范学报,2018,35(12):90-93.

[9] 郝伟.大数据时代下信息化教学的实践与应用[M].北京:北京工业大学出版社,2019.

[10] 张筱兰,郭绍清.信息化教学[M].北京:高等教育出版社,2010.

[11] 陈光海,汪应,杨雪平.信息化教学理论、方法与途径[M].重庆:重庆大学出版社,2018.

[12] 蔡宝忠.体育教师新论[M].北京:人民体育出版社,2006.

[13] 陈雁飞.新中国体育教师队伍建设与发展之路[M].北京:北京体育大学出版社,2009.

[14] 周登嵩.学校体育学[M].北京:人民体育出版社,2004.

[15] 周怀玉.未来高校体育教师必备素质研究[M].长春:吉林文史出版社,2017.

[16] 王文悦.信息化时代语文阅读教学的发展趋势探讨[D].华东师范大学,2002.

[17] 赵兰.教育信息化时代大学生学习文化转型路径研究[D].山东师范大学,2015.

[18] 高霞.论信息化时代的青少年信息伦理教育[D].山东师范大学,2009.

[19] 胡志明.信息化时代大学生思想政治教育接受研究[D].河南理工大学,2010.

[20] 王洪磊等."互联网+"视域下高校体育教学改革特征及发展趋势[J].运动精品,2019,38(04):7-8.

[21] 裘友凤.信息化条件下的江西省高等职业院校体育教学现状与改革的研究[D].江西师范大学,2005.

[22] 孙慧.信息化体育教学开展现状及发展对策研究——以上海市中小学为例[D].上海师范大学,2020.

[23] 李琳琳.信息化教学在乡村小学体育教学中的应用研究[D].西北师范大学,2018.

[24] 杨阳.体育教学中培养学生创新思维的探讨[J].体育科技,2001(02):76-78.

[25] 余卫平,赖锦松.探析体育教学中的创新思维[J].怀化学院学报(自然科学),2007(03):96-98.

[26] 高云等.信息化教学条件下培养学生的创新思维能力[J].山西医科大学学报(基础医学教育版),2009,11(06):762-763.

[27] 韩庆英,张喜瑞,李昊.基于任务驱动的教师信息化教学思维新探[J].软件导刊(教育技术),2016,15(12):33-35.

[28] 张文婷,于海波.教学思维:属性特征、结构关系与运行机制[J].湖南社会科学,2021(02):158-165.

[29] 舒刚民.我国高校体育教学改革的影响因素及其发展对策研究[J].玉林师范学院学报,2013,34(02):88-95.

[30] 赵闯.从简单到复杂:体育教学思维方式的转变[D].南京师范大学,2007.

[31] 胡永南,刘海元,袁海龙.试论体育教学手段的概念、分类及其运用[J].北京体育大学学报,2004(12):1662-1663.

[32] 张雪,魏敏.例谈教具在体育教学中的有效运用[J].中国教育技术装备,2015(23):110-111.

[33] 李笋南,彭小伟,杨国庆.对体育教学手段的本质、内涵及特征的再

认识[J].成都体育学院学报,2010,36(10):77-80.

[34] 郭峰.慕课在上海师范大学公共体育教学中的实证研究[D].上海师范大学,2020.

[35] 李金素.体育教学与信息化手段的结合[J].太原城市职业技术学院学报,2017(07):135-136.

[36] 李启迪,周妍.体育教学方法与手段甄异[J].体育与科学,2012,33(06):113-117.

[37] 曲红军.论体育教学方法的分类与选择[D].山东师范大学,2003.

[38] 李启迪,邵德伟.体育教学基本理论研究[M].北京:北京师范大学出版社,2014.

[39] 张建龙,王炜.体育教学方法优化组合的依据、原则与程序[J].新西部(下半月),2009(05).

[40] 徐从体,周成成,崔杰."体育与健康课程"的微课教学设计与应用[J].赤峰学院学报(自然科学版),2017,33(11):83-85.

[41] 杜裕,冯度.慕课在高校体育教学中的SWOT分析[J].当代体育科技,2021,11(02):89-91.

[42] 孙方,周本东,朱永海.现代教育技术[M].北京:科学出版社,2012.

[43] 张春苏,王冬梅.普通高等教育十二五规划教材 现代教育技术基础[M].北京:科学出版社,2016.

[44] 李兆君.现代教育技术[M].北京:高等教育出版社,2010.

[45] 石振国,田雨普.信息化时代体育教学环境的系统观[J].首都体育学院学报,2005(02):85-87.

[46] 王俊杰.学校体育教学环境的现状与优化[D].鲁东大学,2015.

[47] 崔艳艳.我国普通高校体育教学环境研究[D].河北师范大学,2012.

[48] 徐爱杰.论学校教学制度的功能、问题及改进[J].教育导刊,2012(08):46-49.

[49] 任渊,任涵,袁音.高等学校体育教学信息化环境建设[J].甘肃政法成人教育学院学报,2005(03):137-139.

[50] 裴楠.长春市高中体育教学环境现状调查与分析[D].吉林大学,2015.

[51] 郑红佳.石家庄市区初中体育课堂教学环境优化研究[D].河北师范大学,2020.

[52] 张鑫.体育教学环境研究[D].山东师范大学,2007.

[53] 李金玲.现代体育教学改革与信息化管理[M].北京:新华出版社,2020.